Prix de Rome .nl

2009

Beeldende Kunst/Visual Arts

Nicoline van Harskamp
Rossella Biscotti
Ólafur Ólafsson & Libia Castro
Sara Rajaei
g_list

Maze de Boer
Rob Hornstra
Heidi Linck
Marc Oosting
Helmut Smits
Jasmijn Visser

NAi Uitgevers/Publishers
Rijksakademie van beeldende kunsten

Inhoud/
Contents

Prix de Rome.nl

2009

Beeldende Kunst/Visual Arts

Long List

Rossella Biscotti
1978, Molfetta, IT

Rossella Biscotti pursues the traces and vestiges of history. She delves into obscure pasts in elaborate investigations, using eyewitness statements and original visual and archival material. Her aim is not to unearth the truth but to expose the stratified nature of time and history, in the manner of an archaeologist. Biscotti combines *found footage* with her own film material in which she utilizes conventions from documentary films and other film styles, including *film noir*. She deploys film locations – historical sites or sets she has created – as a medium for reconstructing, together with her 'actors', personal memories and purported historical facts into the ambiguous tale of an event. Thus Biscotti turns the very camera lens, still generally regarded as objective, into a subjective eyewitness to history. Biscotti's recent film *The Undercover Man* presents a staged questioning of former FBI agent Joseph Pistone – better known as Donnie Brasco. The conversation is interspersed with surveillance video recordings of mafia practices from the archives of the FBI. Both Pistone's memory and factual archival material is questioned and put to the test. Biscotti studied at the Accademia di Belle Arti in Naples, Italy. She is currently a researcher at the Jan van Eyck Academie in Maastricht. Biscotti studied at the Accademia di Belle Arti in Naples, Italy, and is currently a researcher at the Jan van Eyck Academie in Maastricht. Recently she had solo shows at the Wilfried Lentz Gallery in Rotterdam; Prometeo-gallery in Lucca, and Museion, Bolzano, both in Italy. She participated in group shows at a.o. Fondazione Sandretto Re Rebaudengo, TENT. Rotterdam, and Smart Project Space in Amsterdam.

In haar werk volgt Rossella Biscotti de sporen en overblijfselen van geschiedenis. In omvangrijke onderzoeken en door middel van ooggetuigenverklaringen en oorspronkelijk beeld- en archiefmateriaal graaft zij in onderbelichte verledens. Niet om de waarheid op te diepen maar om, als een archeoloog, de gelaagdheid van tijd en geschiedenis bloot te leggen. Biscotti combineert *found footage* met eigen filmmateriaal waarin zij gebruikmaakt van conventies van documentaire en andere filmstijlen, waaronder *film noir*. Filmlocaties – historische plekken of door haar gecreëerde filmsets – hanteert zij daarbij als middel om samen met haar 'acteurs' persoonlijke herinneringen en vermeende historische feiten te reconstrueren tot een ambigue vertelling van een gebeurtenis. Op deze wijze wordt de doorgaans nog altijd objectief geachte lens van de camera zélf tot subjectieve ooggetuige van de geschiedenis gemaakt. Haar recente film *The Undercover Man* toont een geënsceneerde ondervraging van voormalig FBI-agent Joseph Pistone – beter bekend als Donnie Brasco. Het gesprek wordt afgewisseld met geheime videoregistraties van maffiapraktijken, uit het archief van de FBI. Niet alleen het geheugen van Pistone, maar ook het feitelijke archiefmateriaal wordt hier bevraagd en op de proef gesteld. Biscotti studeerde aan de Accademia di Belle Arti in Napels, Italië en is momenteel onderzoeker aan de Jan van Eyck Academie in Maastricht. Onlangs had zij solotentoonstellingen bij galerie Wilfried Lentz in Rotterdam; Prometeogallery in Lucca, en Museion, Bolzano, beide in Italië. Ze nam deel aan groepstentoonstellingen in o.a. Fondazione Sandretto Re Rebaudengo, TENT. Rotterdam, en Smart Project Space in Amsterdam

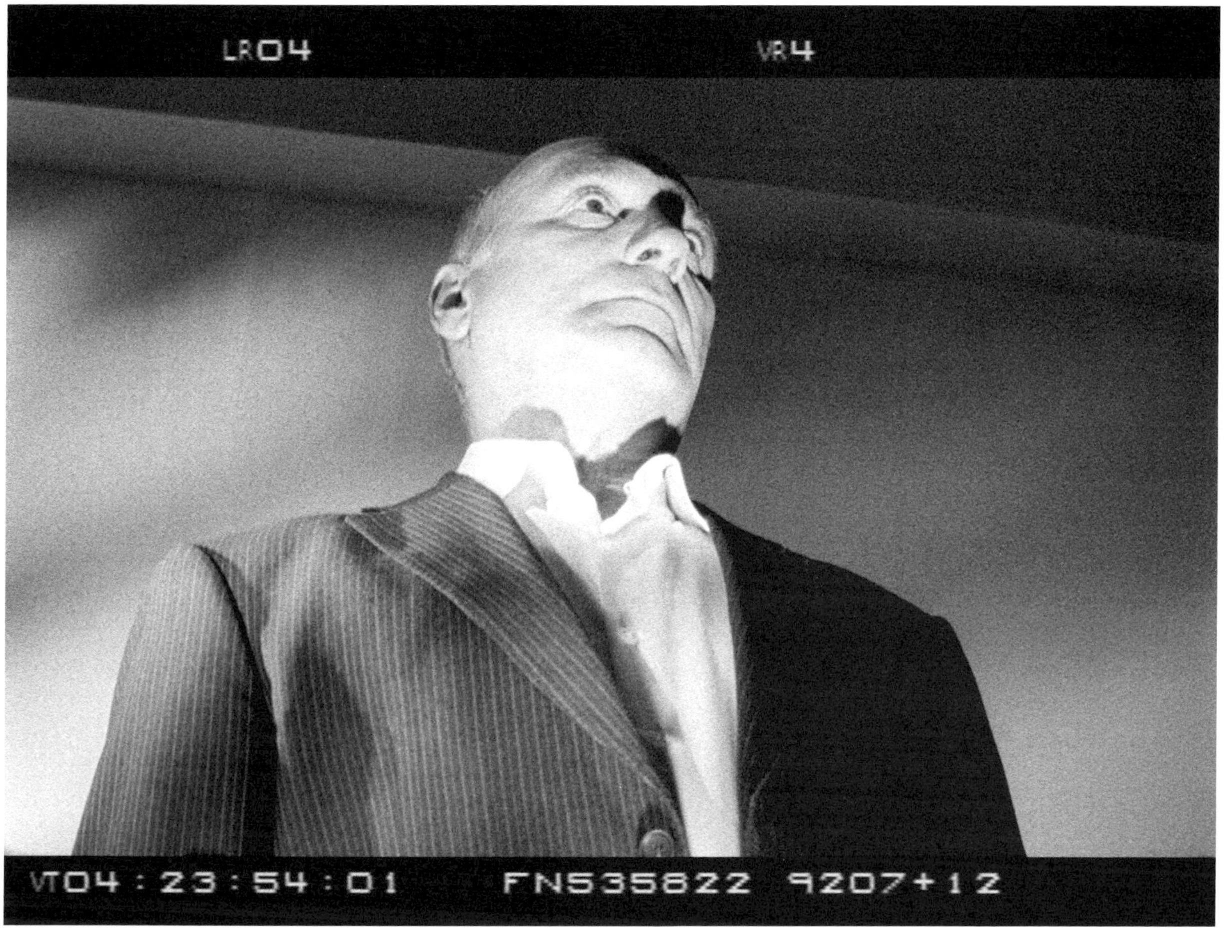

Rossella Biscotti, *The Undercover Man*, 2008
16 mm film, 30 min.

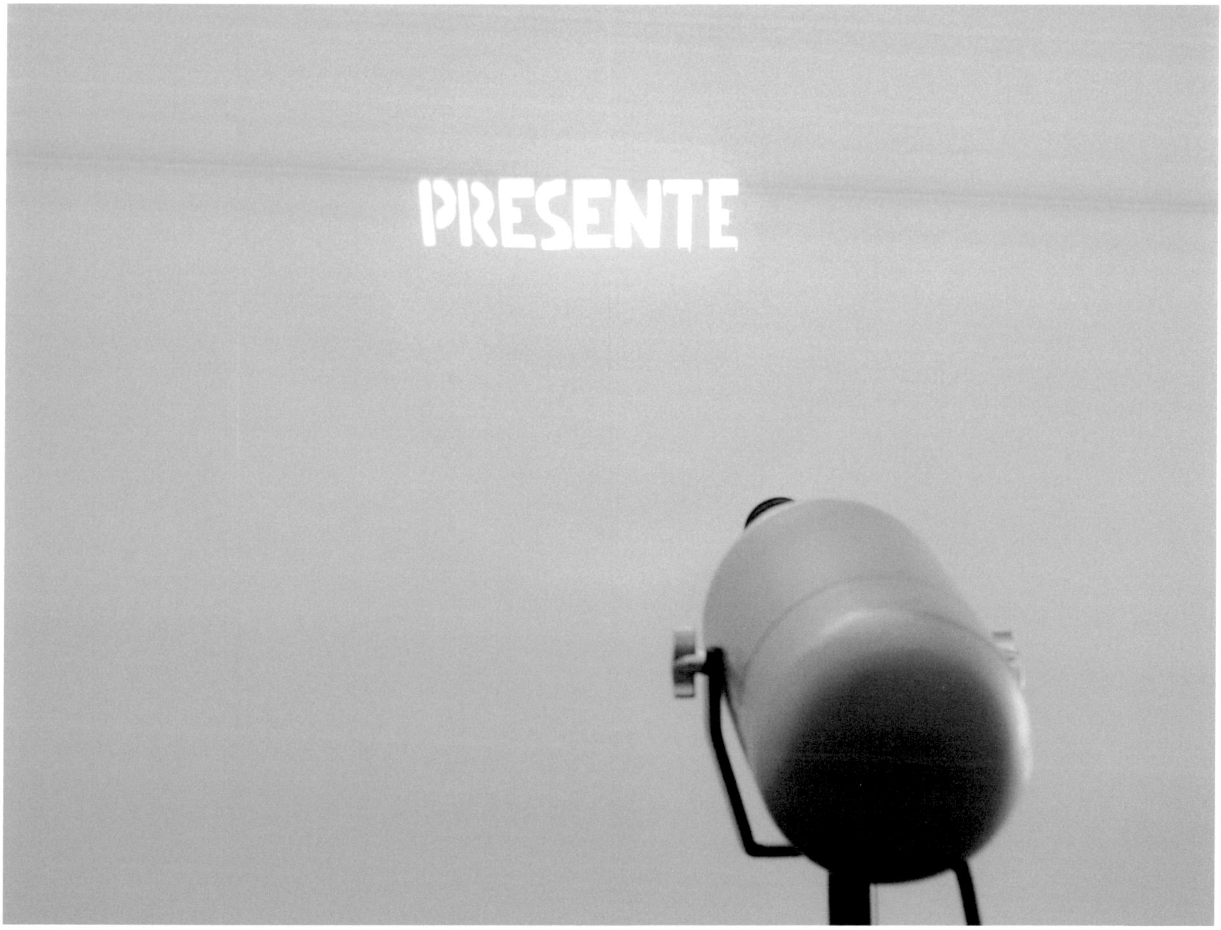

Rossella Biscotti, *Presente!*, 2008
metaal, lenzen, flitser en dia/metal, lenses, flash and slide

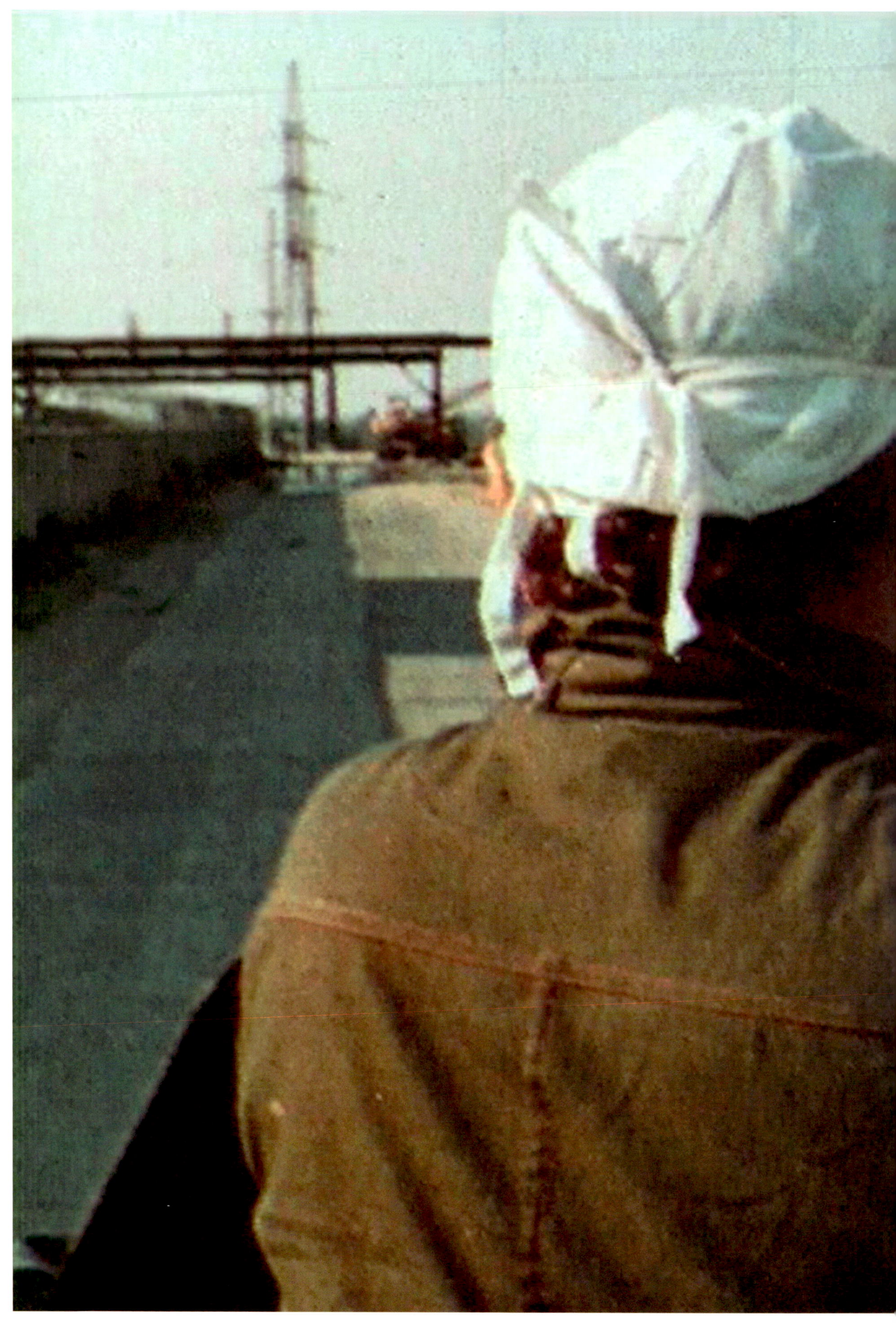

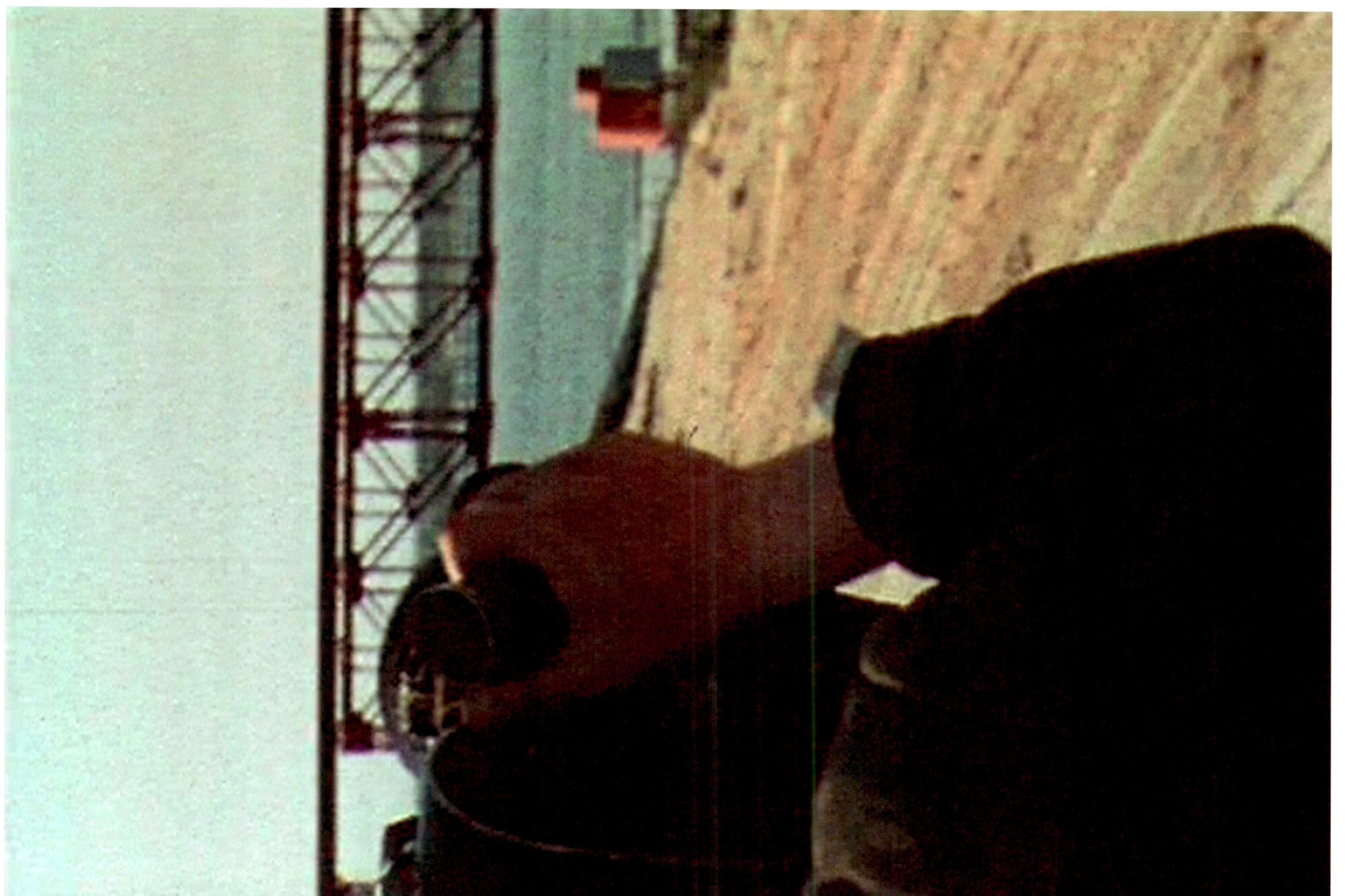

Rossella Biscotti, *The Sun Shines in Kiev*, 2006
video, 18 min.

Maze de Boer
1976, Amsterdam, NL

Maze de Boer manipulates environments. In his own studio, a former church or a meadow in Brabant – just some of the locations where De Boer has created his work – his three-dimensional pieces represent sometimes absurd, sometimes hyperrealistic, post-synchronized versions of reality. De Boer's stated aim is to seek the boundaries between visual art and the theatre, though filmic reference proves equally present. The objects and the architectural transformations that he 'stages' on location thereby fulfil a double role, serving both as props and stand-ins for the world as we know it. De Boer's work is seemingly nonchalant in character, so subtle on occasion that it noiselessly merges with its surroundings.

Maze de Boer manipuleert omgevingen. In zijn eigen studio, een voormalige kerk of een Brabants weiland – om een greep te doen uit de locaties waar De Boers werk tot stand kwam – dienen zijn ruimtelijke werken zich, soms absurd, dan weer hyperrealistisch, aan als nagesynchroniseerde versies van de werkelijkheid. Zelf laat hij weten dat hij in zijn werk de grenzen opzoekt tussen beeldende kunst en theater, al is de referentie naar film, zo blijkt, eveneens aanwezig. De objecten en architectonische transformaties die hij op locatie 'opvoert', vervullen daarbij een dubbelrol: ze zijn zowel rekwisiet als stand-in voor de wereld zoals wij die kennen. De Boers werk is ogenschijnlijk nonchalant van aard, een enkele keer zo subtiel dat het geruisloos opgaat in de omgeving. Hier voorziet De Boer zijn objecten

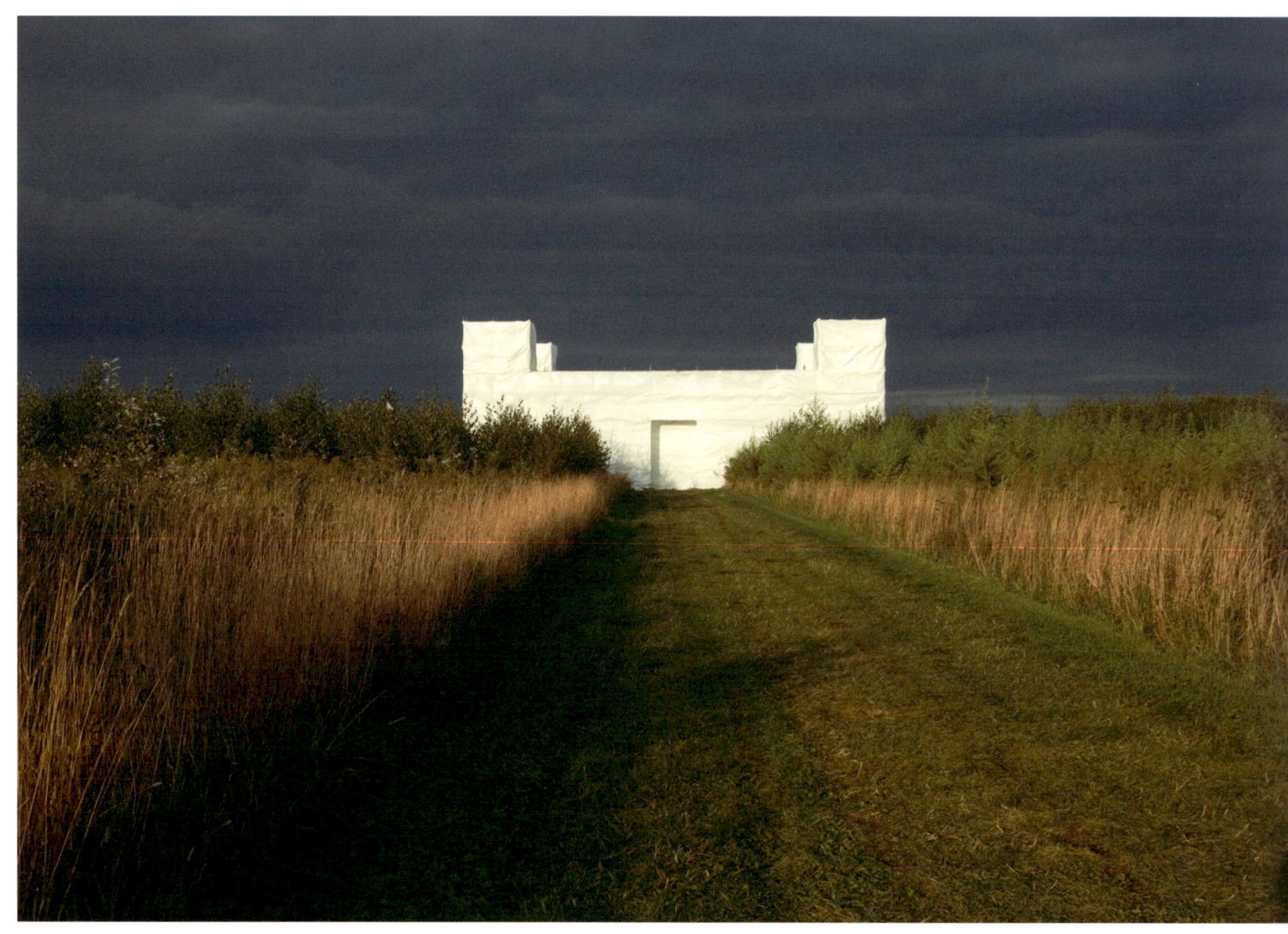

Maze de Boer, *[De]constructie*, 2007
stalen steigerconstructie en 20% lichtdoorlatend wit steigerdoek/steel scaffolding and a 20% translucent white scaffolding cloth
12 x 25 x 25 m
locatie/location: Dertien Hectare, Heeswijk-Dinther (NL)

van een valse bescheidenheid die doet vergeten dat zijn illusies met berekende precisie zijn uitgevoerd. Als hedendaagse trompe-l'oeils vertekenen zijn objecten het zicht op de werkelijkheid, en misschien wel op de illusie zelf. De Boer studeerde in 2003 af aan de Gerrit Rietveld Academie in Amsterdam, en was in 2007–2008 resident aan de Rijksakademie van beeldende kunsten. Recentelijk was zijn werk te zien bij De Nederlandsche Bank, alsmede in de tentoonstelling 'Satellite Station' in W139. Eerder maakte hij op uitnodiging van W139 het werk *Tijdelijke Halte: Post CS*, waarbij hij de kelder van het voormalig TPG-gebouw transformeerde tot tijdelijk metroperron. Naast ruimtelijk werk maakt De Boer video's, die o.a. vertoond zijn op het International Film Festival Rotterdam en in Montevideo, Amsterdam.

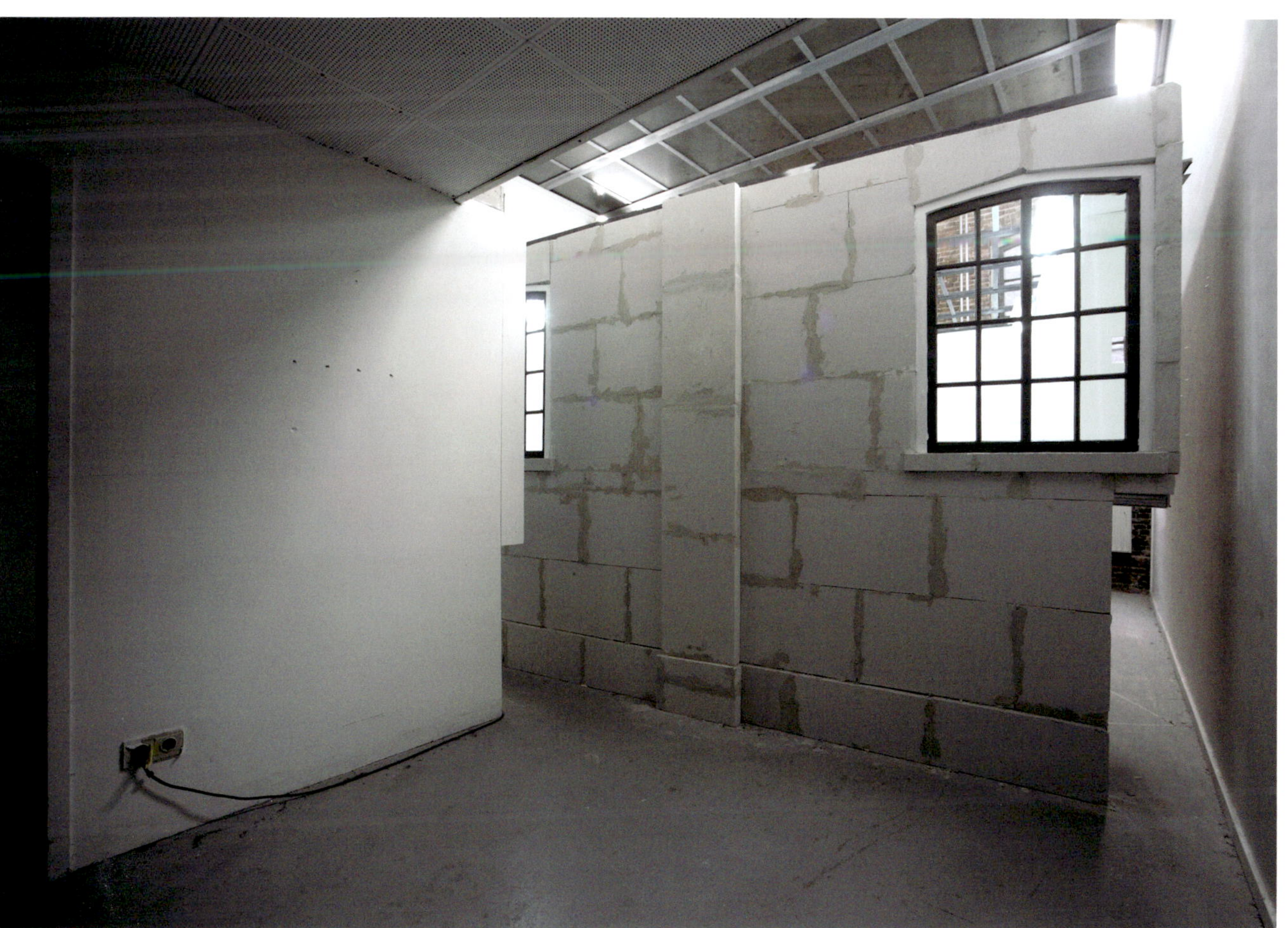

Maze de Boer, *Het Atelier*, 2008
gemengde techniek/mixed media
251 x 488 x 344 cm
locatie/location: Rijksakademie, Amsterdam (NL)

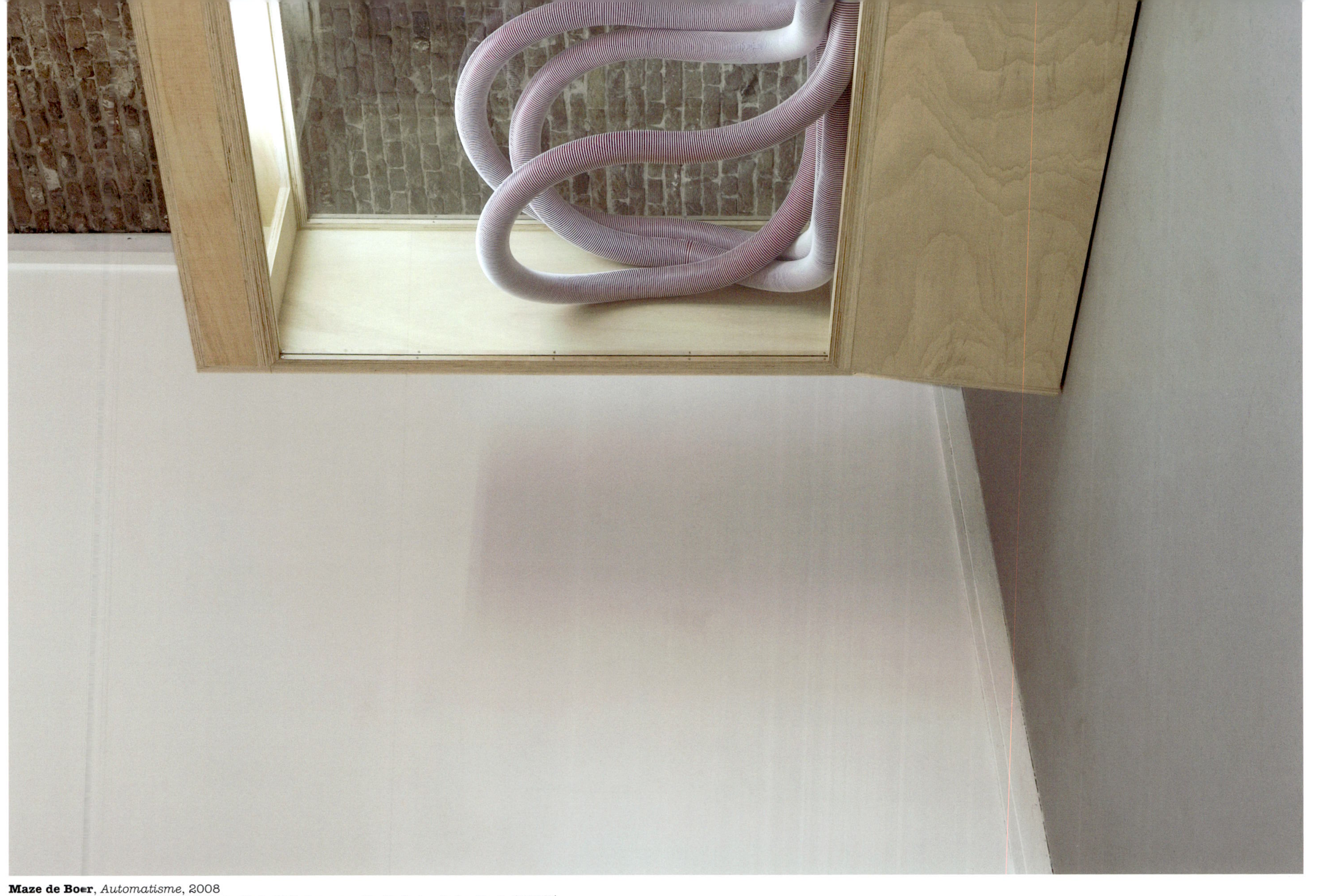

Maze de Boer, *Automatisme*, 2008
replica van DNB vitrine, 3289 D·E plastic koffiebekers van De Nederlandsche Bank (DNB)/
replica of a DNB showcase, 3289 De Nederlandsche Bank (DNB) D·E plastic coffee cups
190 x 180 x 60 cm

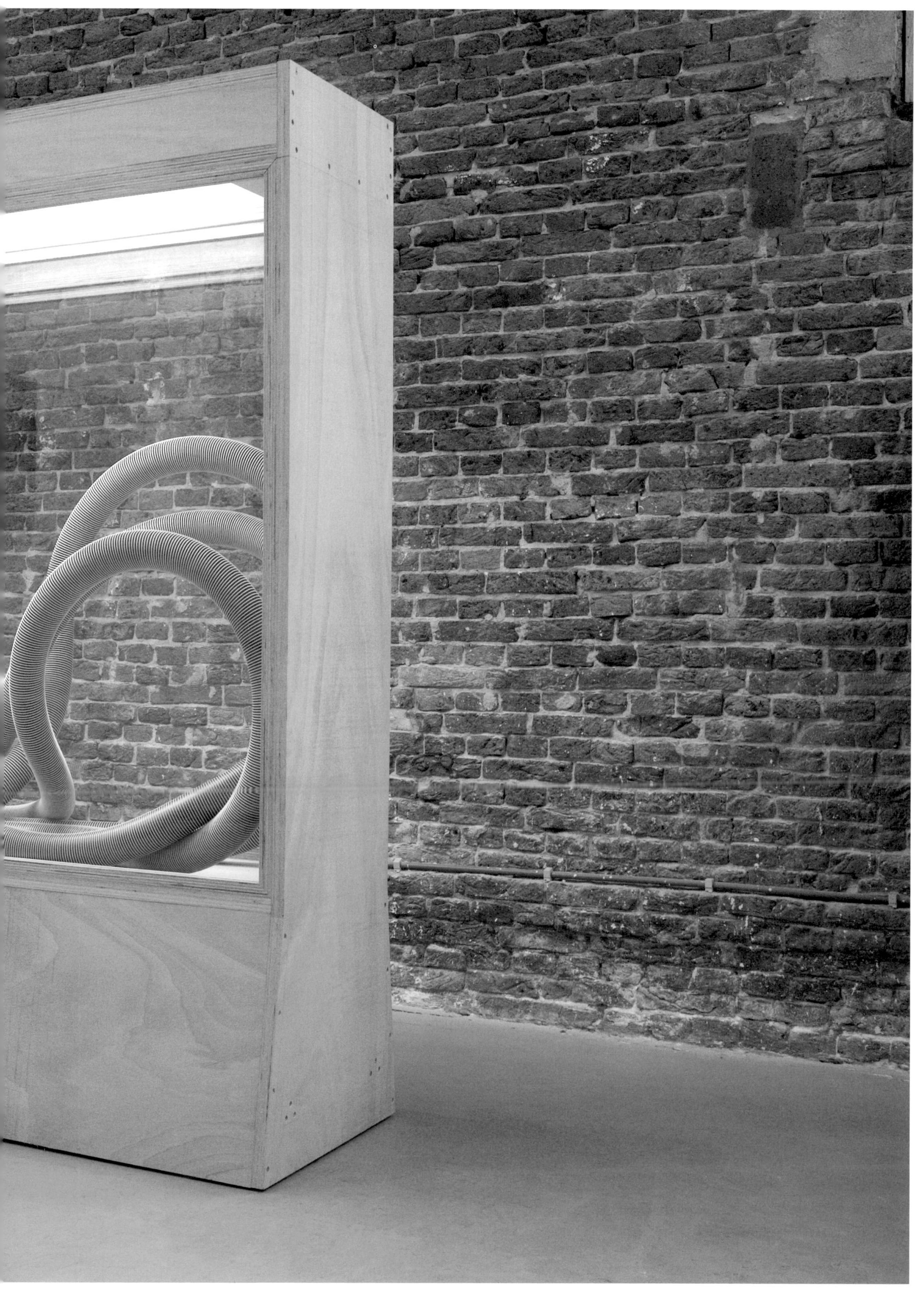

Nicoline van Harskamp
1975, Hazerswoude, NL

In the art practice of Nicoline van Harskamp, political discourse is both research field and medium. Her investigative projects arise from observations of formal and informal structures of power, regimes and political resistance, in which she inventories diverse political opinions relating to government and freedom. Van Harskamp makes use of the *found language* of these observations: existing speeches and texts, statements from interviews and debates, and her own conversations with individuals involved in politics either professionally or through personal conviction. She converts this material into scripts which form the basis for her videos and staged debates. Van Harskamp uses these to examine the ways in which people give expression and speech to their political opinions, and to furnish insights into systems of verbal political exchange and the power of political discourse on the individual. Nicoline van Harskamp studied at the Royal Academy

In de kunstenaarspraktijk van Nicoline van Harskamp vormt het politieke discursieve veld zowel het werkterrein als medium. Haar onderzoeksmatige projecten ontstaan uit observaties van formele en informele structuren van macht, regering en politiek verzet, waarbij uiteenlopende politieke opvattingen ten aanzien van overheid en vrijheid worden geïnventariseerd. In haar werk maakt Van Harskamp gebruik van de *found language* van deze observaties: bestaande toespraken en teksten; uitspraken uit interviews en debatten, en gesprekken die zij zelf voert met mensen die zich beroepsmatig of uit persoonlijke overtuiging bezighouden met politiek. Dit materiaal bewerkt ze tot scripts die de basis vormen voor haar video's en geënsceneerde debatten. Daarbij richt Van Harskamp haar blik op de wijze waarop mensen uiting geven aan hun politieke opvattingen, en worden

Nicoline van Harskamp, *Character Witness*, 2008
geënsceneerde lezing live gegeven door/scripted speech, delivered live by Daniel Rovai
poster, 120 x 86 cm

de systemen van verbale politieke uitwisseling en de macht van het politiek discours op het individu inzichtelijk gemaakt. Nicoline van Harskamp studeerde aan de Koninklijke Academie van Beeldende Kunsten Den Haag en behaalde haar Master of Fine Arts aan het Chelsea College of Art and Design in Londen. In 2007–2008 was ze resident aan de Rijksakademie van beeldende kunsten. Recentelijk had Van Harskamp solotentoonstellingen in o.a. Nikolaj, Copenhagen Contemporary Art Center, het California Museum of Photography en Casco Projects, Utrecht. Van Harskamp nam deel aan de tentoonstelling 'Be(com)ing Dutch' in het Van Abbemuseum en aan de 2008 Taipei Biennial in Taiwan. In 2009 zal haar werk te zien zijn in de Power Plant Contemporary Art Gallery in Toronto, Canada en op de Amsterdamse Kunstmanifestatie 'My Name is Spinoza'.

of Art in The Hague and obtained her Master of Fine Arts at the Chelsea College of Art and Design in London. In 2007 and 2008 she was resident at the Rijksakademie van beeldende kunsten in Amsterdam. She recently held solo exhibitions at venues such as Nikolaj, the Copenhagen Contemporary Art Center, the California Museum of Photography and Casco Projects in Utrecht. Van Harskamp has also participated in the exhibition 'Be(com)ing Dutch' at the Van Abbemuseum in Eindhoven, and in the 2008 Taipei Biennial in Taiwan. In 2009 her work will be displayed at the Power Plant Contemporary Art Gallery in Toronto, Canada, and at the Amsterdam festival 'My Name is Spinoza'.

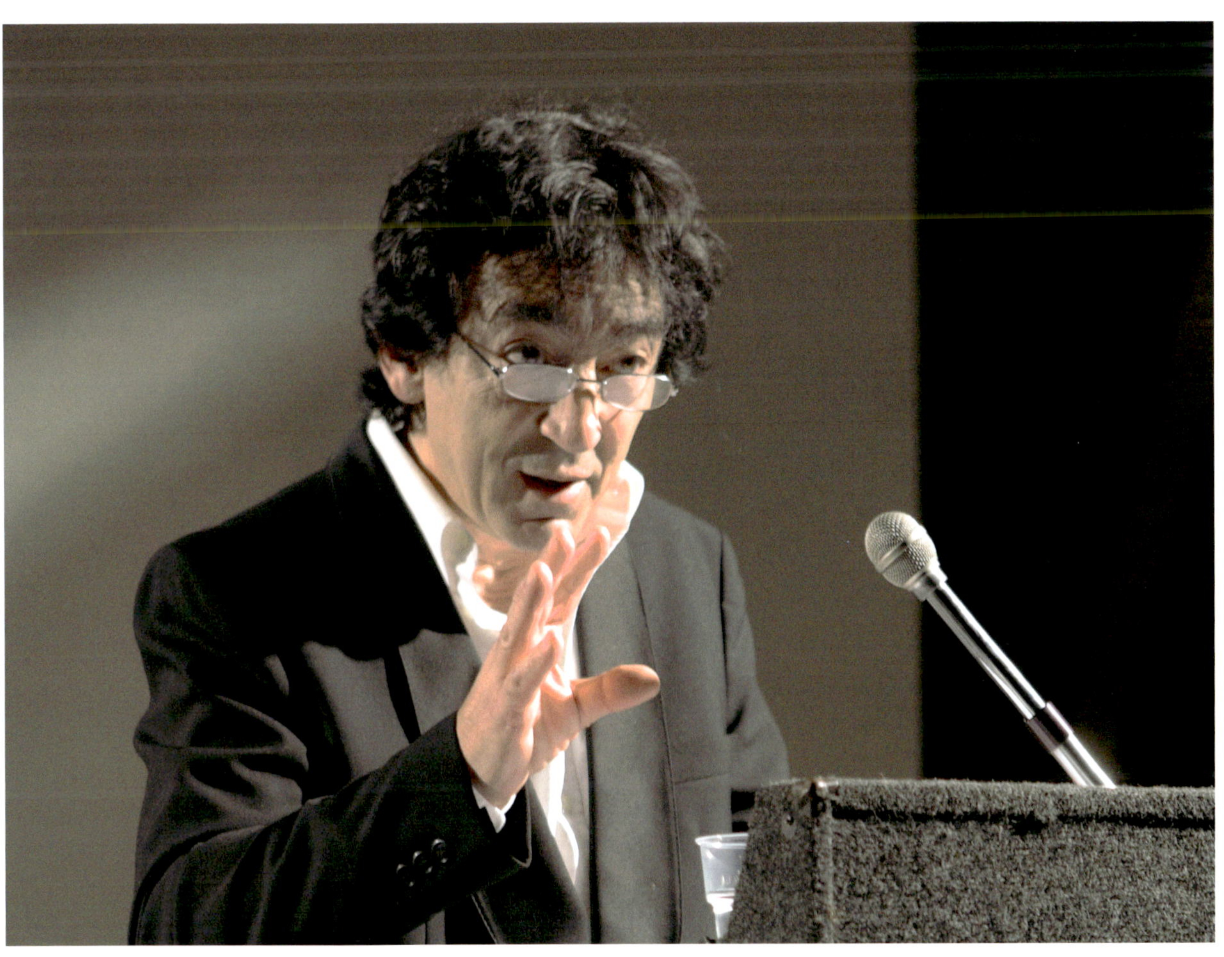

Nicoline van Harskamp, *Character Witness*, 2008
geënsceneerde lezing live gegeven door/scripted speech, delivered live by Daniel Rovai

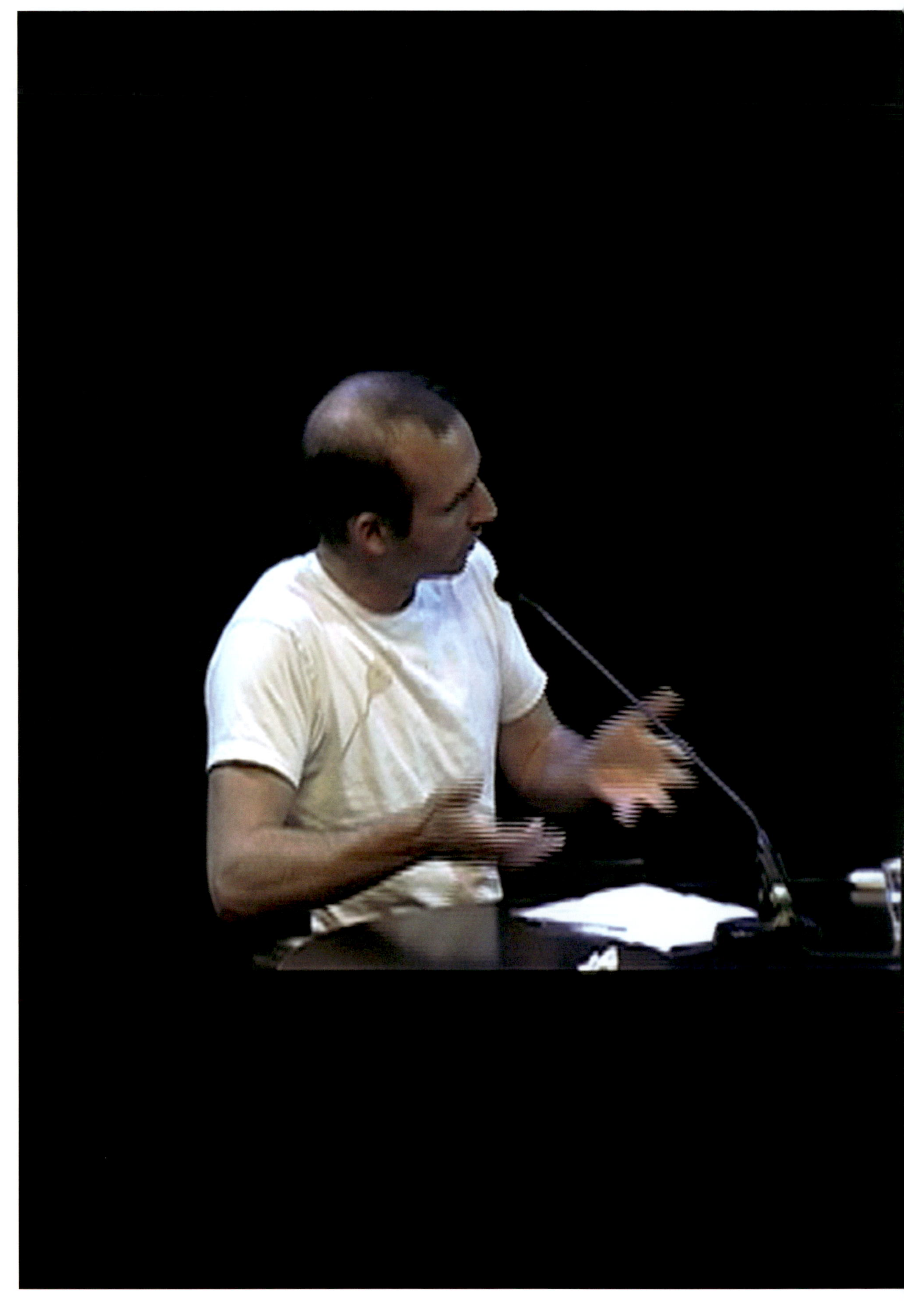

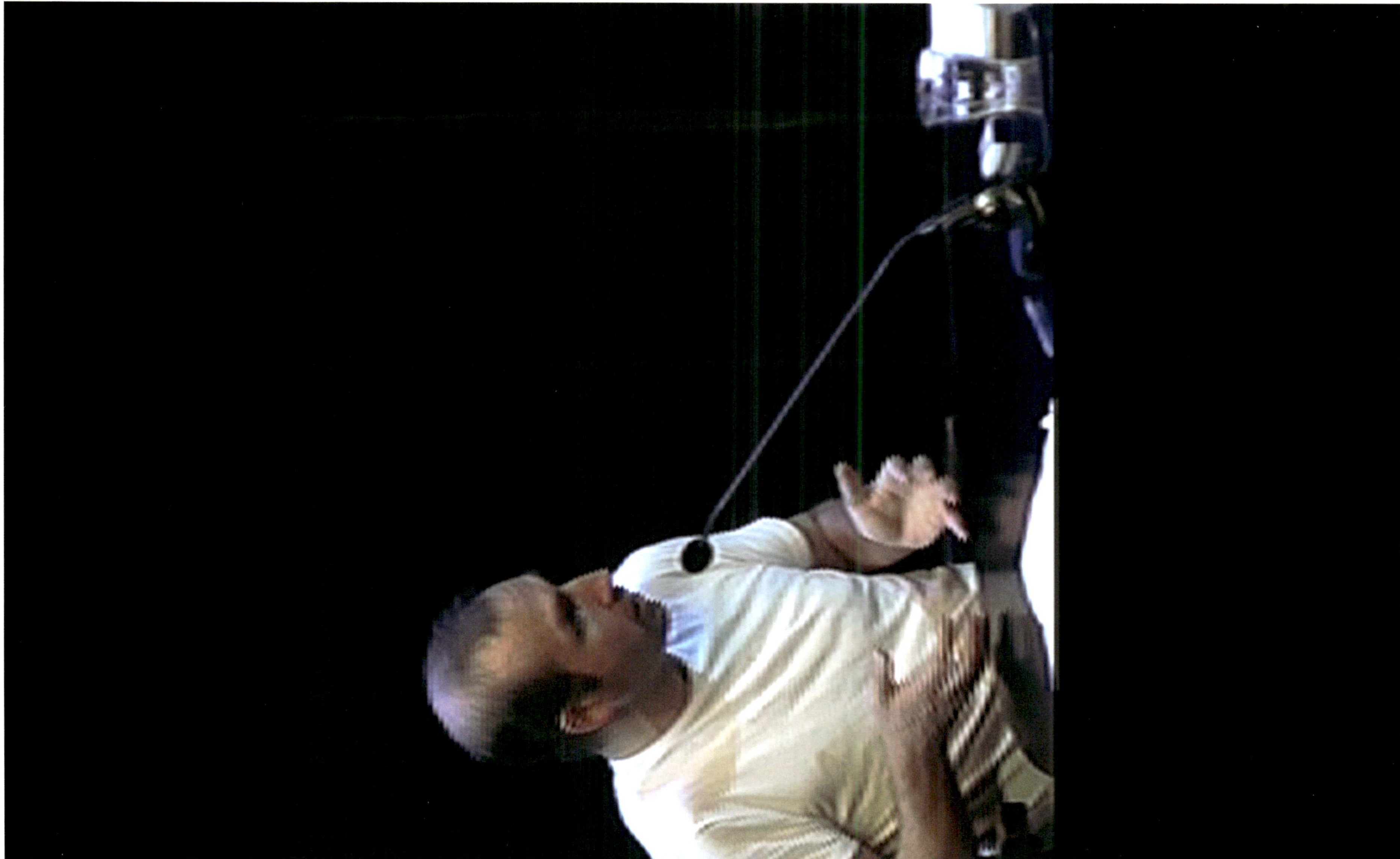

Nicoline van Harskamp, *Amsterdam, 9 May, 8.15 pm, 2008/Amsterdam, 9 May 9.15 pm, 2008*
twee-kanaals videoinstallatie, gebaseerd op een openbare bijeenkomst in De Balie, Amsterdam/
two-channel video installation, based on a public meeting in De Balie, Amsterdam
variabele afmetingen/variable dimensions

Rob Hornstra
1975, Borne, NL

Rob Hornstra graduated in 2004 from the Hogeschool voor de Kunsten in Utrecht, where he specialized in Design of Photography. During his final year of study he travelled to Russia in order to portray the first generation of post-communist youth, growing up in a society in transition. This experience produced his graduation project, *Communism & Cowgirls*, a book of photographs which he published himself in a limited edition of 250 copies. Within a few months the book had sold out, proving that Hornstra had discovered his 'niche': he regards himself as a documentary maker, storyteller and perhaps even an independent entrepreneur, rather than simply a photographer. It is in book form that he is best able to express his fascination with the grey outposts of the capitalist world. In 2008 Hornstra produced *101 Billionaires*, his third book, and one which he consciously chose to self publish. For this project he returned to Russia and photographed the world that lies concealed behind the glamour of economic progress. The 101 portraits record the tragic futility of the imported American dream – or nostalgia for the communist past – in a world without prospects anyway. These images thereby serve as 'portrait negatives' of the 101 billionaires Russia apparently boasts; billionaires who are conspicuously absent from this book. Hornstra's work has been presented at a number of fairs, including Paris Photo and Art Amsterdam. He has participated in group shows at venues such as the Centraal Museum in Utrecht. At the beginning of 2009 he held a solo exhibition at the Flatland Gallery, also in Utrecht. Hornstra is co-founder of the FOTODOK initiative, a platform for documentary photography.

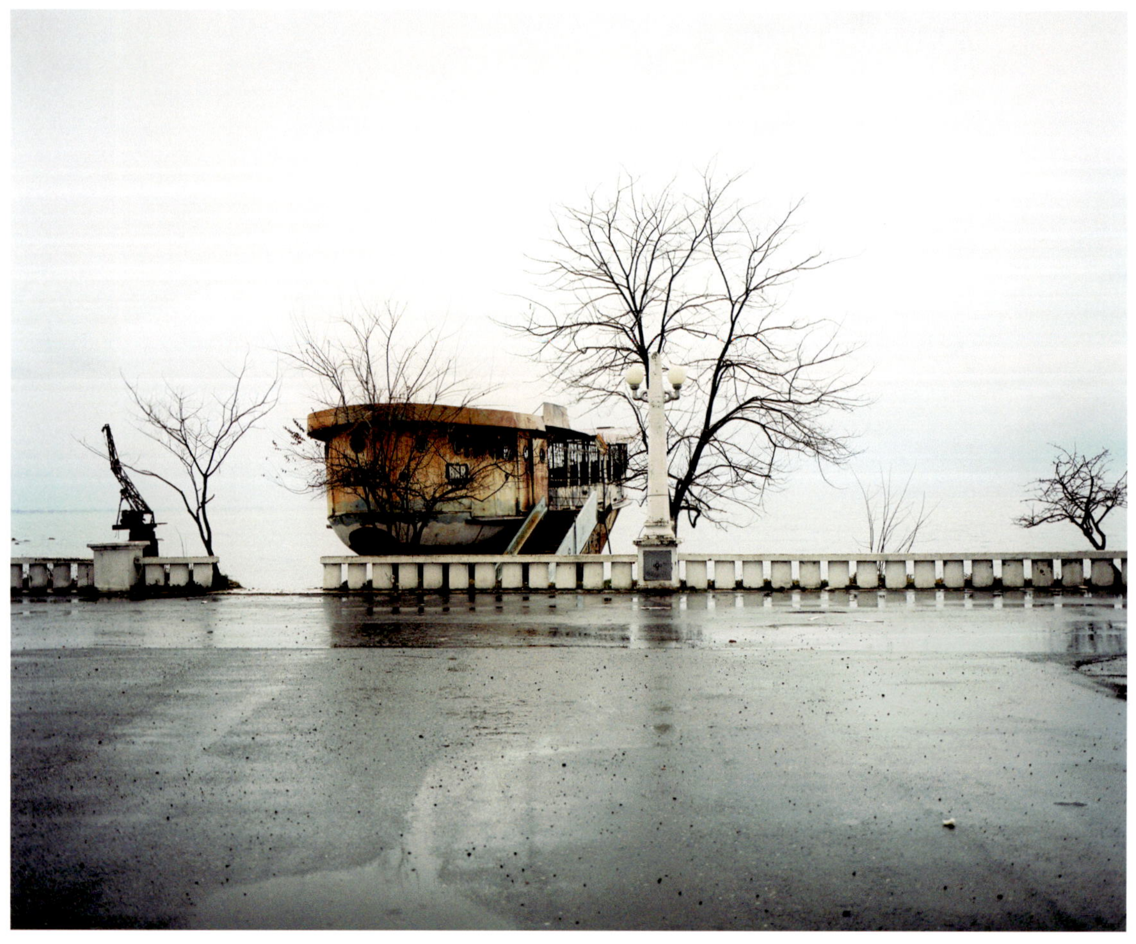

Rob Hornstra, *Café/Bar Mars, Sukhumi, Abkhazia*, 2007
c-print op/on dibond, 80 x 96 cm (editie van/edition of 5)
en/and 50 x 60 cm (editie van/edition of 7)
courtesy Flatland Gallery

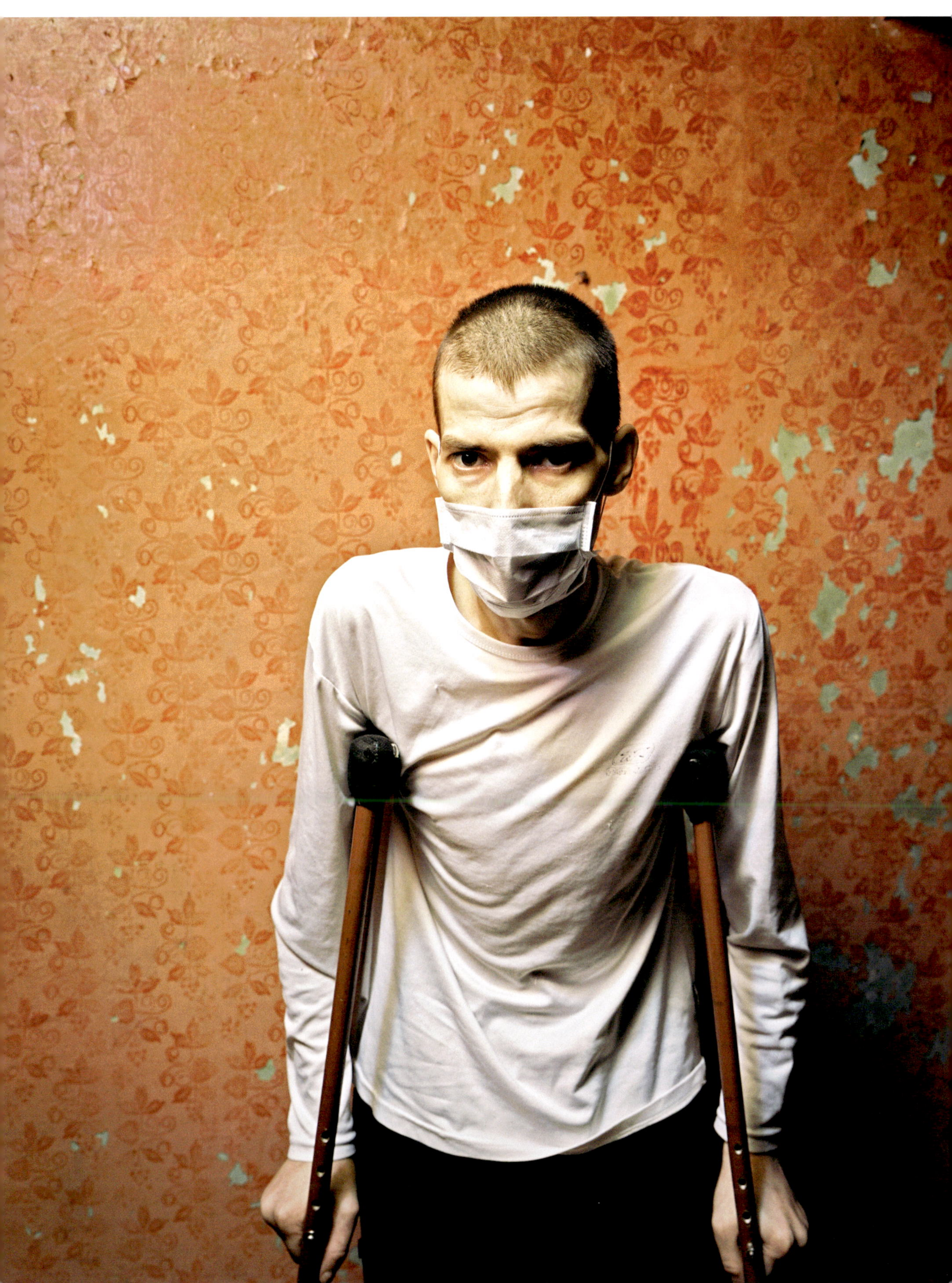

Rob Hornstra, *Andrey, Yekaterinburg, Russia, 2008*
c-print op/on dibond, 96 x 80 cm (editie van/edition of 5)
en/and 60 x 50 cm (editie van/edition of 7)
courtesy Flatland Gallery

Rob Hornstra studeerde in 2004 af aan de Hogeschool voor de Kunsten Utrecht, binnen de richting Design of Photography. In zijn laatste studiejaar reisde hij naar Rusland om daar de eerste generatie postcommunistische jongeren te portretteren, opgroeiend in een samenleving in transitie. Dit resulteerde in zijn eindexamenproject *Communism & Cowgirls*, een fotoboek dat hij in eigen beheer uitgaf in een gelimiteerde editie van 1000. Binnen enkele maanden was het boek uitverkocht. Daarmee bleek hij zijn 'niche' te hebben gevonden: meer nog dan als fotograaf, ziet Hornstra zich dan ook als documentairemaker, verteller, en wellicht ook als zelfstandig ondernemer. In boekvorm weet hij het best zijn fascinatie voor de grauwe uithoeken van de kapitalistische wereld tot uiting te brengen. In 2008 verscheen *101 Billionaires*, zijn derde en inmiddels bewust in eigen beheer uitgegeven publicatie.

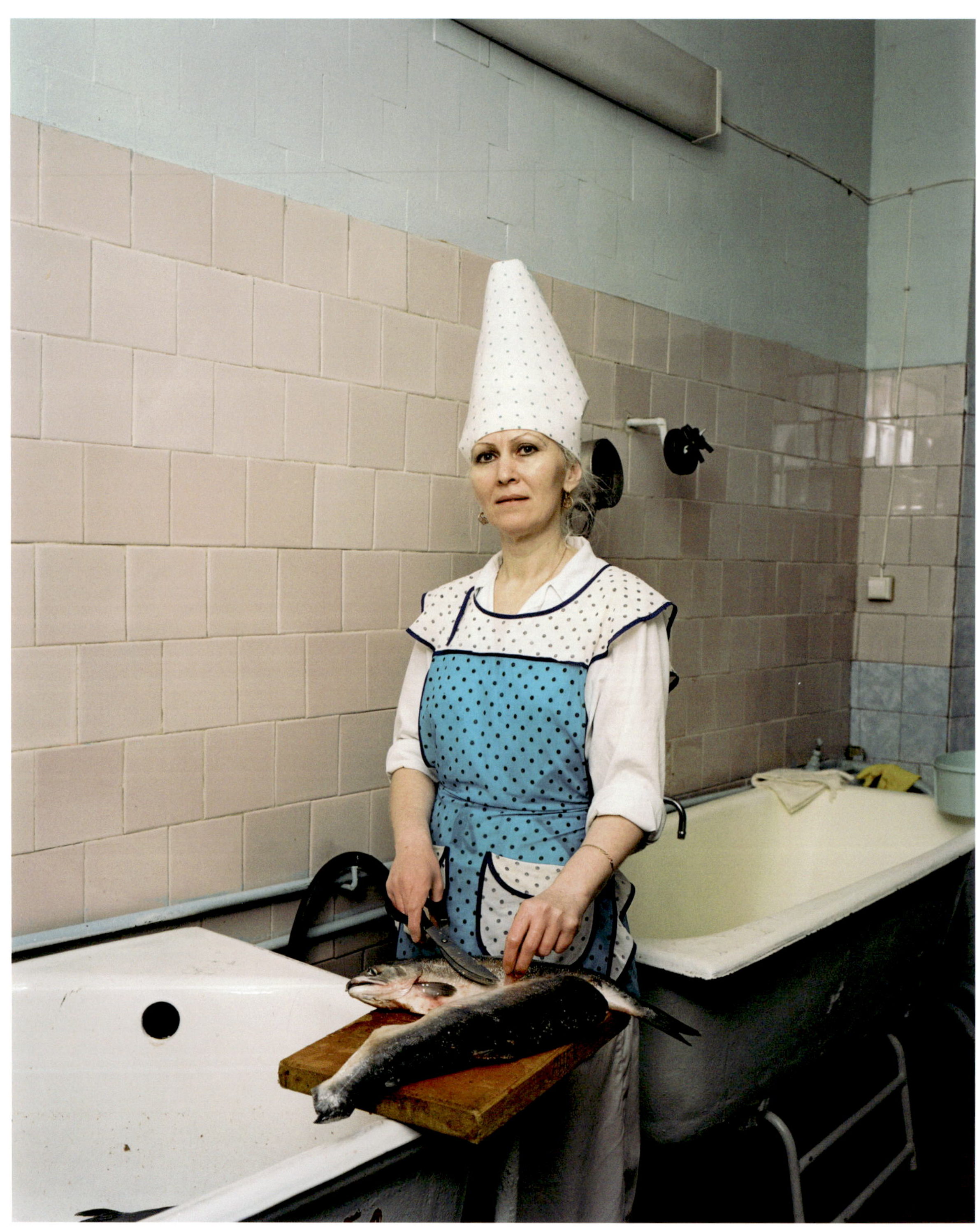

Rob Hornstra, *Cook, Angarsk, Russia*, 2008
c-print op/on dibond, 96 x 80 cm (editie van/edition of 5)
en/and 60 x 50 cm (editie van/edition of 7)
courtesy Flatland Gallery

Voor dit project keerde hij terug naar Rusland, en fotografeerde de wereld die achter de glamour van de economische vooruitgang verscholen ligt. De 101 portretten registreren de tragische vergeefsheid van de geïmporteerde Amerikaanse droom – of de nostalgie naar het communistisch verleden – in een toch al uitzichtloze wereld. Als zodanig fungeren deze beelden als 'portretnegatieven' van de in het boek afwezige 101 miljardairs die Rusland, naar verluidt, rijk is. Hornstra's werk werd op verschillende beurzen gepresenteerd, waaronder Paris Photo en Art Amsterdam. Hij nam deel aan groepstentoonstellingen in o.a. het Centraal Museum in Utrecht en had begin 2009 een solotentoonstelling bij Flatland Gallery, eveneens in Utrecht. Hornstra is tevens medeoprichter van het initiatief FOTODOK, een platform voor documentaire fotografie.

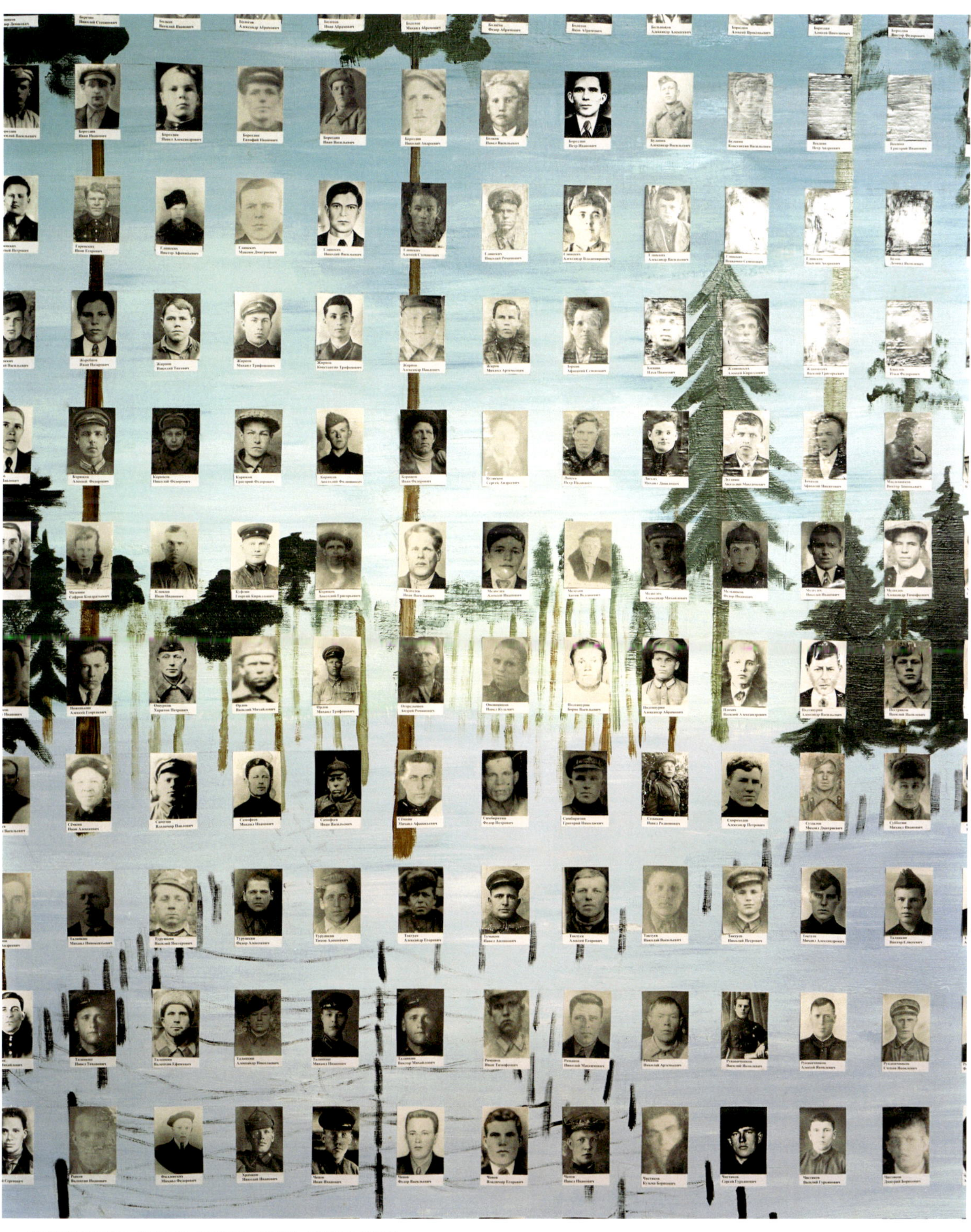

Rob Hornstra, *Tribute, Verkhny Tagil, Russia*, 2008
c-print op/on dibond, 96 x 80 cm (editie van/edition of 5)
en/and 60 x 50 cm (editie van/edition of 7)
courtesy Flatland Gallery

Heidi Linck
1978, Breda, NL

Heidi Linck studied as a social sciences researcher at the University of Wageningen, before taking the Vrije Kunst course at the ArtEZ Hogeschool voor de Kunsten in Arnhem, from which she graduated in 2006. In her work Linck examines how cultural, social and political developments are given expression in the structuring of our physical environment. She produces both two-dimensional and three-dimensional work. Her ink drawings consist of dark planes constructed of black brush strokes, which conceal abstracted and alienated spaces. In these works Linck draws on a personal archive of places she has visited in her life, combining and fusing individual, three-dimensional fragments and perspectives from these places within the two-dimensional plane. She describes her drawings appositely as 'rooms in which the light has just been switched off and the longer you look, the more you see in the depths'. The drawing process also serves as

Na een studie tot sociaal wetenschappelijk onderzoeker te hebben genoten aan de Universiteit van Wageningen, volgde Heidi Linck de opleiding Vrije Kunst aan de ArtEZ Institute of the Arts, waar ze afstudeerde in 2006. In haar werk onderzoekt Linck hoe culturele, maatschappelijke en politieke ontwikkelingen tot uitdrukking worden gebracht in de ordening van onze fysieke omgeving. Ze maakt zowel tweedimensionaal als ruimtelijk werk. Haar inkttekeningen bestaan uit donkere, uit zwarte penseelstreken opgebouwde vlakken die geabstraheerde en vervreemdende ruimtes verhullen. Voor deze tekeningen put Linck uit een persoonlijk archief van plaatsen die zij in haar leven bezocht, en waarvan zij losse ruimtelijke fragmenten en perspectieven combineert en samensmelt binnen het tweedimensionale vlak. Ze omschrijft haar tekeningen op treffende

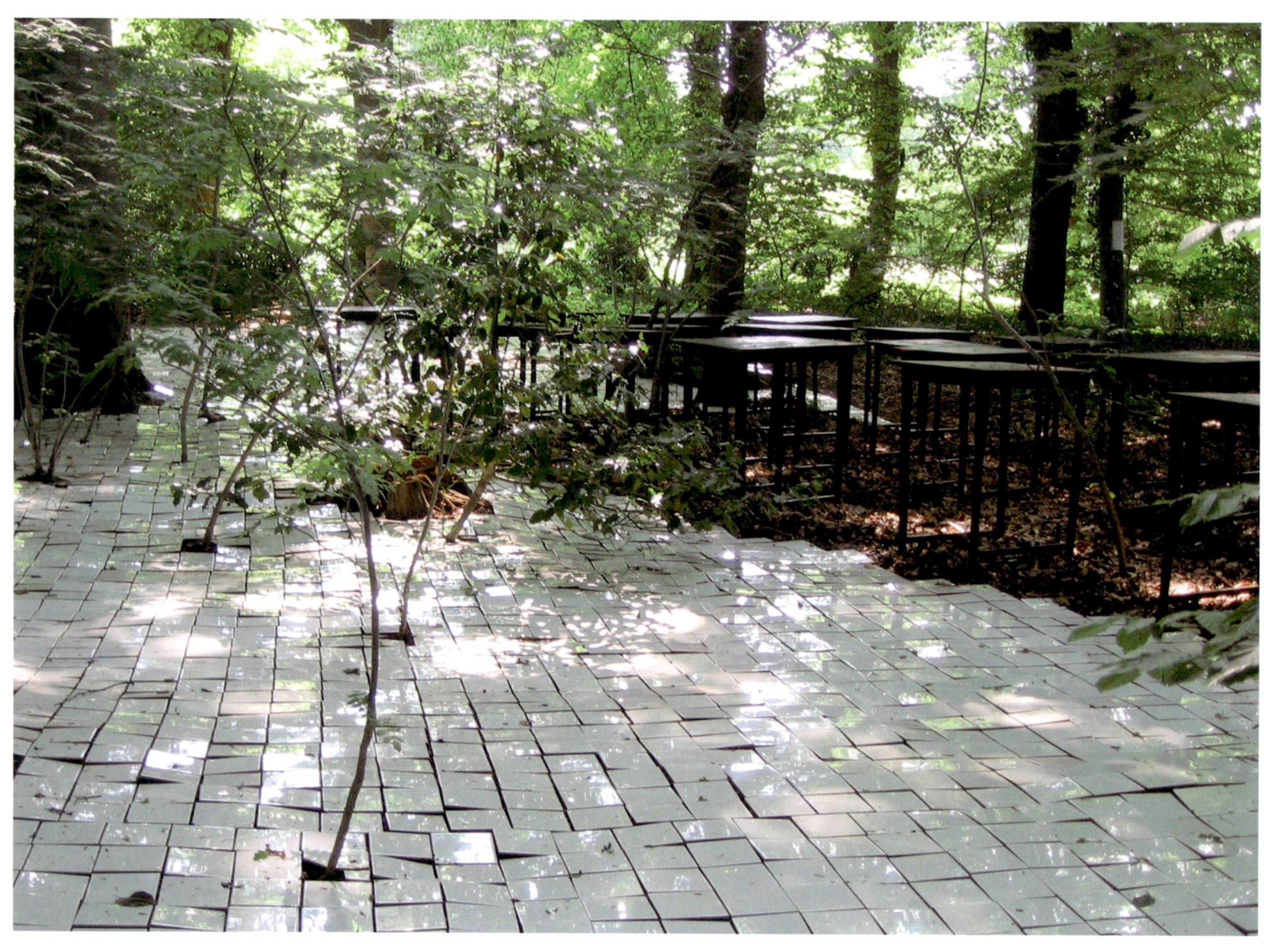

Heidi Linck, *Bunnies in Australia*, 2008
muurtegels, tafels/wall tiles, tables, 1 x 15 x 22 m,
installatie tijdens/installed at 'Exoten/Beelden op de Berg', Wageningen (NL), 2008

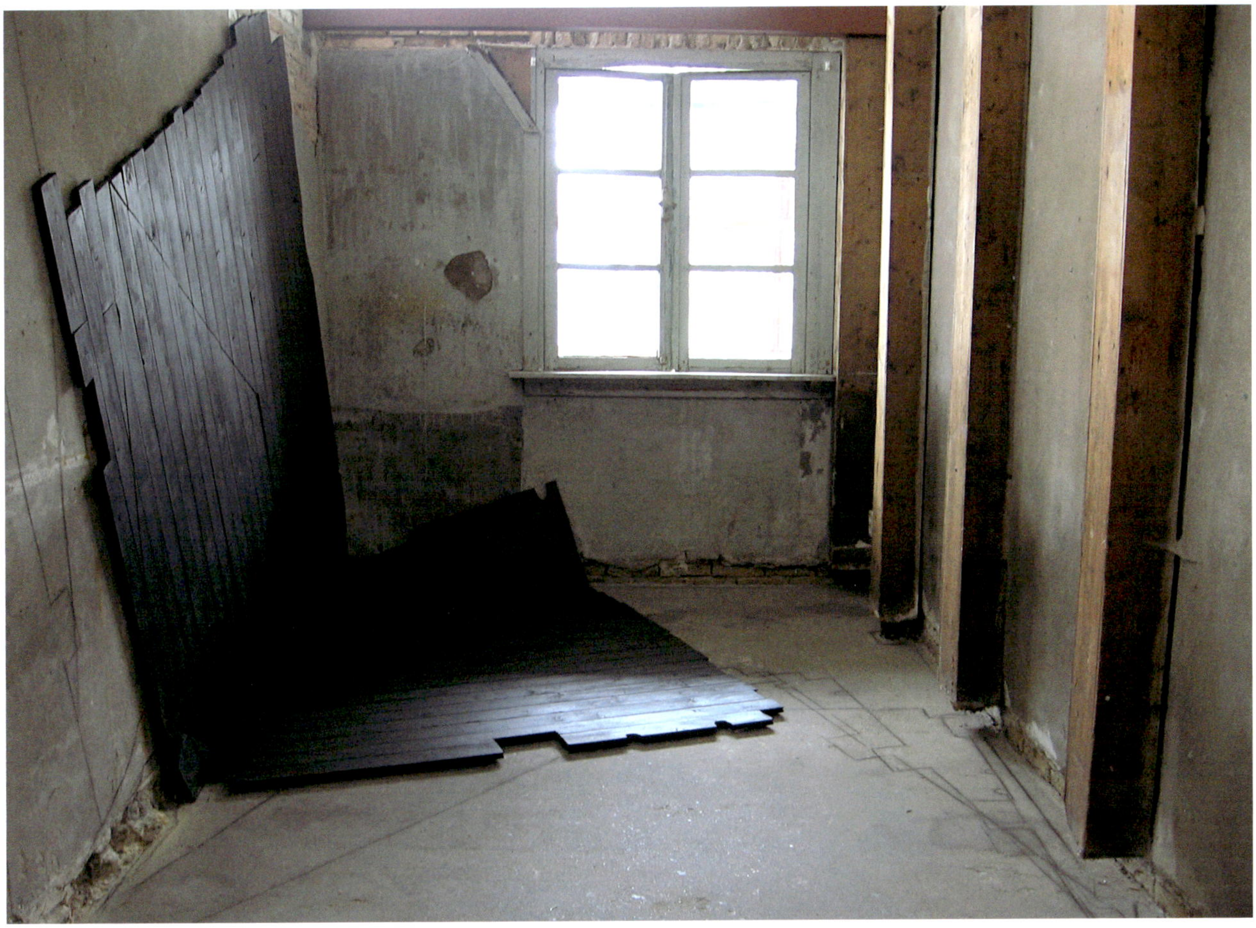

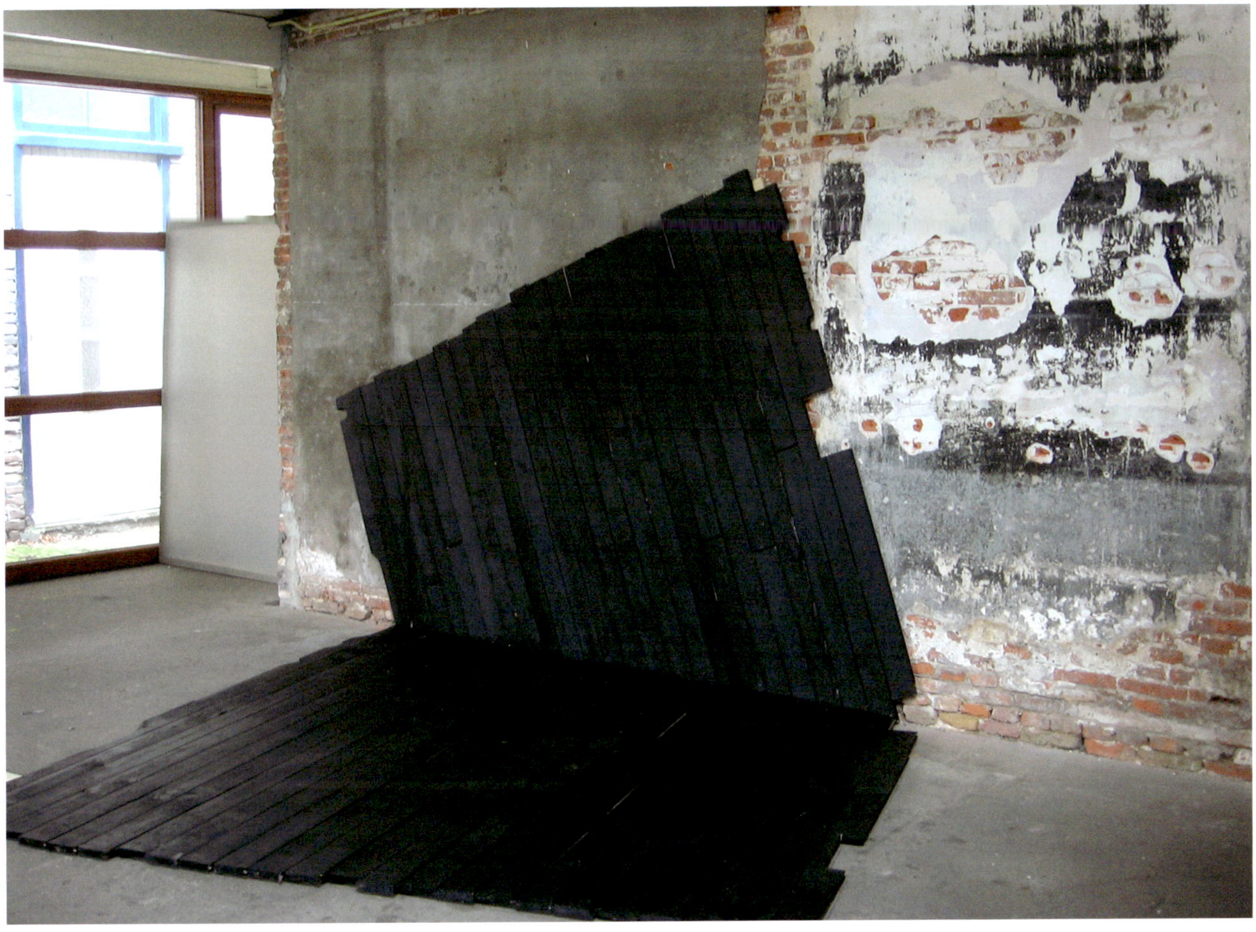

Heidi Linck, *CHANCE: Go back 10 spaces*, 2006
houten vloer, verf/wooden floor, paint. variabele afmetingen/variable dimensions
installatie in/installation at 'Brief Tableau', Kunsthuis SYB, Beetsterzwaag (NL)

the point of departure in Linck's installations, in which she uses physical space like a sheet of drawing paper. However, where the untouched and undefined white plane of the paper affords her total freedom, the real world throws up physical and legal limitations. These are the frameworks that Linck explores in her three-dimensional work, which accordingly endeavours to expose the underlying structures and change processes of a place. Lincks work has been displayed at venues such as Showroom MAMA in Rotterdam and the Moira artists' initiative in Utrecht. For the open-air exhibition 'Exoten/Beelden op de Berg 9' she created *Bunnies in Australia*, an installation comprising a 'floor' of white ceramic wall tiles on leaf-strewn earth at the Arboretum Belmonte in Wageningen.

wijze als 'kamers waarin juist het licht is uitgegaan: hoe langer je kijkt, hoe meer je in de diepte ziet'. Ook in haar installaties dient het tekenproces als uitgangspunt, waarbij Linck de fysieke ruimte hanteert als tekenvel. Waar het ongerepte en ongedefinieerde witte vlak van het papier een complete vrijheid verschaft, dienen zich in de werkelijkheid fysieke en wettelijke beperkingen aan. Het zijn deze kaders die Linck aftast in haar ruimtelijk werk, dat als zodanig de onderliggende structuren en veranderingsprocessen van een plaats probeert bloot te leggen. Lincks werk was o.a. te zien in Showroom MAMA in Rotterdam, en kunstenaarsinitiatief Moira te Utrecht. Voor 'Exoten/Beelden op de Berg 9' maakte zij de installatie *Bunnies in Australia*, een 'vloer' van witte keramische wandtegels op een gebladerde bodem van het Arboretum Belmonte in Wageningen.

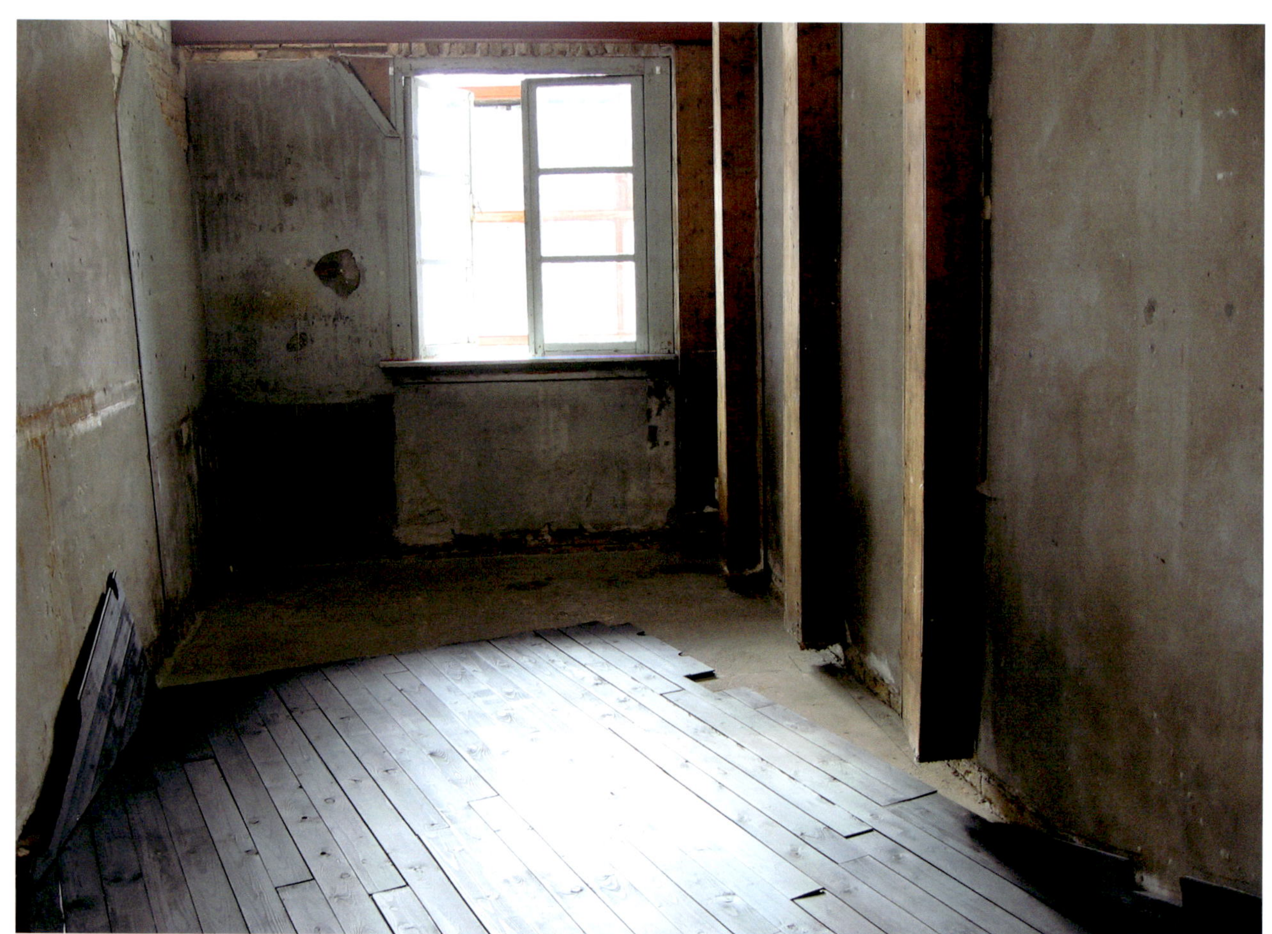

Heidi Linck, *CHANCE: Go back 10 spaces*, 2006
houten vloer, verf/wooden floor, paint. variabele afmetingen/variable dimensions
installatie in/installation at 'Brief Tableau', Kunsthuis SYB, Beetsterzwaag (NL)

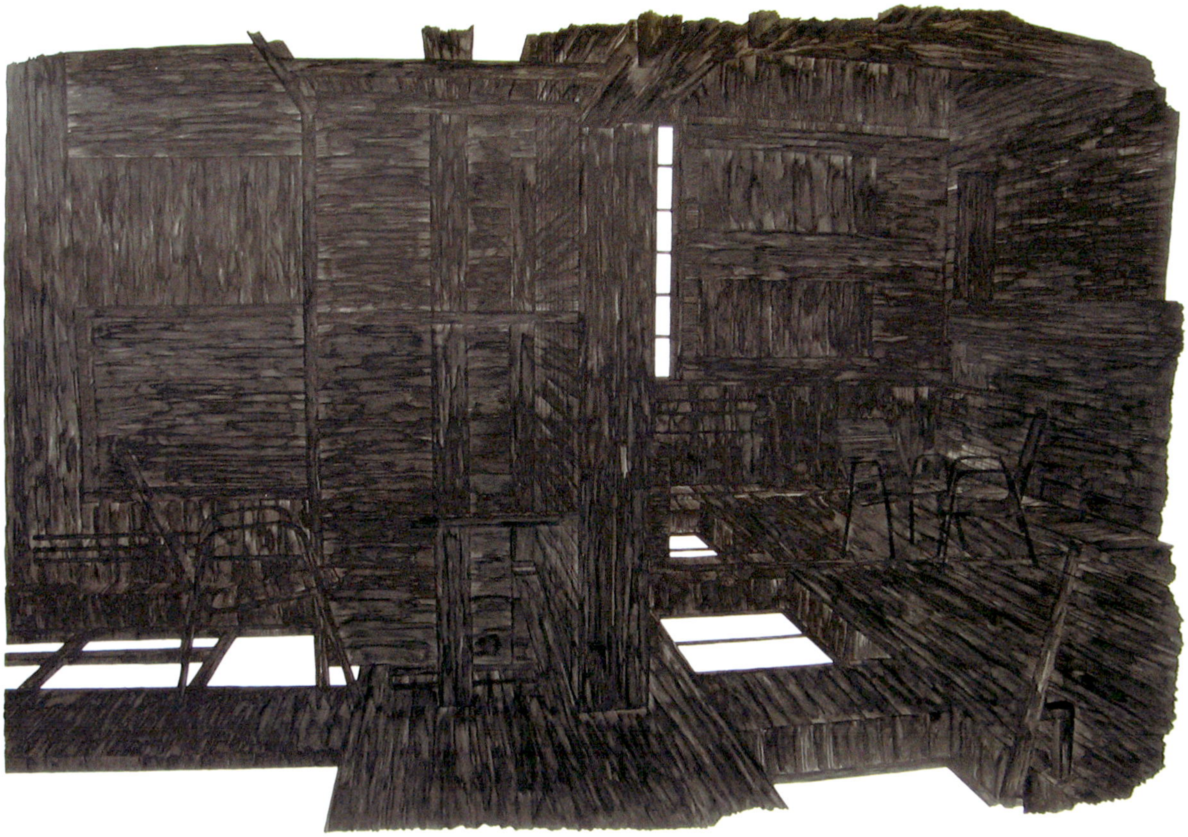

Heidi Linck, *Let's Dance*, 2007
inkt op papier/ink on paper
61 x 93 cm

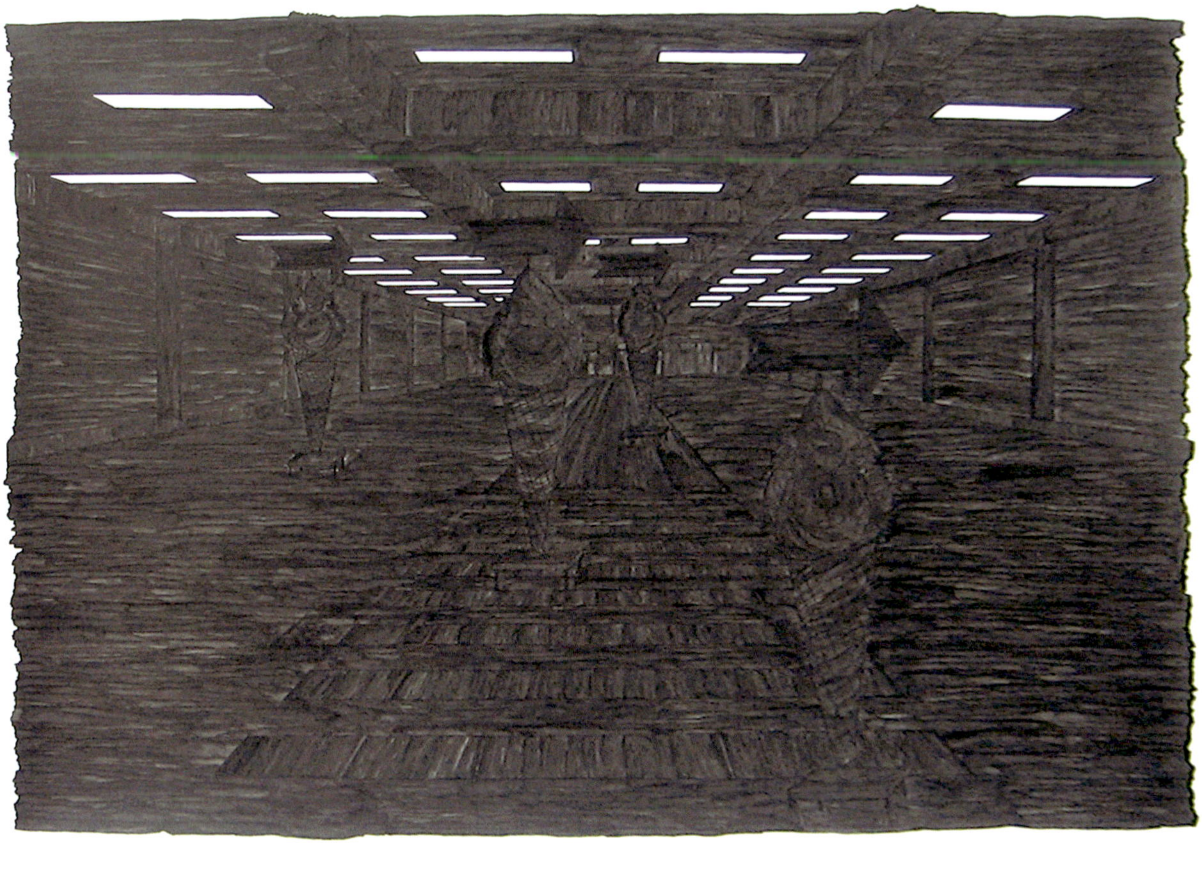

Heidi Linck, *Wong's Paradise*, 2008
inkt op papier/ink on paper
54 x 83 cm

Ólafur Ólafsson
1973, Reykjavik, IS

Libia Castro
1969, Madrid, ES

Ólafur Ólafsson and Libia Castro have collaborated since their post-graduate training at the Frank Mohr Institute in Groningen. Although the duo has focused on the realization of shared experiences, their work also gives expression to their personal urge to make sense of the environment(s) in which they travel and function as contemporary nomadic artists. Ólafsson and Castro's diverse projects thus derive from a profound involvement with local situations, in which the duo is principally interested in the (sometimes implicit) consequences of collective and social situations. Globalization, migration and identity are recurrent themes in their projects. Sometimes their involvement produces almost documentary video recordings of local people and communities, other times a physical or mental space in which social awareness and criticism are mobilized from the collective. The duo's 'music video' *Caregivers*, made for Manifesta 7 in 2008, constitutes a synthesis of their work's documentary, social and poetic character. This contemporary opera highlights the phenomenon of the growing number of private Ukrainian nurses employed in and around Rovereto in Northern Italy. After completing their studies at the Frank Mohr Institute, Ólafsson and Castro were resident at several art centres, including the Künstlerhaus Bethanien in Berlin and the Platform Garanti Contemporary Art Center in Istanbul. They have held solo exhibitions at venues such as the Reykjavík Art Museum, de Appel in Amsterdam, and TENT. Rotterdam, and have also participated in various group exhibitions, including 'Be(com)ing Dutch' at the Van Abbemuseum in Eindhoven.

Ólafur Ólafsson en Libia Castro werken vanaf hun tweede fase masters opleiding aan het Frank Mohr Institute in Groningen in samenwerkingsverband. Alhoewel Ólafsson en Castro zich in hun kunstenaarspraktijk toeleggen op het realiseren van gedeelde ervaringen, geeft hun werk evenwel uiting aan de persoonlijke drang van het duo om vat te krijgen op de omgeving(en) waarin zij zich als hedendaagse nomadische kunstenaars begeven. De uiteenlopende projecten van Ólafsson en Castro ontstaan dan ook vanuit een diepgaande betrokkenheid met lokale situaties, waarbij het duo vooral geïnteresseerd is in de (soms impliciete) consequenties van maatschappelijke en sociale systemen. Globalisering, migratie en identiteit zijn terugkerende thema's in hun projecten. De ene keer resulteert dit in vrijwel documentaire videoregistraties van lokale burgers en gemeenschappen, de andere keer in een daadwerkelijke of mentale ruimte waarin sociaal bewustzijn en maatschappelijke kritiek worden gemobiliseerd vanuit het collectief. De 'muziekvideo' *Caregivers*, gemaakt voor Manifesta 7 in 2008, vormt een synthese van het zowel documentaire, sociale en poëtische karakter van het werk van het duo. Deze hedendaagse opera werpt licht op het fenomeen van het groeiend aantal Oekraïense privéverzorgsters in de omgeving van Rovereto in Noord-Italië. Na hun studie aan het Frank Mohr Institute is het duo resident geweest in onder meer Künstlerhaus Bethanien in Berlijn en Platform Garanti Contemporary Art Center in Istanbul. Ólafsson en Castro hadden solotentoonstellingen in o.a. het Reykjavík Art Museum, de Appel in Amsterdam en TENT. Rotterdam. Zij namen eveneens deel aan verscheidene groepstentoonstellingen, waaronder 'Be(com)ing Dutch' in het Van Abbemuseum in Eindhoven.

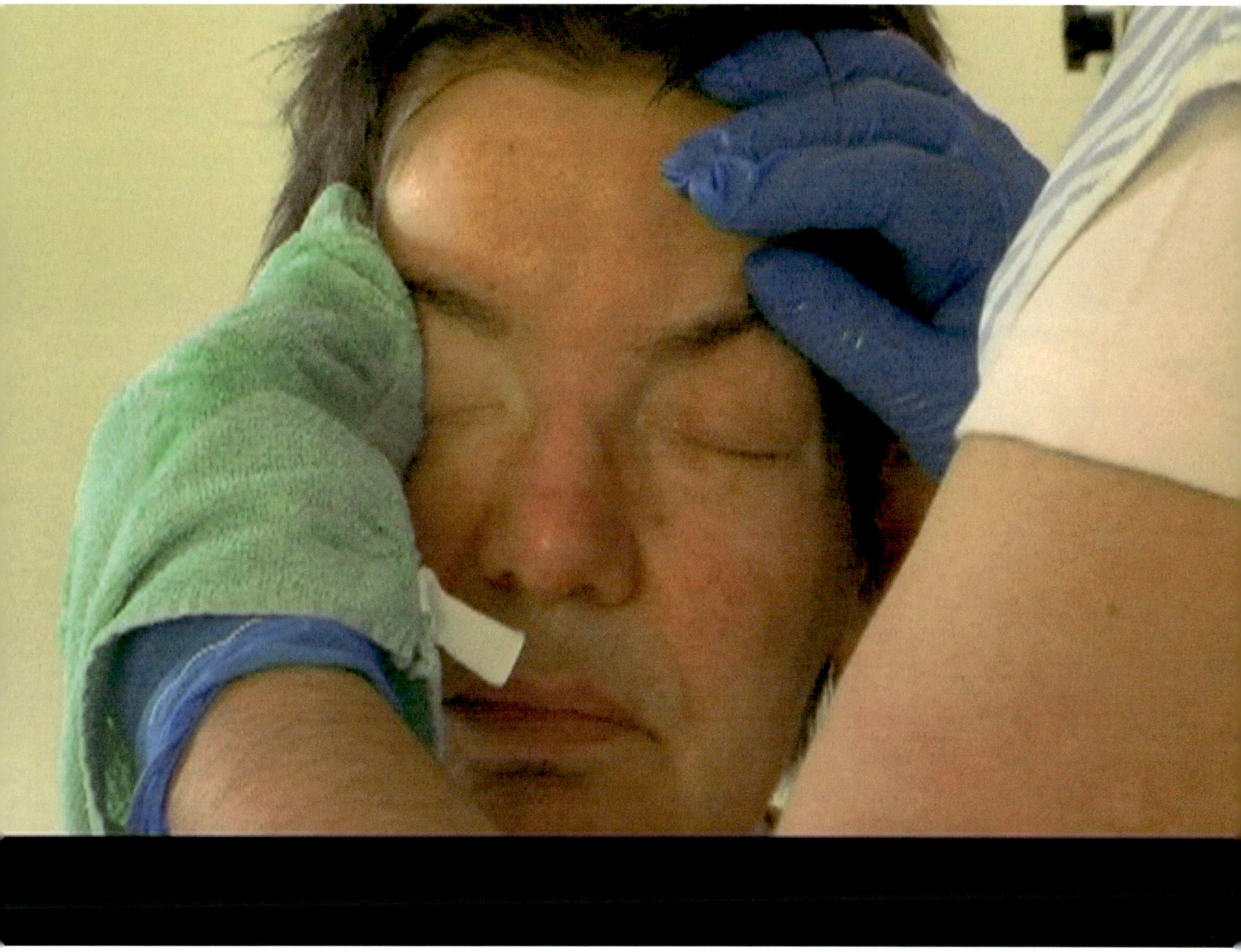

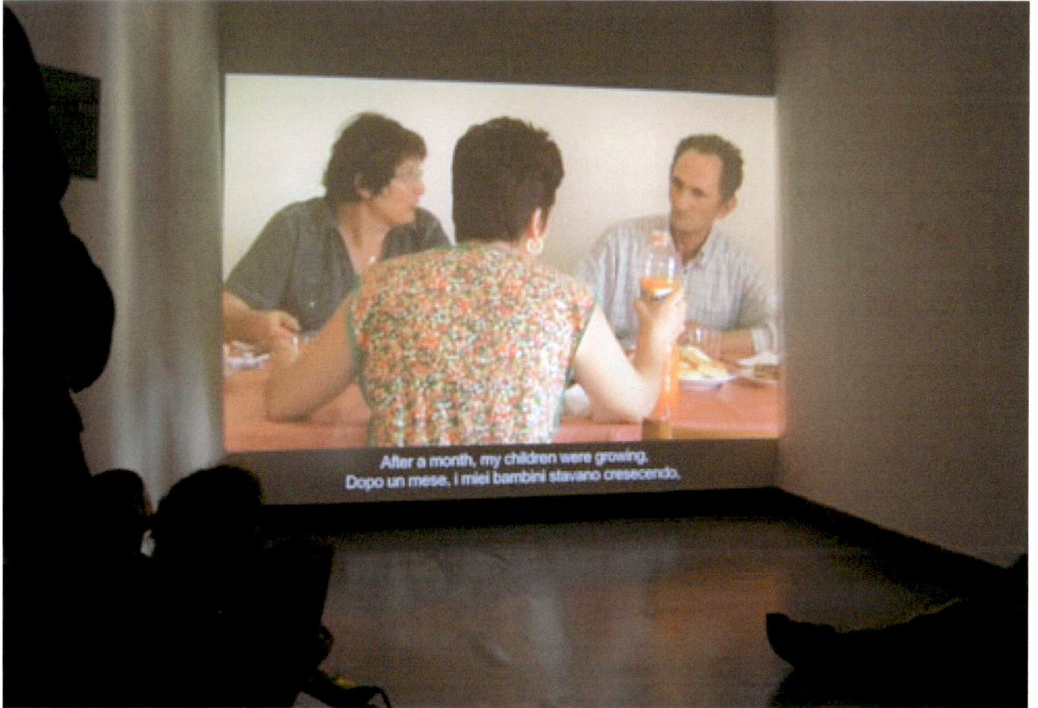

Ólafur Ólafsson & Libia Castro, *Caregivers*, 2008
video, 14 min., courtesy de kunstenaars/the artists
en/and Manifesta 7

Ólafur Ólafsson & Libia Castro, *Caregivers*, 2008
installatie in/installation view in 'Principle Hope',
Manifesta 7, Rovereto (I)

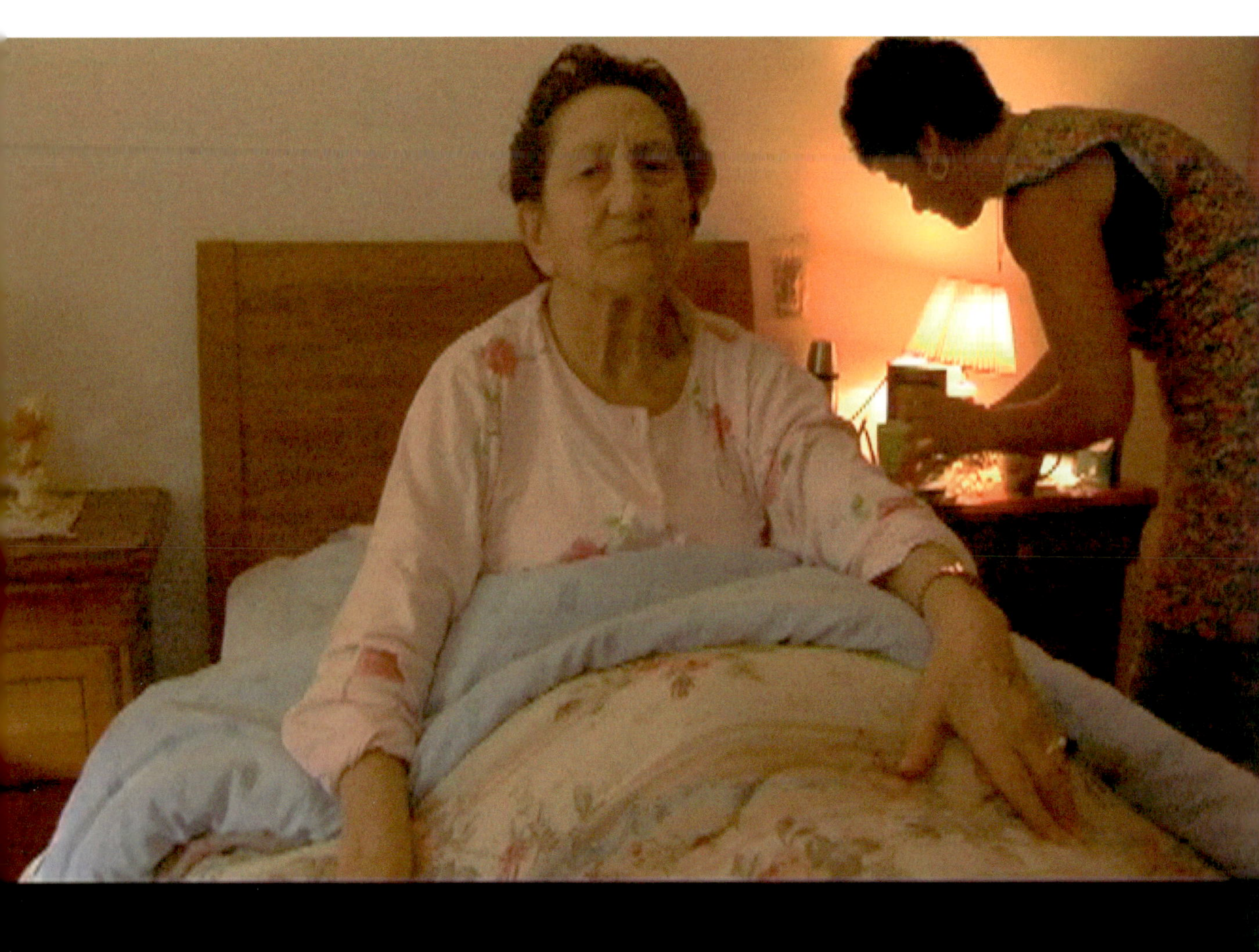

Ólafur Ólafsson & Libia Castro, *Caregivers*, 2008
video, 14 min., courtesy de kunstenaars/the artists
en/and Manifesta 7

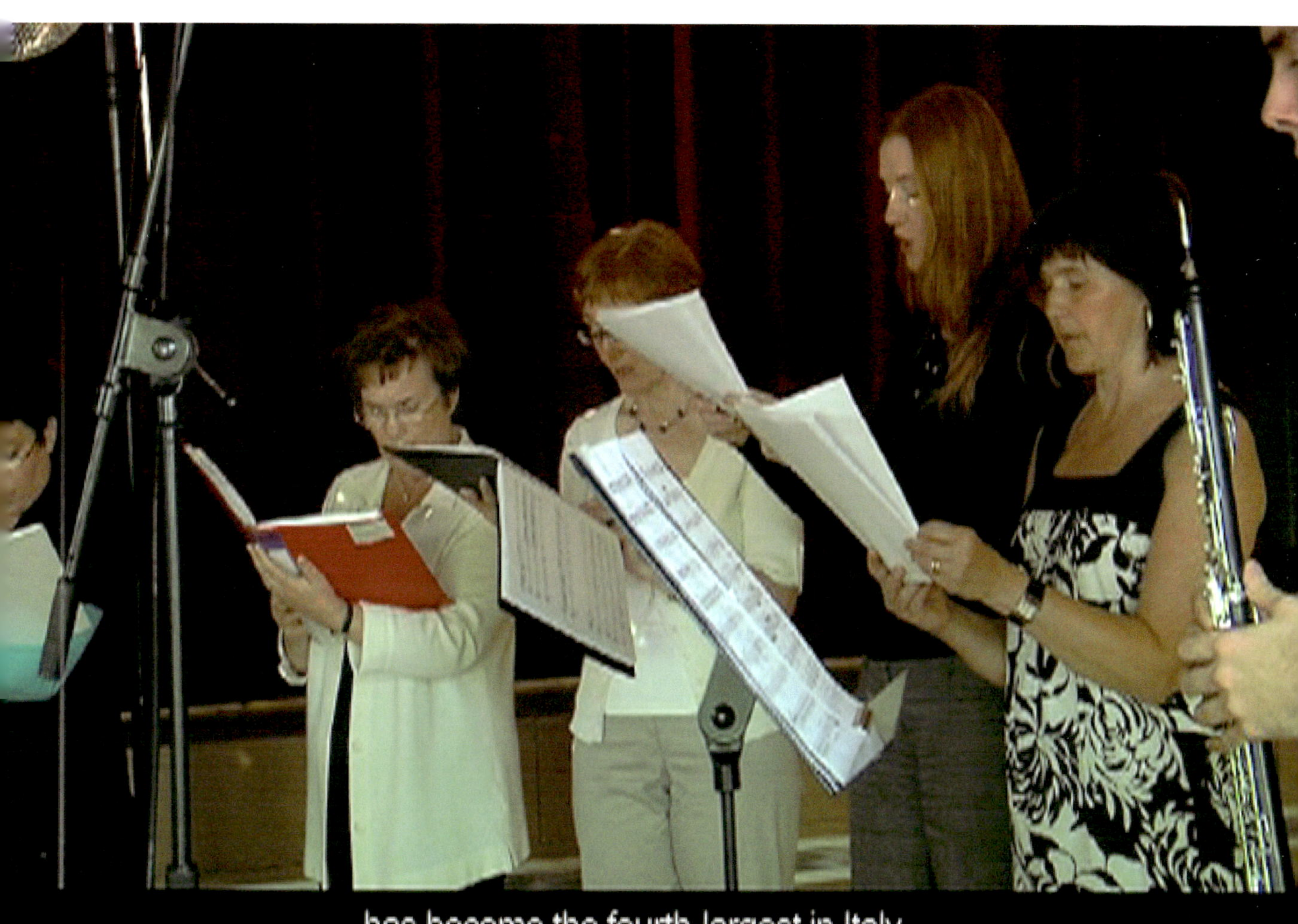

has become the fourth-largest in Italy.
si è allargata fino a diventare la quarta comunità più grande d'Italia.

Marc Oosting
1975, Dronten, NL

In his book *Le visible et l'invisible*, the French philosopher Merleau-Ponty proposes that painting has the capacity 'to make the invisible visible as the invisible'. At first sight there is much to see and recognize in the work of painter Marc Oosting. In his approach to painting, he seems to revive ideas of both romanticism and early twentieth-century painters, while his application of language and conventional, depreciated symbols in his paintings and collages evokes the work of artists such as Ed Ruscha and Jasper Johns. Oosting's intention with these obvious references appears to be to mislead the viewer: between the art-historical quotes and suggestion of meaning loom masks and walls: for the Prix de Rome judging Oosting created an installation of existing work that incorporated a wall which the jury literally bumped into, before being able to see the work behind it. Cut-out letters partially revealed the unpainted backs of Oostings canvases, at the same time emphasizing what was hidden from

In het boek *Le visible et l'invisible* stelde de Franse denker Merleau-Ponty dat de schilderkunst het vermogen heeft 'om het onzichtbare zichtbaar te maken als het onzichtbare'. In het werk van schilder Marc Oosting valt ogenschijnlijk veel te zien en te herkennen. In zijn werkwijze lijkt hij terug te grijpen op ideeën uit zowel de Romantiek als van vroeg twintigste-eeuwse schilders, terwijl de toepassing van taal en conventionele, uitgeholde symbolen in zijn schilderijen en collages het werk van onder anderen Ed Ruscha en Jasper Johns oproept. Met deze zichtbare referenties lijkt Oosting de toeschouwer op een dwaalspoor te willen zetten. Want tussen de kunsthistorische blik en de suggestie van betekenis in doemen maskers op, en muren: voor de jurering van de Prix de Rome maakte Oosting een installatie van bestaand werk, waarbij de jury letterlijk tegen een door de kunstenaar opgetrokken wand opliep. Uitgespaarde letters

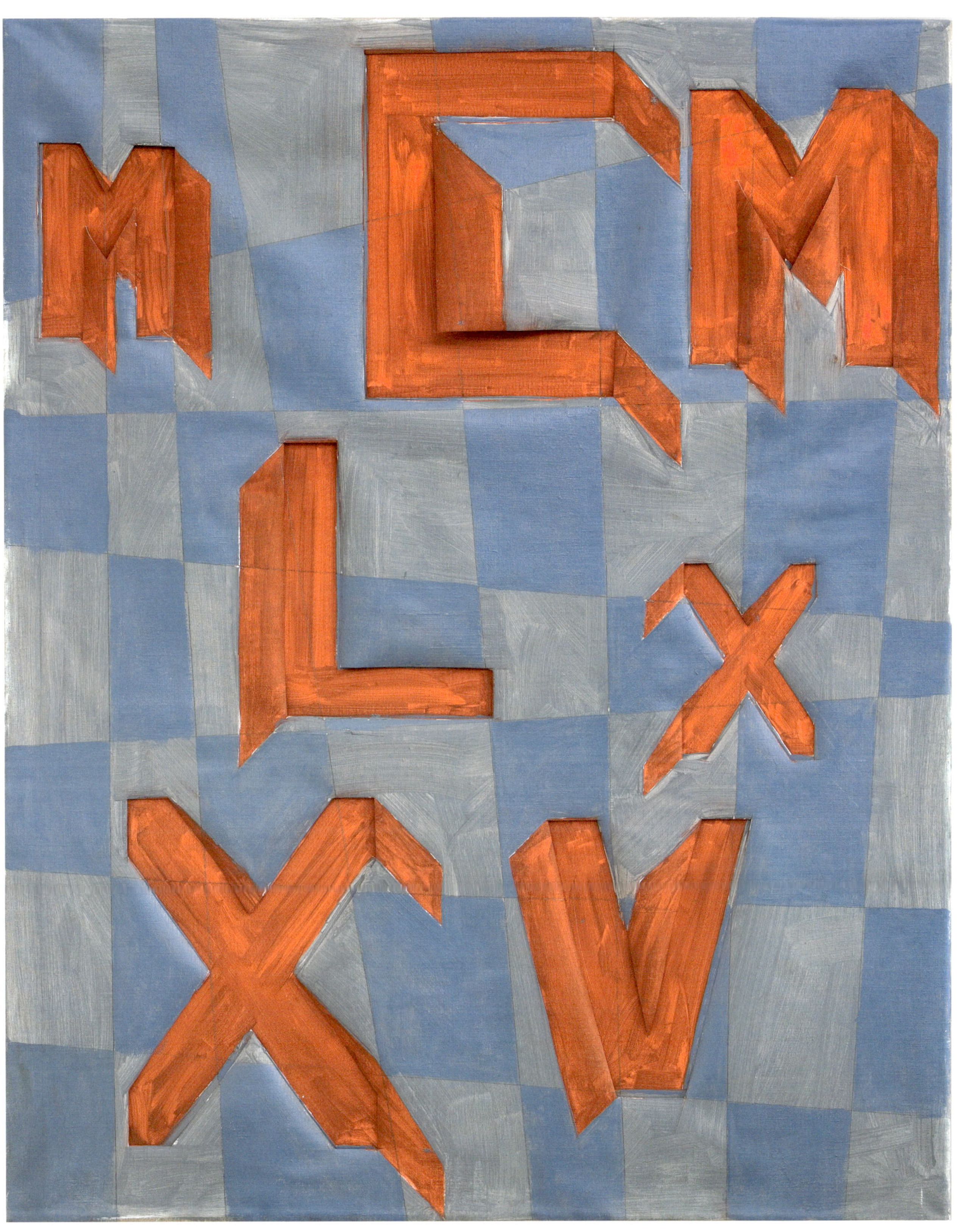

Marc Oosting, *MCMLXXV*, 2007
olieverf en alkyd op doek/oil and alkyd on canvas
125 x 100 cm

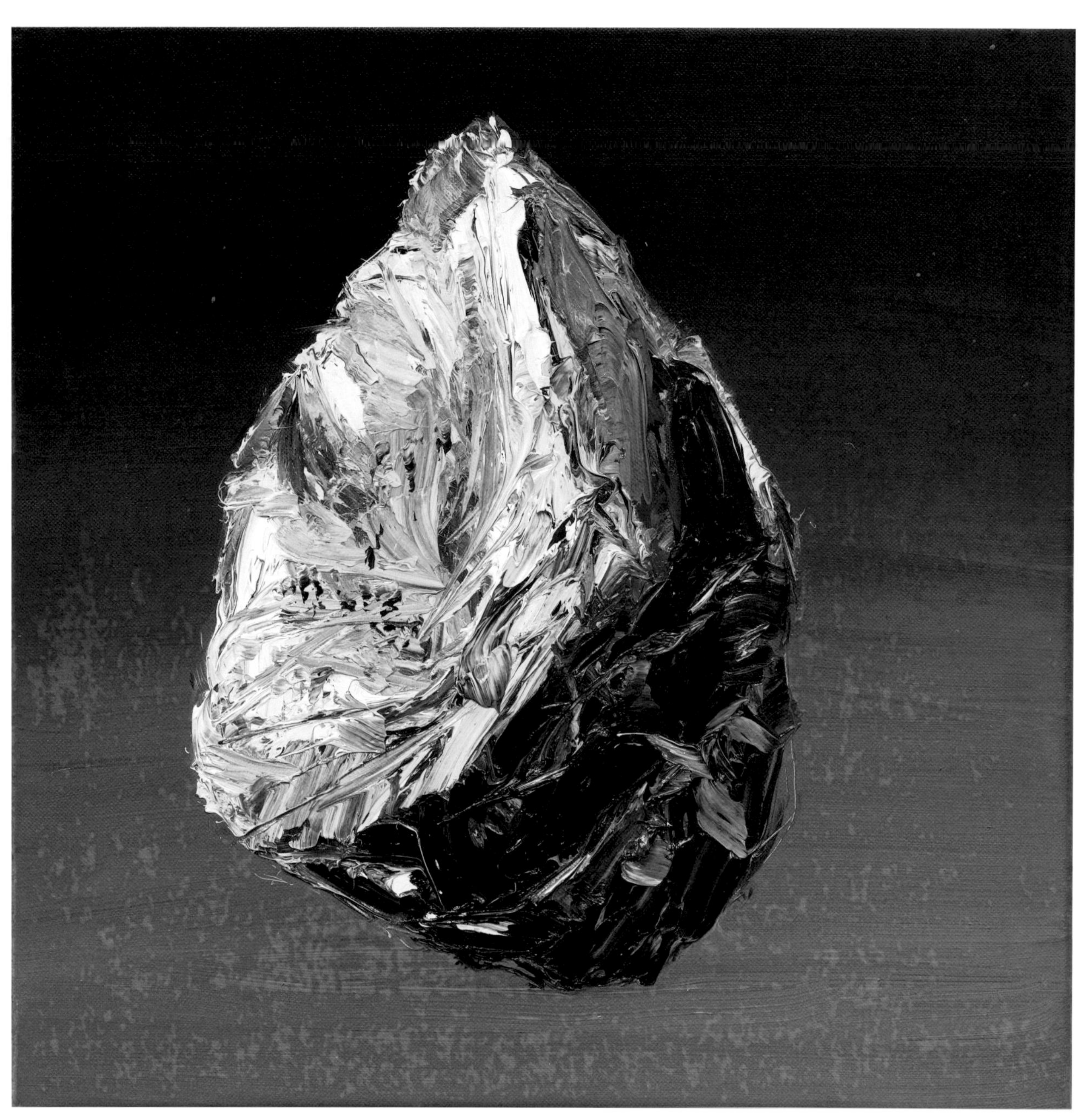

Marc Oosting, *Zonder titel/Untitled*, 2008
olieverf op doek/oil on canvas
44 x 44 cm

the eye. *Now you see me, now you don't.* The viewer is left with the same feeling when Oosting dons a black mask in his guise of alter ego Luc Lemot, who disappears against an equally black background. The unfathomable and unbridgeable gulf between the visible and the invisible is made manifest behind a veil of mystification. Oosting studied at the Constantijn Huygens Academie voor Beeldende Kunsten in Kampen. His work has been exhibited at venues such as P///AKT, Amsterdam and in the group show 'Koninklijke Prijs voor Vrije Schilderkunst 2006' at the GEM, the museum for contemporary art in The Hague.

maakten de onbeschilderde achterzijdes van Oostings doeken deels zichtbaar, maar benadrukten ook dat wat zich aan het oog onttrekt. *Now you see me, now you don't.* Hetzelfde gevoel beklijft bij de toeschouwer wanneer Oosting in de hoedanigheid van alter ego Luc Lemot met een zwart masker op in een eveneens zwarte achtergrond verdwijnt. Achter een sluier van mystificatie wordt de ondoorgrondelijke en onoverbrugbare afstand tussen het zichtbare en onzichtbare manifest gemaakt. Oosting studeerde aan de Constantijn Huygens Academie voor Beeldende Kunsten in Kampen. Zijn werk was onder meer te zien in P///AKT, Amsterdam en in de groepstentoonstelling 'Koninklijke Prijs voor Vrije Schilderkunst 2006' in het GEM, museum voor actuele kunst in Den Haag.

Sara Rajaei

1976, Abadan, IR

Sara Rajaei is interested in the diverse notions and perceptions of time. She derives her inspiration for her videos from the tension between narrative time and narrated time in stories and films: an entire life story can unfold over the course of just a few minutes in text and film; flashbacks can be drawn out in frozen moments or slow motion. Rajaei's short film *Charismatic Fates and Vanishing Dates* uses cinematographic and choreographic elements to visualize the alienating, defective perception of time that takes place in a déjà vu. In one fluid camera movement lasting more than three minutes the camera roams through a living room where what we can only assume are memories loom like ghosts, then disappear: a girl trips past a woman who subsequently vanishes; a cello player suddenly appears in an initially empty corner; a voiceover tells the disconnected story of a number of ostensibly random events from the past. Within the subtly changing environment of the living room the space fills with visual riddles. Each time you think you've seen everything, the room discloses something new and time seems to implode. Sara Rajaei lives and works in The Hague and Teheran. She studied at the University of Visual Art in Teheran and the Royal Academy of Art in The Hague. In 2003 and 2004 she was resident at the Rijksakademie van beeldende kunsten. Recently her work has been displayed at the Landmark/Bergen Kunsthall in Norway and in Montevideo, Amsterdam. Her videos have been shown at diverse international film and video festivals.

Sara Rajaei is geïnteresseerd in de verschillende noties en belevingen van tijd. In haar video's laat zij zich inspireren door het spanningsveld tussen verteltijd en vertelde tijd in verhalen en films. Zo kan zich in tekst en film in een tijdsbestek van enkele minuten een geheel levensverhaal ontvouwen, en kunnen flashbacks voortduren in verstilde of vertraagde momenten. Rajaeis korte film *Charismatic Fates and Vanishing Dates* visualiseert de vervreemdende, defecte tijdsbeleving van het déjà vu door middel van cinematografische en choreografische elementen. In een vloeiende camerabeweging van ruim drie minuten dwaalt de camera door een huiskamer waar vermeende herinneringen als geesten opdoemen – en ook weer verdwijnen: een meisje huppelt langs een vrouw die in een volgend moment verdwenen is; in een aanvankelijk lege hoek bevindt zich plots een cellospeler; een voice-over vertelt het onsamenhangend verhaal van een aantal schijnbaar willekeurige gebeurtenissen uit het verleden. Binnen de subtiel veranderende omgeving van de huiskamer vult de ruimte zich met visuele raadsels. Telkens wanneer je denkt alles al gezien te hebben, onthult de kamer weer iets nieuws en lijkt de tijd te imploderen. Sara Rajaei woont en werkt in Den Haag en Teheran. Ze studeerde achtereenvolgens aan de Universiteit van Beeldende Kunst in Teheran en de Koninklijke Akademie van Beeldende Kunsten Den Haag, en was in 2003–2004 resident aan de Rijksakademie van beeldende kunsten. Recentelijk was haar werk te zien in Landmark/Bergen Kunsthall in Noorwegen en in Montevideo, Amsterdam. Haar video's zijn op verschillende internationale film- en videofestivals vertoond.

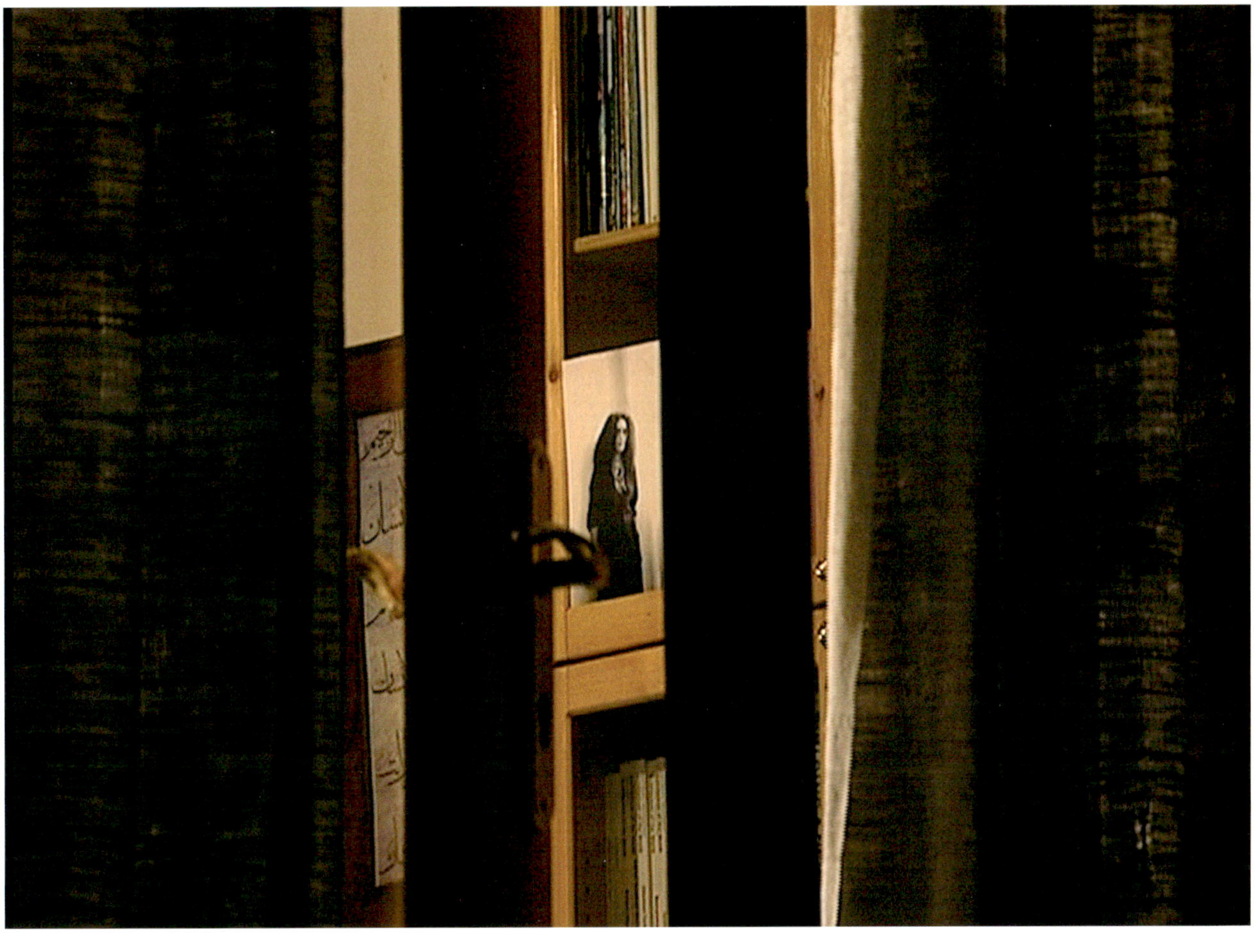

Sara Rajaei, *Charismatic Fates and Vanishing Dates*, 2006
pal video, kleur, geluid, breedbeeld/video pal, colour, sound, wide screen
2 min. 30 sec

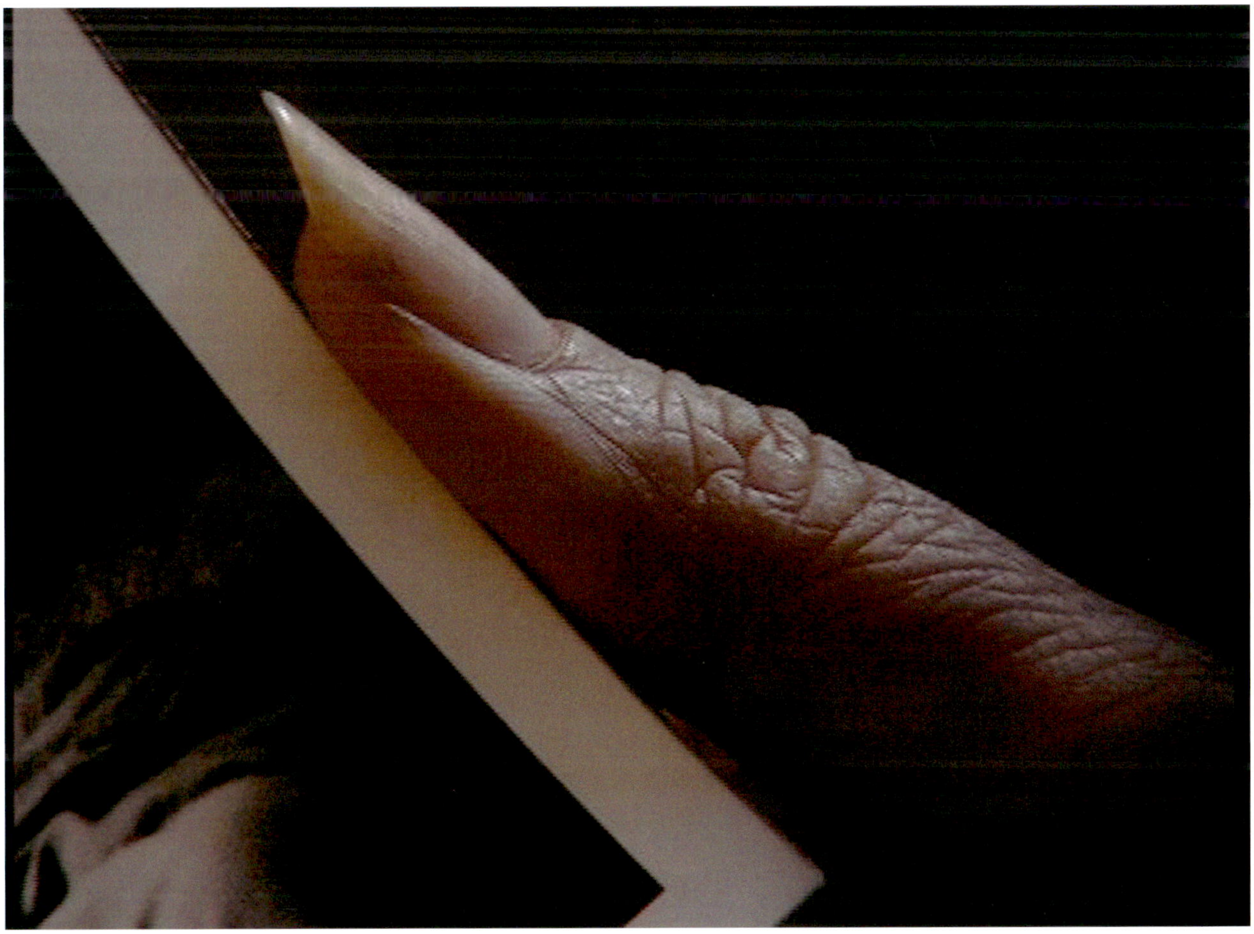

Sara Rajaei, *Shahrzad*, 2009
video, kleur, geluid/video, colour, sound
25 min

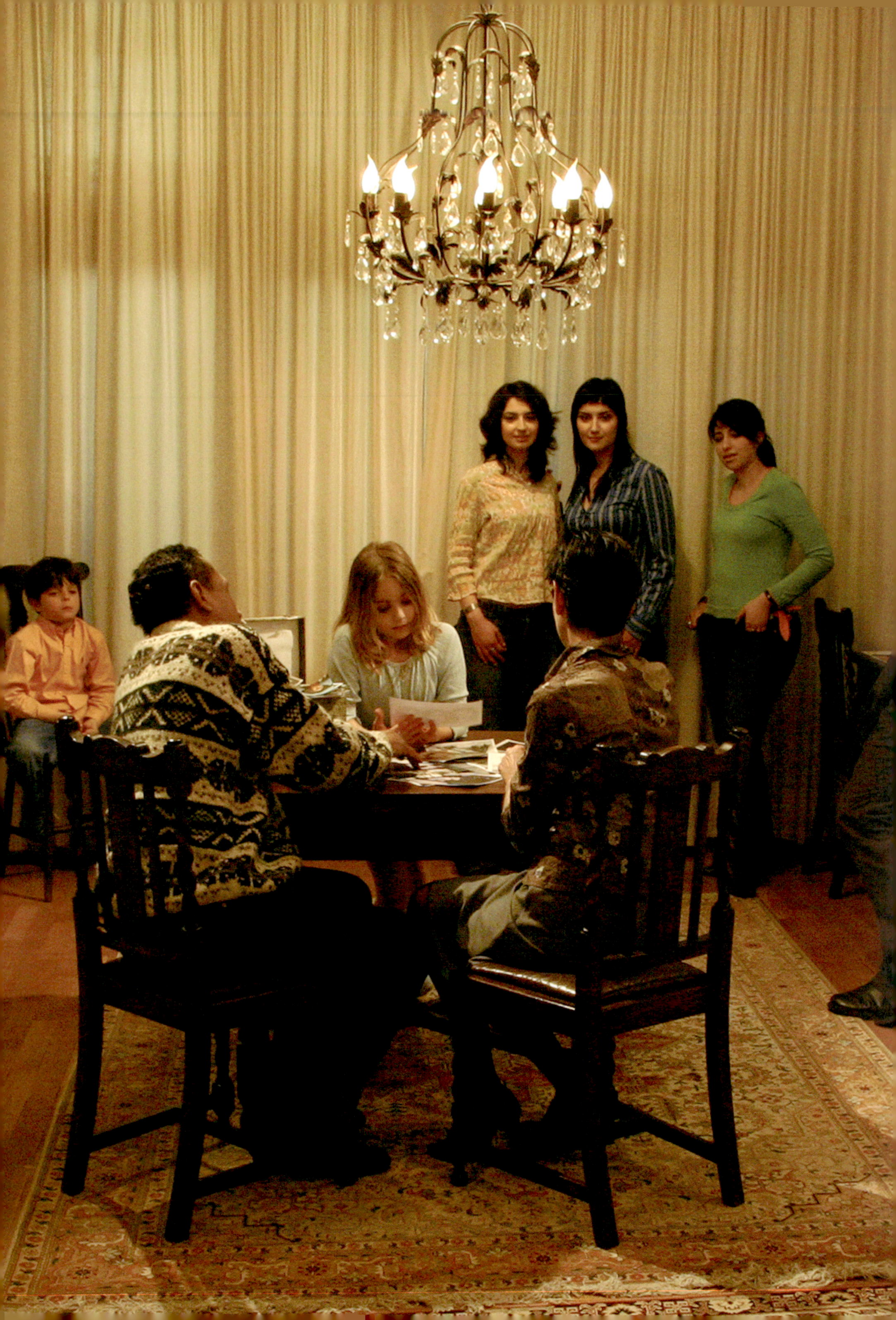

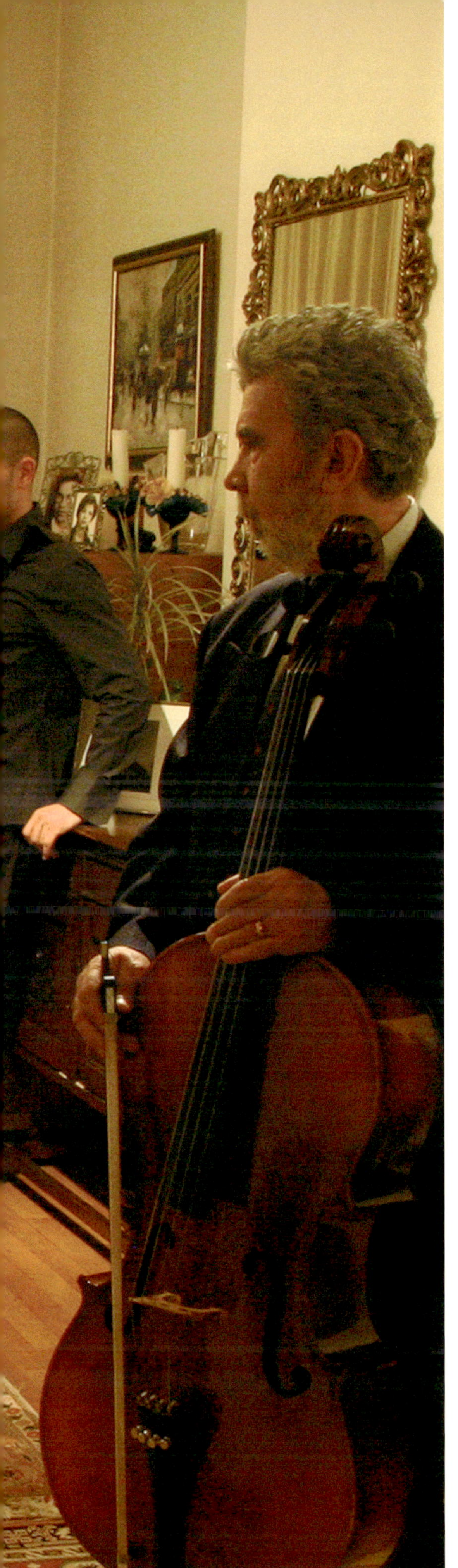

Sara Rajaei, *Charismatic Fates and Vanishing Dates*, 2006
pal video, kleur, geluid, breedbeeld/video pal, colour, sound, wide screen
2 min. 30 sec

Helmut Smits
1974, Roosendaal, NL

A good design, like a good joke, needs no explanation. Helmut Smits' activities and three-dimensional objects serve as visual slogans for solution-oriented thought. Although Smits is critical towards our consumer society's contemporary forms of expression, he does not shrink from making use of visual language and communication strategies derived from the world of advertising and design. Smits' work is also characterized by a humorous, no-nonsense quality: he nimbly compresses sometimes conflicting elements from everyday reality into a gripping idea. Work such as his book *123 Ideas by Helmut Smits*, a collection of 123 ready-to-use sketches of concepts for potential work, proves that his strength lies in his capacity for ideas. Although he has now realized a number of these concepts, even those sketches in the book that have not (yet) been executed – including one of a football pitch in which a frontier serves as the centre line – remain sound as ideas, and perhaps just as ideas. From 1997 to 2001 Smits studied at the Academie voor Kunst en Vormgeving in Den Bosch. His work has been displayed both in art centres and galleries, and in public spaces. Some of his projects have been executed spontaneously, such as his *Dead Pixel in Google Earth*, a burned square in a field the size of a pixel when viewed from a height of one kilometre in Google Earth. Smits has participated in various group exhibitions, including 'Brabant Nu' at De Pont Museum in Tilburg, and 'Wrong Time, Wrong Place' at TENT. Rotterdam.

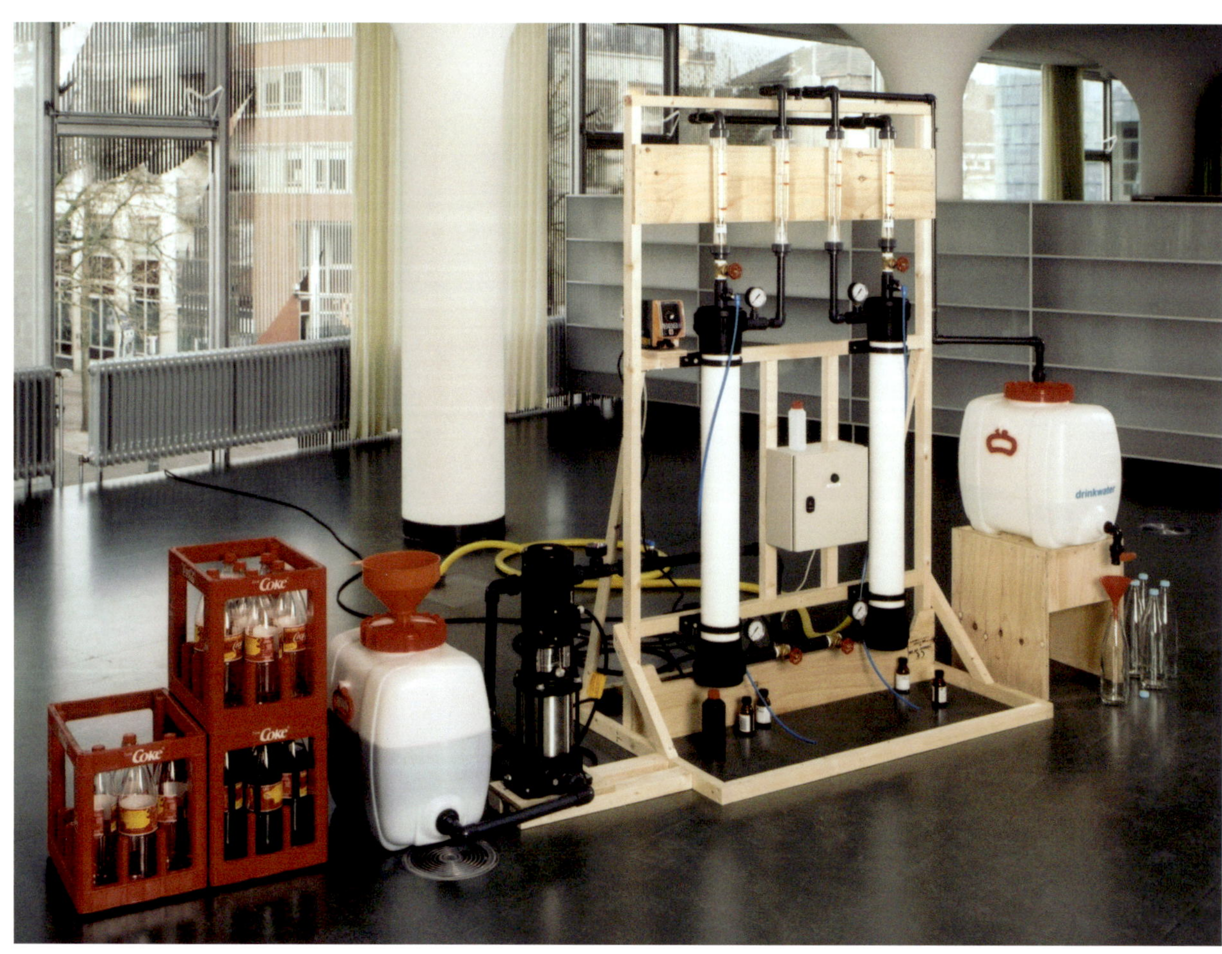

Helmut Smits, *The Real Thing*, 2006
installatie voor het filteren van Coca-Cola tot schoon drinkwater/
installation to filter Coca-Cola into clean drinking water
200 x 400 x 250 cm

Een goede grap moet je niet uit hoeven leggen, een goed ontwerp evenmin. De acties en ruimtelijke objecten van Helmut Smits dienen zich aan als visuele slogans voor een oplossingsvermogend denken. Alhoewel hij kritisch is ten aanzien van de hedendaagse uitingen van onze consumptie-maatschappij, schroomt Smits niet om in zijn werk gebruik te maken van de beeldtaal en communicatiestrategieën uit de reclame- en vormgeverswereld. Zijn werk kenmerkt zich daarbij door een humoristisch en uitge-sproken no-nonsensekarakter: op relativerende en lichtvoetige wijze comprimeert Smits de soms tegenstrijdige elementen uit een alledaagse werkelijkheid tot een pakkend idee. Dat de kracht van Smits' werk schuilt in het ideeënvermogen van de kunstenaar, blijkt onder meer uit het boek *123 Ideas by Helmut Smits*, een verzameling van 123 kant-en-klare concept-schetsen voor mogelijk werk. Een aantal daarvan is inmiddels gerealiseerd, maar ook de (nog) onuitgevoerde schetsen uit het boek – waaronder dat van een voetbalveld waarbij een lands-grens als middellijn dient – blijven als idee, en wellicht zelfs juist als idee, overeind staan. Smits studeerde van 1997–2001 aan de Academie voor Kunst en Vormgeving Den Bosch. Zijn werk werd zowel in kunstcentra en galeries als in de openbare ruimte getoond. Sommige van zijn acties initieerde hij spon-taan, zoals zijn *Dead Pixel in Google Earth*, een in een gras-veld uitgebrand vierkant ter grootte van één pixel wanneer gezien op een hoogte van een kilometer in het computer-programma Google Earth. Smits nam deel aan verschil-lende groepstentoonstellingen, waaronder 'Brabant Nu' in museum De Pont in Tilburg, en 'Wrong Time, Wrong Place' in TENT. Rotterdam.

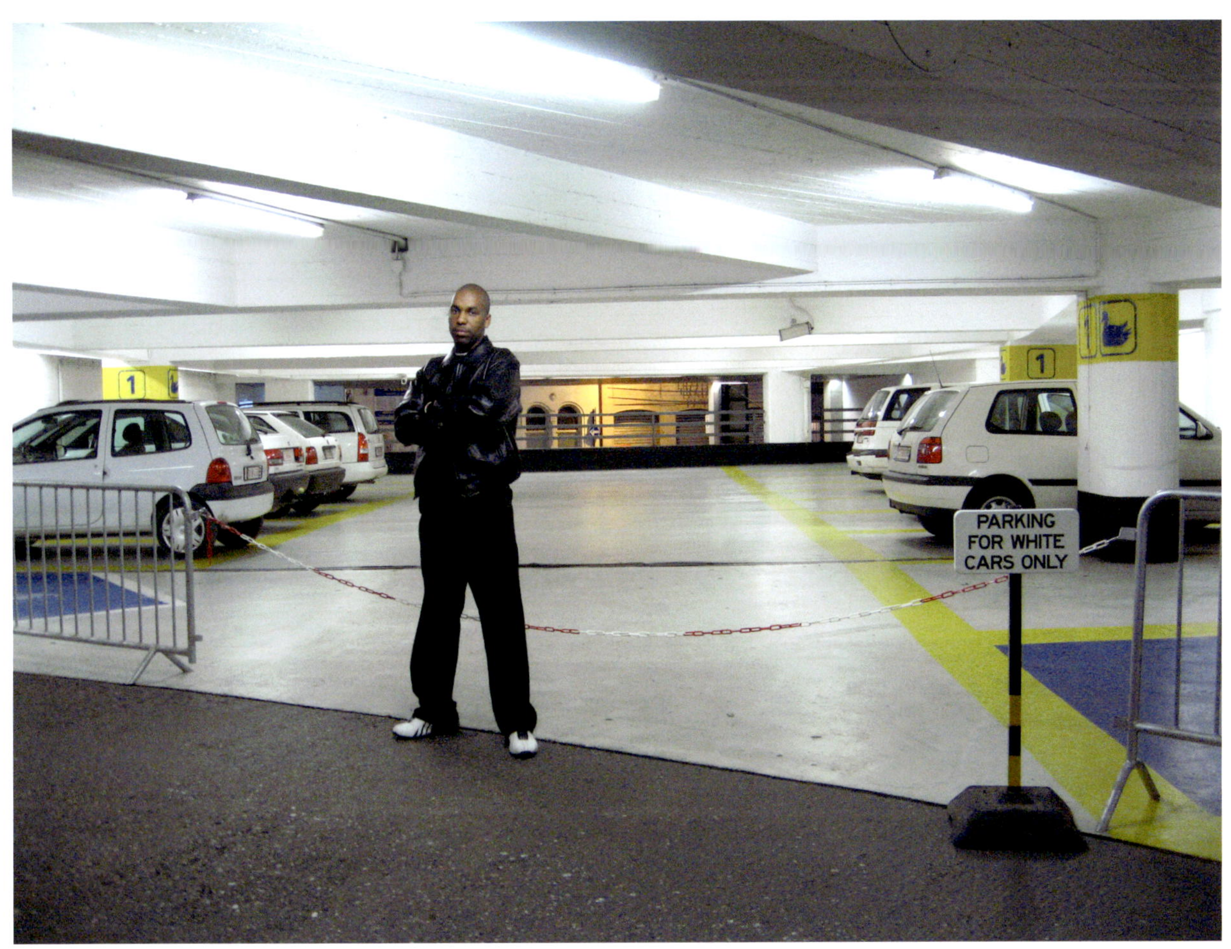

Helmut Smits, *Parking for White Cars Only*, 2006
tijdelijk project in een parkeergarage waar de beste parkeerplaatsen alleen
voor witte auto's toegankelijk waren/temporary project in a parking garage
where the best spots were accessible to white cars only.

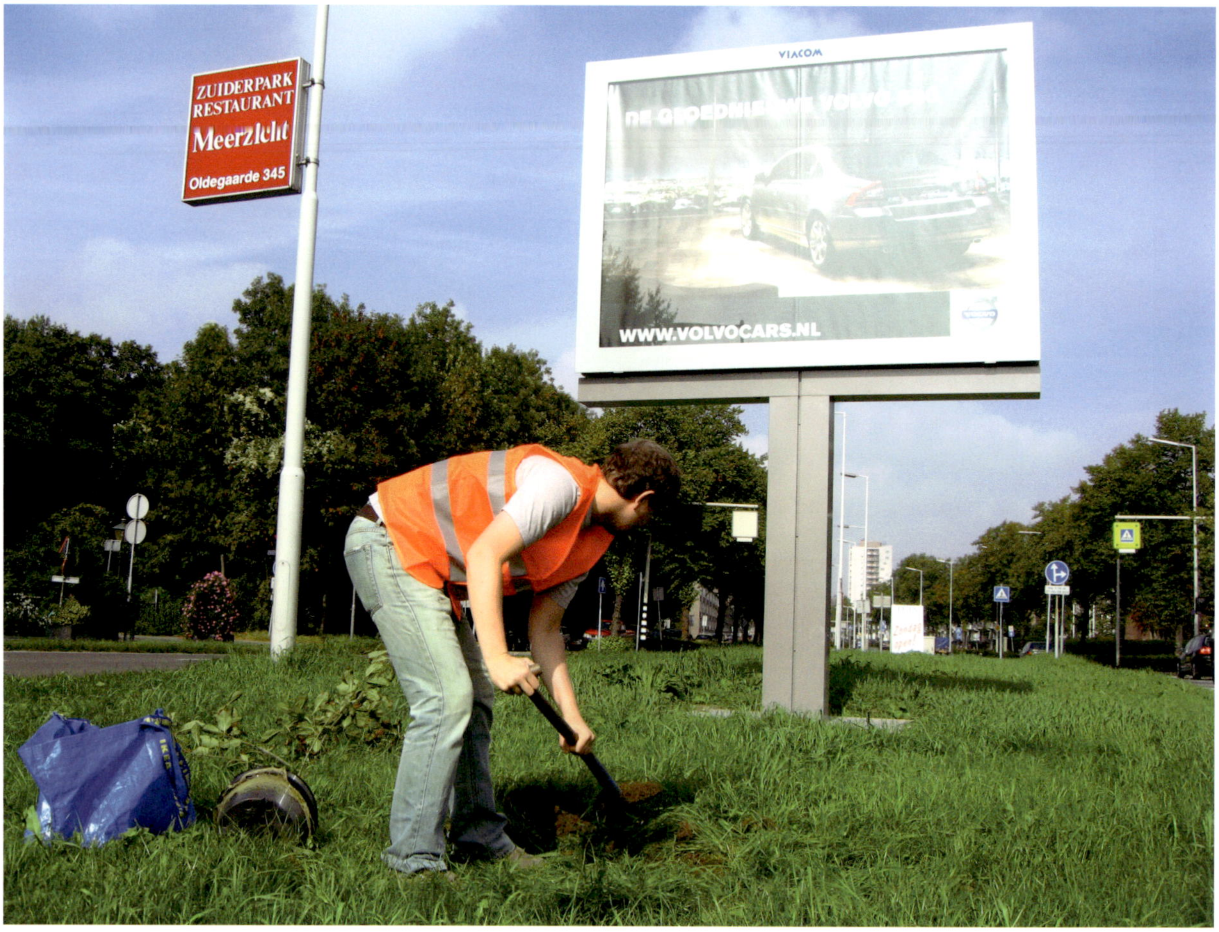

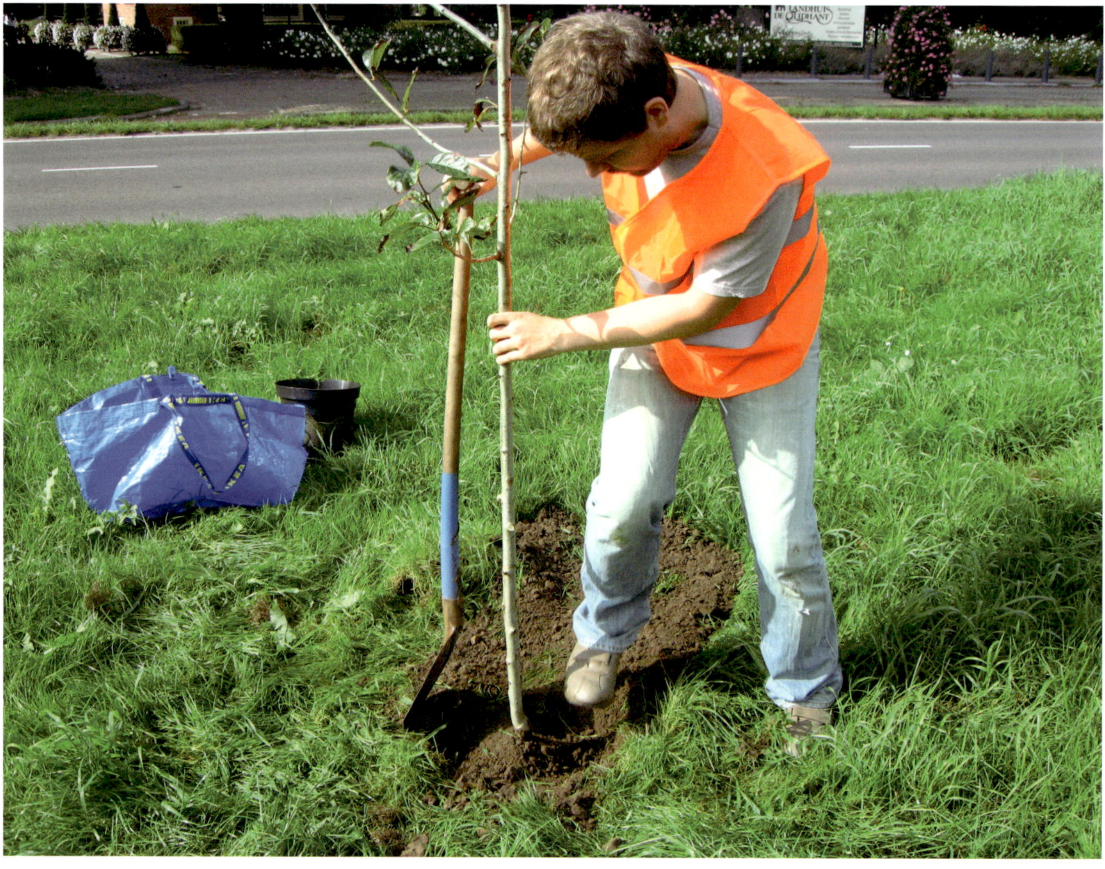

Helmut Smits, *Tree in front of billboard*, 2006
boom, paaltjes/tree, pickets

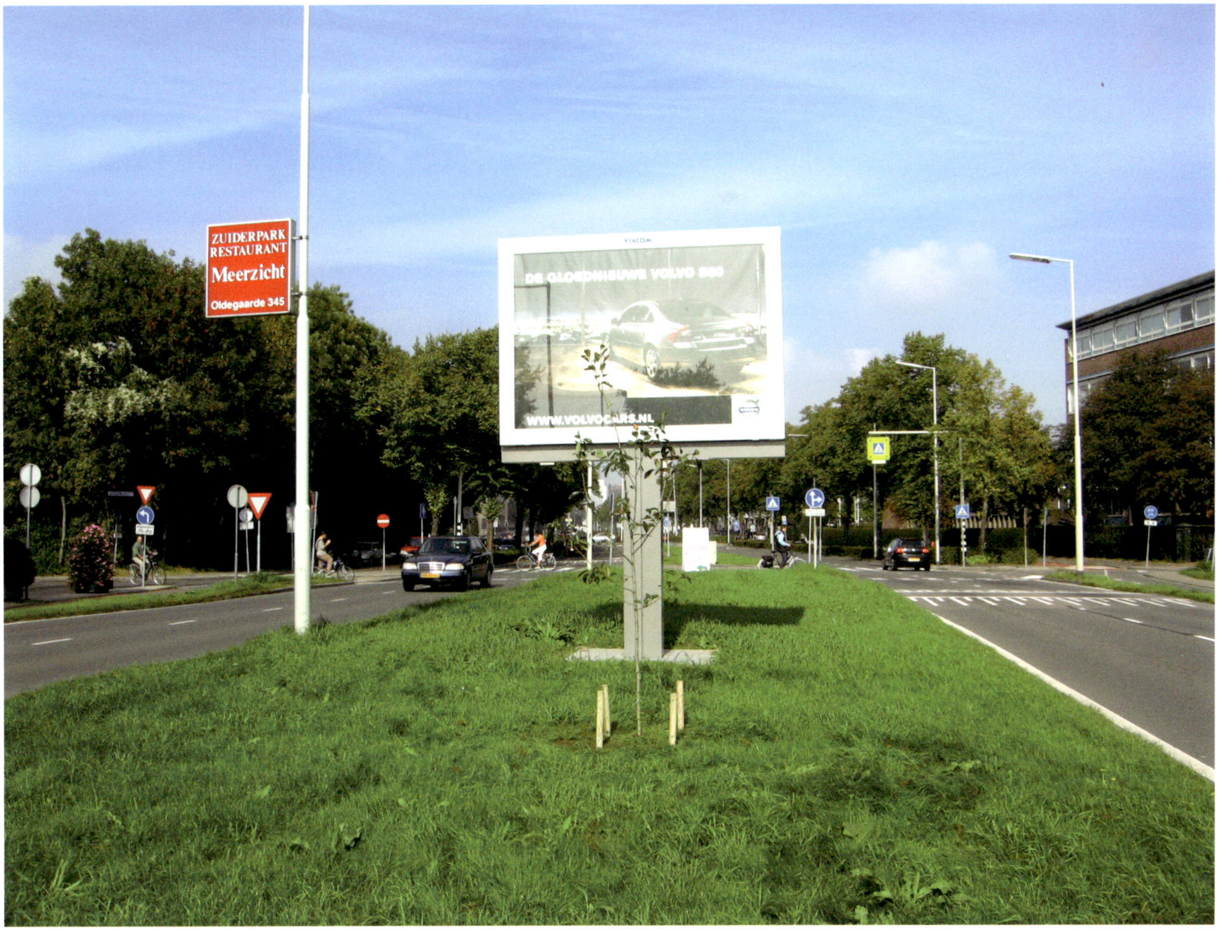
ZUIDERPARK
RESTAURANT
Meerzicht
Oldegaarde 345
WWW.VOLVOCARS.NL

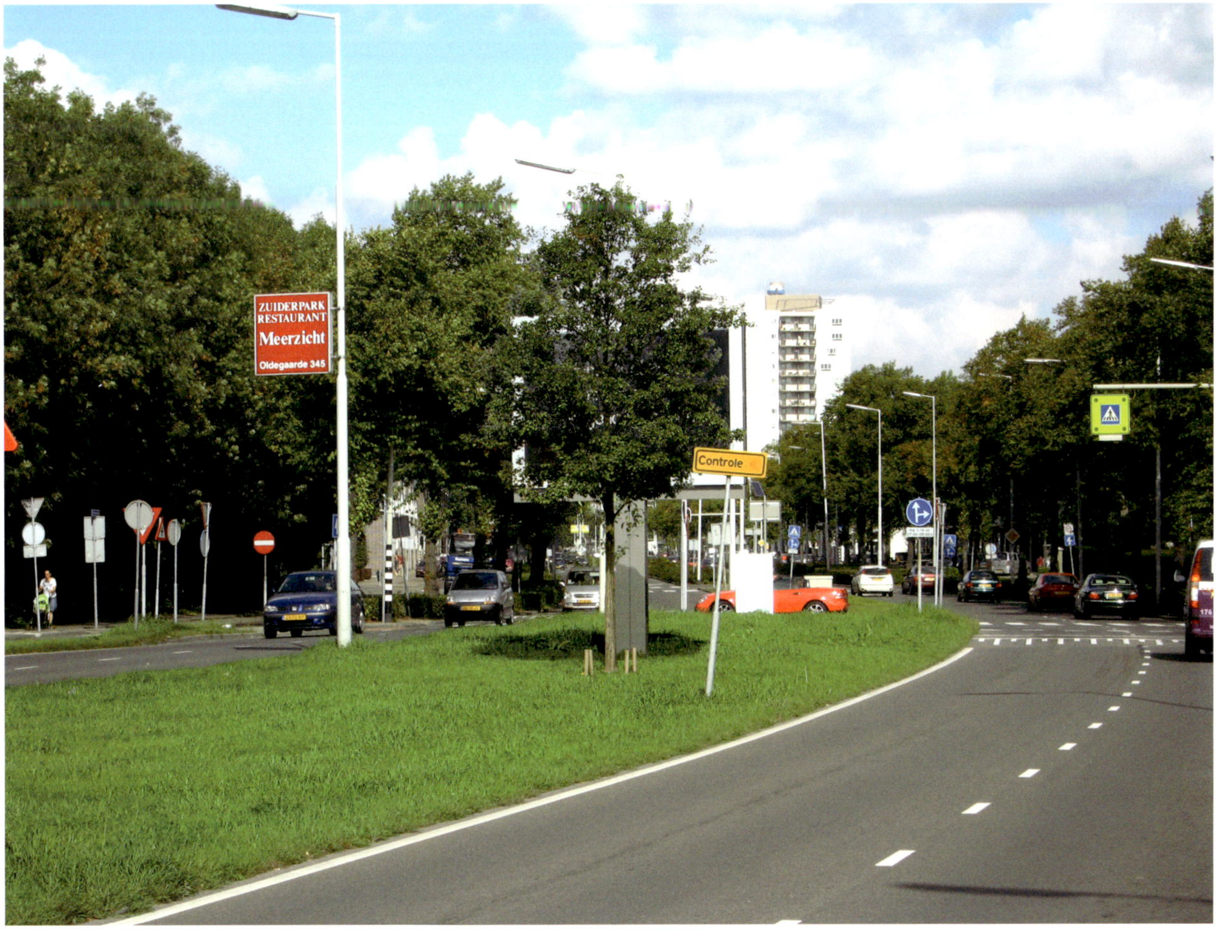
ZUIDERPARK
RESTAURANT
Meerzicht
Oldegaarde 345
Controle

Jasmijn Visser
1983, Utrecht, NL

Jasmijn Visser produces wall-size pen drawings in which she endeavours to capture the complex structures and networks of industrial society in visual systems. Her images of electricity masts, machines and ordnance, meticulously rendered in black fineliner, can be read like script. Although Visser's drawings are the result of a lengthy process, her approach recalls the automatic writing developed by the surrealists, whereby texts are created spontaneously, through intuitive association. Visser's drawings arise by way of chain reaction: each individual fragment produces a series of new images, so that an autonomous system of action and reaction gradually begins to emerge on the white paper plane. In this respect Visser appears subordinate to her own visual language, as the title of one of her drawings, *Suddenly I Lost All Control and My Drawings Went to War* (2006), also suggests. However, where the surrealists deployed automatic writing as a way of abandoning rational logic, Visser's script, constructed of ideograms, resembles a blueprint for the – admittedly alienating and sometimes indeed surrealist – rationale of our society. Visser graduated in 2007 from the Hogeschool voor de Kunsten in Utrecht. She has participated in group exhibitions at venues such as Showroom MAMA, Rotterdam, and Aeroplastics in Brussels.
In 2008 her work was also displayed in the exhibition 'Deep Screen – Art in Digital Culture: Proposal for Municipal Art Acquisitions 2008' at the Stedelijk Museum in Amsterdam.

Jasmijn Visser maakt wandvullende pentekeningen waarin ze de complexe structuren en netwerken van de industriële samenleving probeert te vatten in visuele systemen. De in zwarte fijnschrijver minutieus uitgevoerde afbeeldingen van elektriciteitsmasten, machines, en oorlogsmaterieel laten zich daarbij lezen als schrift. Alhoewel de tekeningen van Visser het resultaat zijn van een langdurig proces, herinnert haar werkwijze aan het door de surrealisten ontwikkelde automatisch schrijven, waarbij teksten spontaan en door middel van intuïtieve associatie tot stand worden gebracht. Vissers tekeningen ontstaan bij wijze van kettingreactie: ieder afzonderlijk fragment geeft gevolg aan een reeks nieuwe beelden, zodat zich op het witte papiervlak geleidelijk een autonoom systeem van actie en reactie begint af te tekenen. Visser lijkt hierbij in dienst te staan van haar eigen beeldtaal, zoals ook de titel van een van haar tekeningen suggereert: *Suddenly I lost all control and my drawings went to war* (2006). Waar het automatisch schrijven van de surrealisten echter werd ingezet als methode om af te rekenen met de rationele logica, oogt het uit ideogrammen opgebouwde schrift van Visser juist als een blauwdruk van de – weliswaar vervreemdende en soms surrealistische – ratio van onze maatschappij. Visser studeerde in 2007 af aan de Hogeschool voor de Kunsten in Utrecht. Ze nam deel aan groepstentoonstellingen in onder meer Showroom MAMA, Rotterdam en galerie Aeroplastics in Brussel. Ook was haar werk in 2008 te zien in de tentoonstelling 'Deep Screen – Art in Digital Culture: Voorstel tot Gemeentelijke Kunstaankopen 2008' in het Stedelijk Museum Amsterdam.

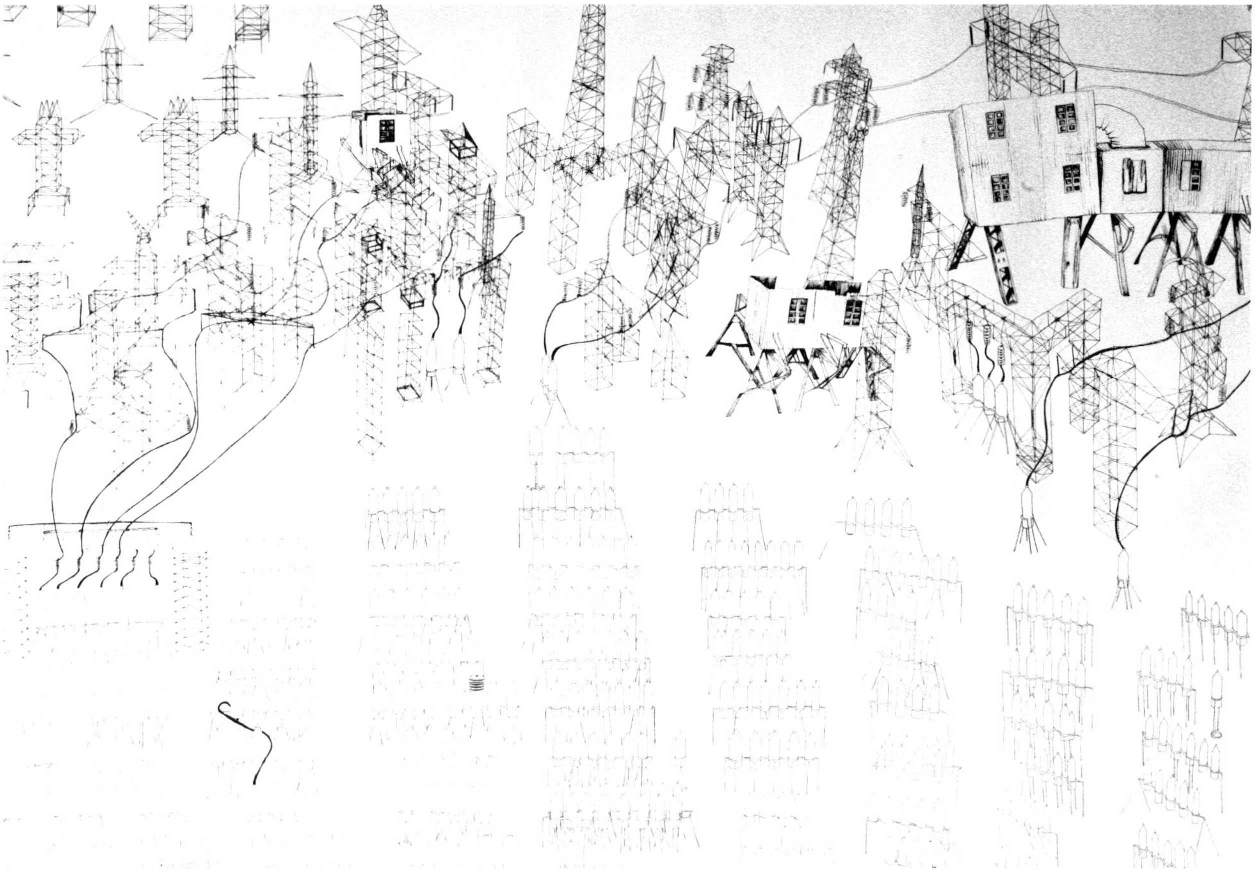

Jasmijn Visser, *Bakoe*, 2007 (detail)
fineliner op papier/fineliner on paper
150 x 600 cm

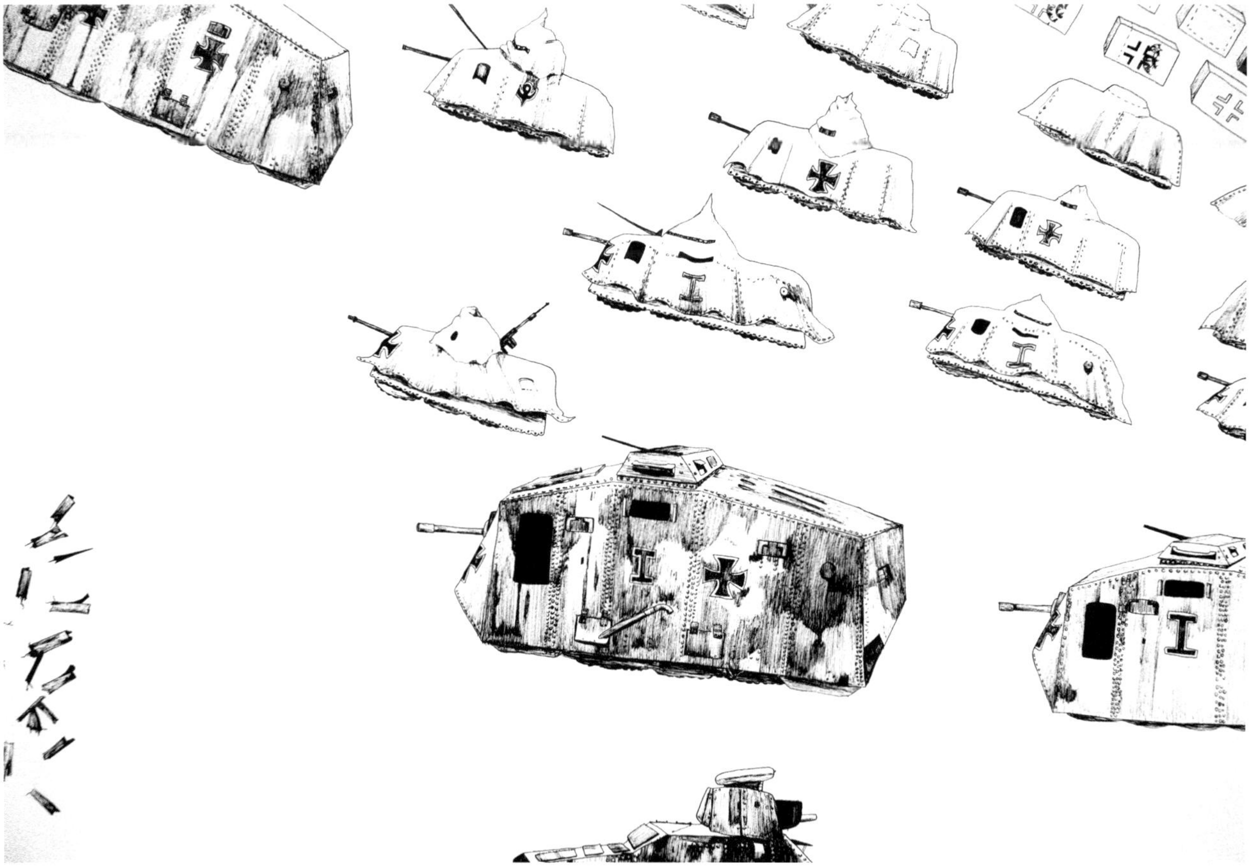

Jasmijn Visser, *Zoektocht naar Ylang Ylang*, 2006 (detail)
fineliner op papier/fineliner on paper
150 x 350 cm

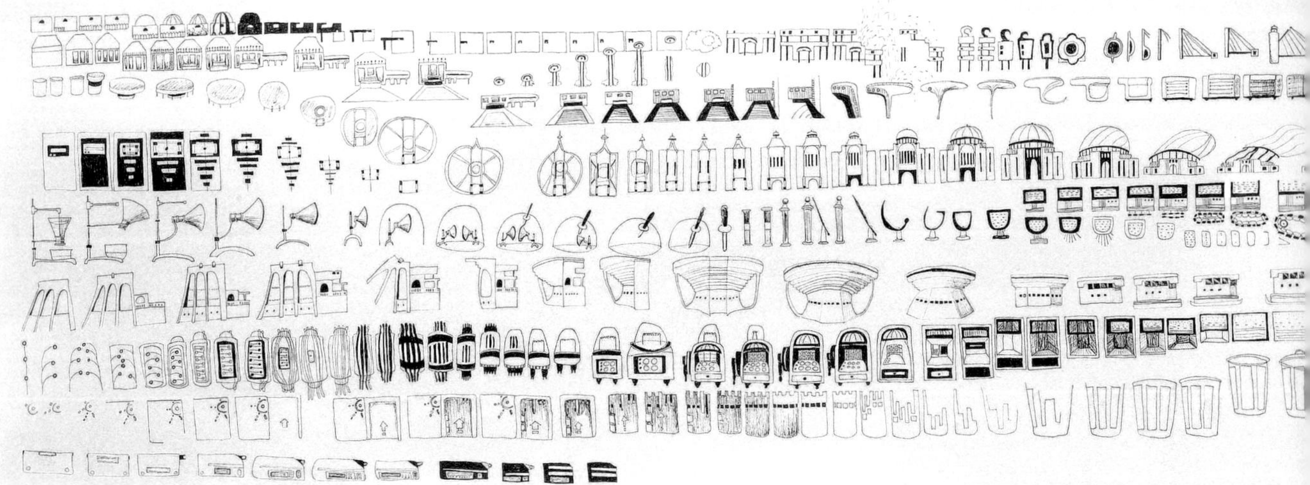

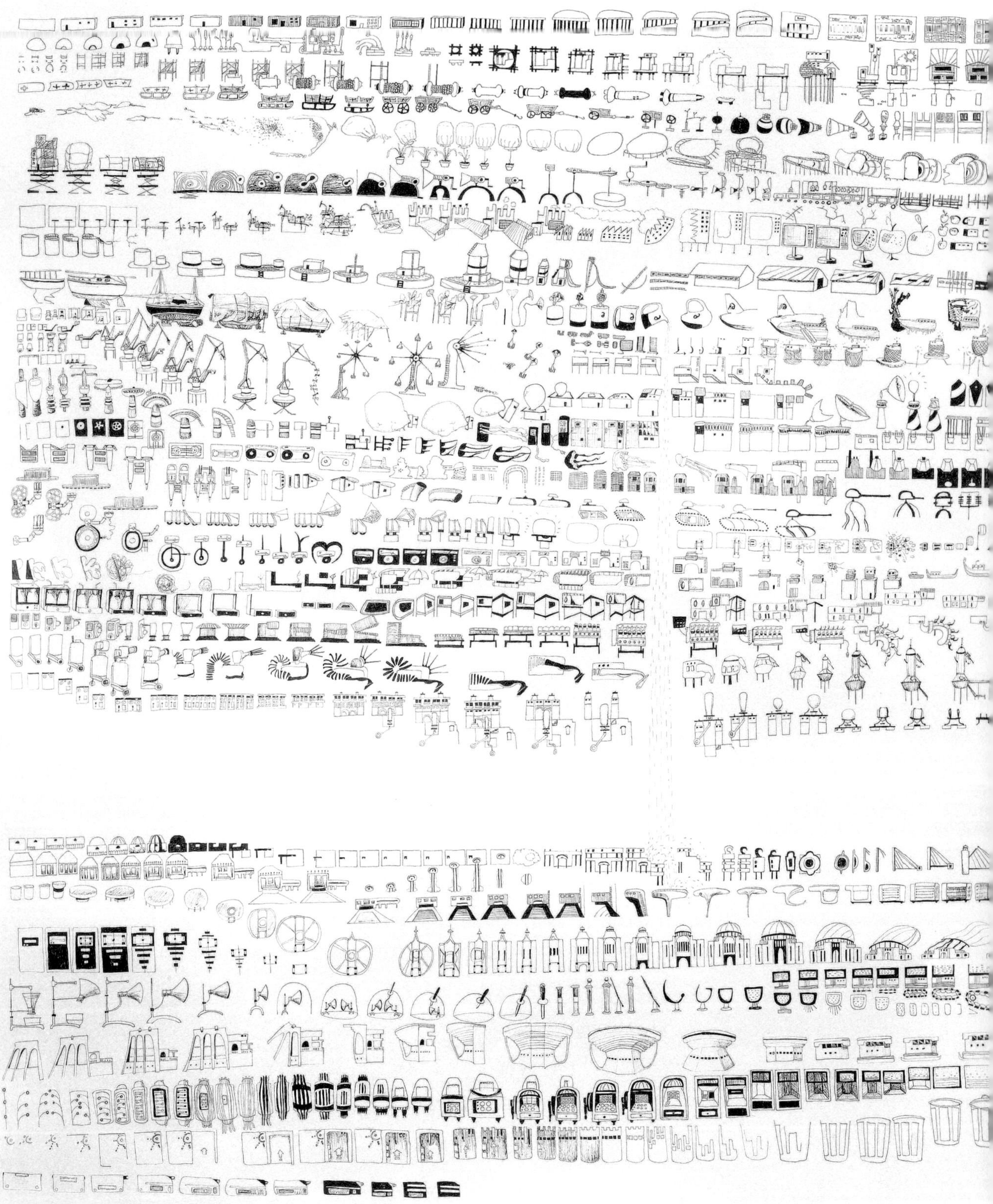

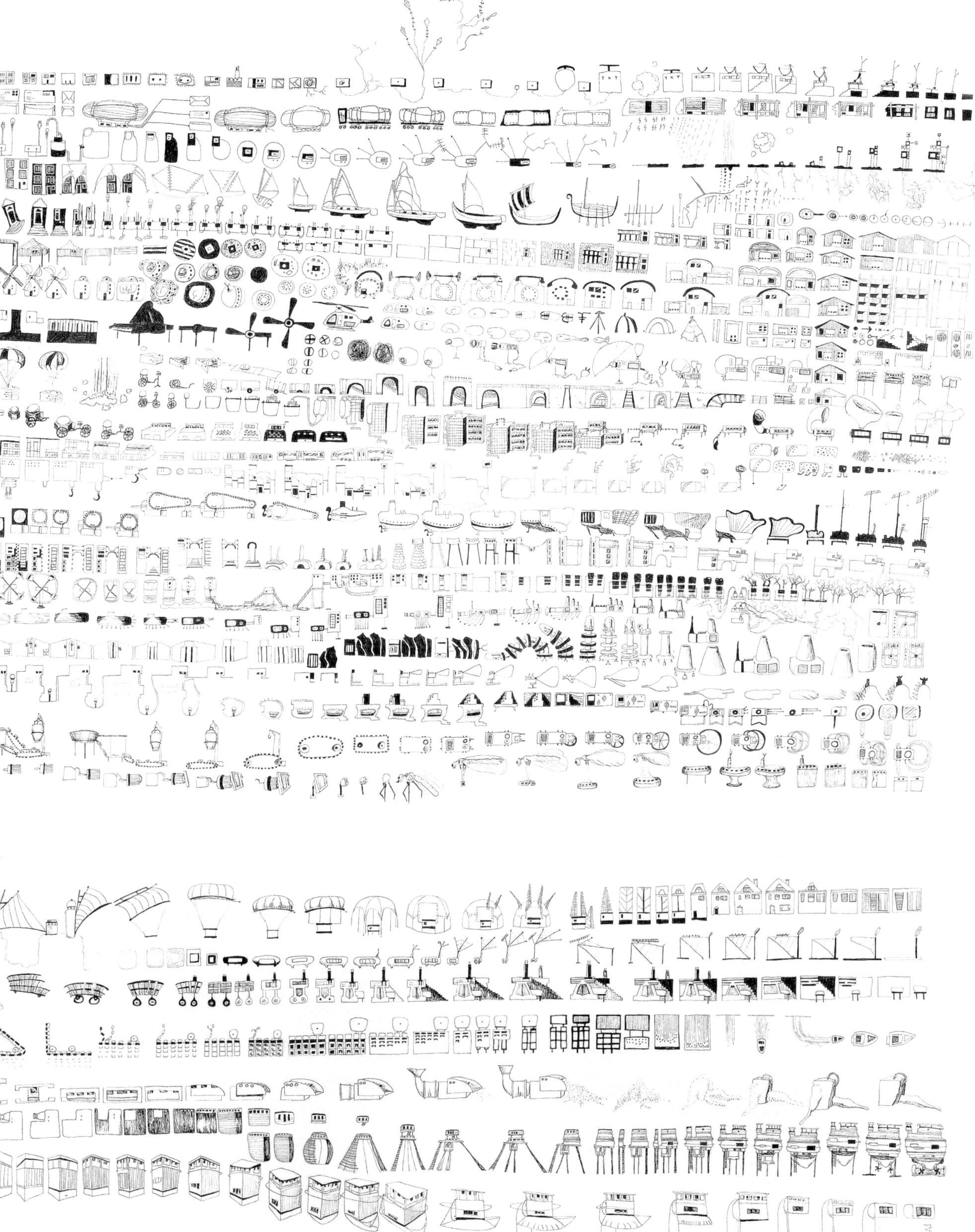

De cowboy op weg naar Rome
Moosje Goosen

'Deze kunstenaar gedraagt zich als een cowboy' – zegt Kestutis Kuizinas.

Het is donderdag 6 november 2008. In het Schip op de zolderetage van de Rijksakademie van beeldende kunsten is het projectiescherm de horizon. Het oog moet nog aan het donker wennen als de eerste geprojecteerde beelden voorbijkomen. Er wordt gezwegen en in het duister overstemt de stilte het geluid van alledag, van Amsterdam. Hier binnen telt maar één ding. Het Schip lijkt zowaar in beweging te komen, voortschrijdend op de visuele, nu nog kabbelende stroom. Aan boord bevindt zich het gezelschap dat vandaag voor de jurering van de Prix de Rome 2009 bijeen is gekomen; aan het roer staan vooralsnog de technische medewerkers, die met kratten vol dia's, dvd's en cd's de jury van de beelden, van de zee bedient. En van de – summiere – informatie: 'Nummer 61 bestaat uit één dvd', zo spreken zij in alle ernst de jury toe.
Tot zover de feiten. Want, volgens de traditie zullen de inzendingen voor deze nationale kunstprijs in de eerste juryronde anoniem beoordeeld worden. In totaal zullen er 281 'nummers' de revue passeren. Het projectiescherm, voor drie lange jurydagen het venster op de actualiteiten binnen de hedendaagse kunst in Nederland, neemt daarbij al snel de gedaante aan van – inderdaad – projectiescherm: voor de hoop, de verlangens en verwachtingen van de jury.
Na een poosje vraagt Kestutis Kuizinas, directeur van het Contemporary Art Center in Vilnius en voorzitter van de jury om een rookpauze. Het zal niet laatste keer zijn tijdens deze eerste zware voorselectie. Op de brandtrap steekt hij zijn sigaret op, tuurt de Sarphatistraat af, overdenkt zijn woorden. En even is hijzelf de cowboy.

De spaghettiwestern anno 1994: in die zomer, na een lange achtervolging per auto op de snelweg van Los Angeles – live op de Amerikaanse televisie te volgen – werd sportheld O.J. Simpson, voorzien van een geladen pistool en met valse baard en snor in de aanslag op 17 juni gearresteerd op verdenking van moord op voormalig echtgenote Nicole Simpson en haar vriend Ron Goldman. Als B-film zou het ongetwijfeld onder in de vergaarbakken van het pulpvideocircuit zijn beland, maar Amerika zat, sinds die zomer, aan de buis gekluisterd. In de aanloop van het proces tegen 'The Juice' werd een tweehonderdvijftigtal inwoners van Los Angeles door de rechterlijke macht opgeroepen voor mogelijke jurydeelname aan wat in de Verenigde Staten te boek zou komen te staan als het 'proces van de eeuw'. Een door de betrokken advocaten zorgvuldig opgestelde lijst van ruim driehonderd vragen moest de jurykandidaat toetsen op bekwaamheid. Het leek verdacht veel op een auditie; een screentest voor het spektakel dat de deelnemers aan dit proces te wachten stond. Zouden de juryleden zich staande kunnen houden in het medialandschap van Amerika, in het Wilde Westen van de twintigste eeuw? De tweehonderdvijftig kandidaten werd verzocht inzicht te geven in politieke voorkeuren, favoriete *football* teams, minst geliefde schoolvakken, meest geliefde tabloid nieuwsprogramma's. Er werd bovendien gevraagd naar de acteerprestaties van Simpson in *Naked Gun 2½*, naar het eventuele bezit van steekwapens, van een waakhond, van boeken. Tegen het eind van de 'test' mochten de ondervraagden nog te kennen geven of zij eigenlijk wel als jurylid wilden deelnemen in deze rechtszaak, maar op dat moment hadden de advocaten aan beide zijden hun oordeel over de eventuele juryleden al geveld en waren de mogelijke *dream teams* al gevormd. De jury sprak O.J. Simpson op 3 oktober 1995 vrij van moord.

De ervaring leert dat de perfecte jury nog niet altijd de beste jury is. Kan de hedendaagse kunst getoetst worden op bekwaamheid? Kan en mág er van recht gesproken worden? Met de oprichting van de Rijksakademie van beeldende kunsten werd de door Lodewijk Napoleon ingevoerde Prix de Rome in 1870 onder koning Willem III als nationale kunstprijs bij wet ingesteld. Gedurende lange periode bestond de jury ervan uit een behoudend gezelschap van gearriveerde kunstenaars die wisten hoe het moest. Die het beter wisten. Daar kwam geen vragenlijst aan te pas – maar wel een keur aan ongeschreven regels en, niet in de minste plaats, het juk van de traditie. De jury beoordeelde de mededingers naar de prijs op de beheersing van technische vaardigheden en stijl; de winnaar werd geacht de bewezen kwaliteiten te perfectioneren tijdens een verworven studie-reis naar Rome. Verwachtingen waren duidelijk en omlijnd, zowel naar de prijsinzenders als naar de jury toe, en daar-mee leek de weg naar Rome op voorhand uitgestippeld. De Prix de Rome als bewegwijzering, als volgroute.

Het spreekwoordelijke Rome loert, vandaag de dag, nog altijd aan de horizon. In het hedendaagse kunstveld kun-nen alle wegen en sluiproutes ertoe leiden, zo blijkt onder meer uit de recente hervormin-gen van de Prix de Rome die, sinds 2005 en in navolging van de ontwikkelingen in de kunst, niet langer discipline- dan wel mediumgebonden is. Daarmee heeft het kunstveld én de prijs aan onontgonnen terrein gewonnen, en zijn de richting-aanwijzers verdwenen. Het is die actualiteit die zich, op het scherm in het Schip van de Rijksakademie aan de jury presenteert. Want, anno 2008 is dat terrein nog lang niet in al zijn uitgestrektheid bedwongen. De tijd sleept voort wanneer de jury van de Prix de Rome 2009 de inmiddels kolkende stroom van beelden ondergaat. Soms wordt er wat gemompeld, soms worden er notities gemaakt, maar veelal is het tijdens deze eerste bezichtiging van de prijsinzendingen stil. Welke koers wordt er gevaren door de jonge kunstenaar?
Een ding staat vast, en dat is dat niets langer vaststaat. Het ligt wellicht in de lijn van ver-wachting dat binnen dat onont-gonnen terrein – die weidse vlakte – de kunstenaar de grenzen van het territorium, van de kunstcontext, herziet.

Dat er driftig wordt geëxpan-deerd richting de wetenschap, de geschiedenis, de toegepaste kunst. En dat er naarstig wordt gepoogd om die ene, unieke strategische plaats binnen de kunstwereld te veroveren. Dan doemt, uit de diepte, nogmaals de gedaante van de cowboy op. Want zonder gebaande paden is de jury genoodzaakt om voorbij het medium kijken, richting de kunstenaar die op zichzelf teruggeworpen is, die zonder wetten en grenzen voor eigen rechter speelt. Die vecht voor zijn bestaansrecht. De onderstroom van beelden waar het Schip op vaart, is niet de zee maar een dorre vlakte – het landschap van de spaghetti-western, met zijn oneindige horizon. Waar de kunstenaar een cowboy is.

Onlangs bevond ik me in de immense hal van een kunst-beurs – een hal die, ironisch genoeg, voorheen diende als wapenarsenaal. Het oorlogs-materieel heeft plaatsgemaakt voor een duizelingwekkende hoeveelheid aan schilderijen, tekeningen, video's en sculptu-ren. Hier wordt de kunstenaar tot nieuw talent, tot belofte voor de toekomst, gelanceerd. Als een raket wordt hij het kunstruim ingeschoten. Tussen de zorgvuldig afgebakende witte muren pronken de galeries met hun beste paarden van stal. Dan tekent zich de tragiek af van de kunstbeurs: in wat de restruimte lijkt van twee aan-palende stands, binnen een nauwe gang waar ook nog een pilaar van een brandslang doorheen loopt, toont een galerie met man en macht en tegen beter weten in het werk van een jonge videokunstenaar. De

bezoeker ziet het niet, en gooit er zijn jas gedachteloos neer, warmgelopen voor de tekenin-gen van de galerie ernaast. Niet alleen de kunstenaar, zo blijkt, heeft te kampen met de macht van het territorium. Met de alsmaar uitdijende vlakte van de kunst. Zijn, in dat *white cube-decor* van deze onbedoelde spaghettiwestern, niet allen cowboys? De kunstenaars, de galeriehouders, de curatoren? De verzamelaars en de critici? De jury van de kunstprijs? Terug in het Schip in Amster-dam begint het de jury van de Prix de Rome 2009 te dagen dat op deze novemberochtend niet alleen de prijsinzender, maar ook de jury is terugge-worpen op zichzelf – onderhevig aan een screentest, een beproeving, de weg naar Rome. Want hoe moet ze binnen de omvergeworpen kaders van het hedendaagse kunstveld de peilers – de criteria – voor deze prijs bepalen, en welke plaats eigent ze zich als jury toe? Die vraag lijkt, gezien de verantwoordelijkheid die de jurering van de oudste en meest prestigieuze kunstprijs van Nederland met zich mee-brengt, al even moeilijk te beantwoorden als het driehon-derdtal dat de jurykandidaat van het proces tegen O.J. Simpson op zich afgevuurd kreeg. Beoordelen is bevragen, zo viel in het voorlaatste jury-verslag van de Prix de Rome te lezen. Een perfecte jury, zo groeit het besef in het Schip, is een im-perfecte jury. Een die óók zich-zelf, met al haar twijfels, onder de loep en in het vizier durft te nemen. Die in de verte van het projectiescherm staart en de cowboy onberispelijk ziet terug-staren, klaar voor de vuurdoop.

En zo nemen Kestutis Kuizinas, ontwerper Jurgen Bey en kunstenaars Barbara Visser en Yael Bartana onder toeziend oog van secretaris Janwillem Schrofer die zelf geen stemrecht heeft, de twijfelachtige eer van imperfect jurylid ter harte. Na een eerste bezichtiging van alle inzendingen is de oogst gevarieerd. Twee inzendingen zullen in ieder geval doorgaan naar een volgende ronde: de eigentijdse opera van het kunstenaarsduo Ólafur Ólaffson en Libia Castro, over Oekraïense verzorgsters in Noord-Italië; en de no-nonsense ingrepen in de werkelijkheid van Helmut Smits weten de jury unaniem te ontwapenen.

Jurycommentaar maakt bij deze inzendingen plaats voor respectievelijk vervoering, en een lach. 'Dit is een lofzang op Oekraïense immigranten, zonder de vieze lucht van de realiteit', weet Jurgen Bey uiteindelijk toch nog over de inzending van het kunstenaarsduo uit te brengen. Het landschap van de cowboy is, zo blijkt, nog altijd van een fikse vleug romantiek voorzien: van kunst die zonder woorden begrepen wordt.

Aan de andere kant van het spectrum bevindt zich de kunstenaar die zich júíst met woorden wapent, zich van taal bedient. Het blijken niet de gemakkelijkste inzendingen in deze editie van de Prix de Rome. Want in tegenstelling tot de keur aan getekende eigentijdse stadsgezichten en oorlogstaferelen; de opgezette beesten en pastelkleurige schilderijen die de jury gelaten ondergaat, vormt het werk van deze inzendingen géén open

boek. Het zijn kunstenaars die zich begeven op de metavlakte van de werking en het discours van de geschiedenis, de politiek en het kunstveld zelf. En dat laat zich niet altijd lezen in het tempo waarmee de jury het werk van de prijsinzenders meester moet maken. In enkele gevallen nodigt het des te meer uit tot nadere inspectie. Tot de wereld achter het projectiescherm.

Het gelaagde en onderzoeksmatige videowerk van de Italiaanse Rossella Biscotti, wiens film over de voormalige FBI-agent Pistone – beter bekend als Donnie Brasco – in het oog springt, dwingt de kijker tot aandachtig onderzoek en verdient volgens de jury dan ook de ruimte die de tweede fase van de wedstrijd biedt: een atelierpresentatie en een gesprek met de kunstenaar. Ook het systematische werk van Nicoline van Harskamp over politieke systemen vraagt naar meer en niet in de laatste plaats naar geduld. Dan zijn er ook nog persoonlijke favorieten voor wie gepleit word. Yael Bartana en Barbara Visser vormen, als de kunstenaars van het vierkoppige gezelschap, de zogenaamde *partners in crime* van de prijsinzenders. Zij blijken, gedurende de beoordeling van de inzendingen, vurig op te komen voor de kunstenaar die dicht bij en trouw aan zijn eigen ideeën blijft. Maar zij ontmaskeren met gemak en zonder genade de kunst die de taal beheerst maar niet de overtuiging; kunst die vals of onecht aandoet, als een gladde goochelaarstruc of een rekwisiet uit een film over hedendaagse kunst, zoals Barbara opmerkt. En van dat soort komt er,

helaas, eveneens veel voorbij. Eén kunstenaar springt daar overigens, als een konijn uit een hoed, verrassend uit. De installaties en objecten van Maze de Boer zijn grappig en intelligent, en lijken op misleidende wijze te spelen én te breken met de ruimtelijke conventies van film en theater. Ook hij wordt uitgenodigd voor een volgende ronde, evenals de kunstenaar die Kestutis als cowboy bestempelde.

En daarmee lijkt het plots en tegen alle verwachtingen in snel te gaan. Tijdens de laatste lunch van deze drie lange dagen, op zaterdagmiddag, worden alle bevindingen nog eens doorgenomen. Er wordt teruggeblikt op de overdaad van het projectiescherm, voorzichtig wordt ook alvast de stemming gepeild. Dan wordt er, laat in de avond en nadat de inzendingen nog eenmaal in sneltreinvaart voorbij zijn gekomen, een besluit genomen over het uiteindelijke tiental – de long list van de Prix de Rome 2009 – dat doorgaat naar een volgende ronde van atelierpresentaties in december. Janwillem Schrofer maakt diezelfde avond nog de namen achter de inzendingen bekend. Dan gaat de zon aan de horizon onder, verlaat de jury het Schip, en staan de beste stuurlui weer terug aan wal.

Voor de tweede juryronde voegt de Engelse kunstenaar Bruce McLean zich als vijfde jurylid bij het gezelschap. Een oneven aantal leden kan en moet een doorslaggevende rol geven in deze beslissende fase van de wedstrijd, waarin de vier finalisten van de Prix de Rome gekozen zullen worden.

Bruce plaatst het belang van jurering nog maar eens in perspectief, door zijdelings en tussen de atelierbezoeken in te vertellen over zijn recente deelname als jurylid aan een rechtszaak in Engeland. Met vertwijfeling kijkt hij daarop terug. De juryzetel van de Prix de Rome lijkt hem beter te bevallen: vol verbale overgave stort hij zich op de presentaties van de kunstenaars. En wanneer de jury het territorium van de kunstenaar betreedt, krijgen de woorden van Kestutis substantie. Daar staat de cowboy, die zijn wereld verdedigt en die zijn eigen wetten, grenzen, en daarmee de parameters van de kunst bepaalt. Dat kan de tweedimensionale wereld zijn van het boek, in het geval van fotograaf Rob Hornsta, of de hermetisch gesloten belevingswereld van een eigentijdse romanticus, in geval van de schilder Marc Oosting, bij wiens presentatie de jury letterlijk tegen een door de kunstenaar opgetrokken muur oploopt. *Charismatic Fates and Vanishing Dates*, de korte hypnotiserende film van de Iraanse Sara Rajaei over herinneringen en déjà-vu's, overtuigt, evenals haar plannen voor een nieuw project, uit te voeren tijdens de eventuele werkperiode op de Rijksakademie. Over Helmut Smits, die tijdens de eerste juryronde toch een van de favorieten was, wordt lang gediscussieerd. De jury voelt zich enigszins ontgoocheld wanneer blijkt dat zijn *Real Thing* – een zuiveringsmachine die cola tot drinkwater filtert – géén *real thing* blijkt te zijn. Het is een visualisatie van een geniaal idee, maar nog geen werkende machine. Er wordt gesproken over de status van het idee en het belang van de uitwerking, die volgens deze jury meer zou moeten zijn dan een uitvoering van wat de kunstenaar op voorhand in gedachte had. Want dán wordt het – er wordt gezocht naar het juist woord – een rekwisiet. Een prototype van het idee.

Wanneer dat uitgesproken is, blijkt de opgave voor de jury een stuk eenvoudiger. Want de niet-functionerende machine, het rekwisiet, ligt aan haar antwoord ten grondslag. 'Het is de machine die hij liefheeft', zei Oscar Wilde over de kunstenaar. Vier kunstenaars graven in hun werk naar de werking van systemen. De goudschat is de machine. De geschiedenis, het geheugen, de politiek, de actualiteit van globalisering: het zijn de radertjes, de werking áchter de horizon en onder het oppervlak van deze terreinen die deze vier kunstenaars pogen te doorgronden. Deze kunstenaars hebben de werking van systemen – de machine – lief, niet wat het maakt. En daarmee spreekt de jury haar oordeel uit, en haar voorkeur voor de kunstenaar die onderzoekend is, die veelal samenwerkingsverbanden aangaat met spelers buiten het kunstveld, die zijn materiaal vindt in het discours, de metavlakte. En die zich daarmee staande weet te houden in het Wilde Westen van zowel de kunst áls de realiteit. De finalisten van de Prix de Rome 2009 zijn Rossella Biscotti, Sara Rajaei, Nicoline van Harskamp en het kunstenaarsduo Ólafur Ólaffson en Libia Castro.

Epiloog/Proloog

Een machine is een mechanisme dat een vorm van beweging of energie in een andere vorm van beweging of energie kan omzetten, zo valt op de Nederlandse Wiki-site te lezen. Algemeen en vrijblijvend als deze omschrijving misschien mag lijken, zo alomvattend blijkt deze ook. Hierin weerspiegelt de democratische en transparante structuur van Wikipedia, de wereldwijd veel gebruikte encyclopedische informatiebron die geen onderscheid maakt in vooronderstelde betekenisvolle dan wel betekenisloze informatie, en die daarmee de encyclopedie tot een zoekmachine van voortdurende, zich accumulerende mogelijkheden heeft weten te transformeren: een Borgesiaans doolhof zonder in- of uitgang, noch doodlopende wegen. Maakt dit de (zoek)machine tot een hermetische, of juist tot een eindeloze ruimte?

Volgens Wikipedia's definitie kan de Prix de Rome evenwel beschouwd worden als machine. Sommigen menen zelfs een politieke machine in werking te zien. In ieder geval kan gesteld worden dat de prijs een mechanisme in gang zet. Uiteenlopende motieven en drijfveren van de in Nederland woonachtige kunstenaar jonger dan 35 om mee te dingen naar de prijs, kunnen door een selectie voor de shortlist omgezet worden in een andere vorm van beweging of energie, namelijk van de productie van nieuw werk van de vier uiteindelijke finalisten. Die beweging of energie krijgt dan ook, gedurende de werkperiode van de Prix de Rome, geleidelijk vorm en substantie – getuige het werk van Rossella Biscotti, Nicoline van Harskamp, Ólafur Ólaffson en Libia Castro, en Sara Rajaei in de tentoonstellingen van Witte de With en de Appel.

Op 11 mei 2009 komt de jury voor een laatste keer bijeen om, op basis van de presentaties in de tentoonstellingen in Rotterdam en Amsterdam, de winnaars van deze editie van de Prix de Rome te bepalen. In Rotterdam is er voor gekozen om de installaties van de twee finalisten te spiegelen in de ruimte, met Biscotti aan de oostzijde en Van Harskamp aan de westkant van de tentoonstellingsruimte. En alhoewel dit op toeval en praktische omstandigheden kan berusten, delen deze werken meer dan het mededingen naar de Prix de Rome. Beide kunstenaars hebben in hun nieuwe werk getracht om het ongrijpbare in minimaal waarneembare, doch formalistische (en in sommige opzichten wellicht ook stilistische) aspecten te vatten. Daarmee worden in de strakke expositieruimten van Witte de With beide installaties voorzien van een paradoxale, want kraakheldere mystiek. Soms hermetisch, dan weer transparant, zo spreekt de jury over deze werken. Het is die spanning die beide werken kracht bijzet. De ruimte van Biscotti wordt door glaswanden opgedeeld, waardoor het publiek van haar geluidswerk zich in staat van zichtbaarheid stelt. Als 'voyeurs' van de voor hen onbereikbare beelden uit het geheugen van een man die middels het gebruik van Pentothal zijn herinneringen blootlegt, luistert de bezoeker via een hoofdtelefoon naar het

door Biscotti gemonteerde opnamemateriaal van een reeks psychoanalytische sessies van een van de volgelingen van de omstreden psychiater Jan Bastiaans. Luisteren wordt door Biscotti tot een productieve daad verheven; het geheugen van de luisteraar wordt, via het auditieve, drager van een subjectieve maar levensbelangrijke geschiedenis. De relevantie van de luisteraar blijkt temeer uit het feit dat het werk van Biscotti wellicht de enige mogelijkheid vormt tot overdracht van deze subjectieve geschiedschrijving: uit correspondentie met het archief van Bastiaans blijkt dat men van plan is om de bewaarde opnames van zijn sessies, vanwege diens kwetsbare en private aard, te vernietigen. De jury waardeert het nieuwe werk van Biscotti dat, zo wordt er tijdens het juryoverleg geopperd, 'nauwdenkend' is – maar dan in positieve zin.

De installatie van Nicoline van Harskamp concentreert zich eveneens en misschien nog concreter op de productieve macht van de luisteraar. In haar installatie resoneert het collectieve veld van het beluisterde als een onzichtbare factor. Na een ontmoetingsavond in Theater Frascati in maart 2009, waar door vijf verschillende experts gesproken werd over hun kennis ten aanzien van communicatie, de luisteraar en het collectief geheugen, werden de daadwerkelijke luisteraars – het publiek van deze avond – door Van Harskamp uitgenodigd om in een telefooninterview zo veel mogelijk van de avond te reconstrueren aan de hand van de door hen in het geheugen

opgeslagen kennis. De installatie in Witte de With toont de reconstructie van de constructie: Hóé wordt er geluisterd? Wat wordt er onthouden? En hoe wordt dat vertaald in de bewoordingen van de luisteraar? Aan de basis van het project van Nicoline van Harskamp ligt nog een andere, bijna mystieke vraag: kan het collectief geheugen van de luisteraar substantie hebben? Op één wand zijn projecties van uitgeschreven fragmenten uit de telefooninterviews met de luisteraar te zien, terwijl door een speaker een soundtrack hoorbaar is die op bepaalde momenten synchroon met de geprojecteerde tekst loopt, en er op andere momenten enigszins van afwijkt. Het script dat hoorbaar is op de soundtrack is het script dat gebruikt zal worden voor een nog op te voeren voorstelling in Theater Frascati, waarbij acteurs de oorspronkelijke ontmoetingsavond in maart zullen heropvoeren op basis van de door de geïnterviewde luisteraars gegeven informatie. Aan de overzijde van de wand worden geluid en projectie gespiegeld. Hier wordt het script voor de toekomstige voorstelling geprojecteerd, terwijl via de speakers opnames van telefooninterviews te beluisteren zijn. Of deze opnames ook zijn opgevoerd, is voor de toeschouwer niet langer duidelijk, deze raakt namelijk verstrikt in de echo van tekst en geluid in de ruimte. Op deze wijze weerkaatst de collectieve kennis van de luisteraar als een onzichtbaar computerspelletje Pong of, zoals Barbara Visser laat weten, ontstaat er daadwerkelijk een bijna waarneembaar veld van morfische resonantie – een door de Engelse bioloog Rupert Sheldrake geopperde term, die ook in Van Harskamps ontmoetingsavond in maart uitvoerig ter sprake is gekomen.

In Amsterdam worden de werken van Sara Rajaei en het kunstenaarsduo Ólafur Ólaffson en Libia Castro bekeken. De black box-ruimte waarin Sara Rajaei haar werk vertoont verandert, zodra het licht wordt uitgedaan en haar video geprojecteerd, in een cinema, en op die wijze wordt Rajaeis korte film dan ook ervaren. De film, over een kamer waarin verleden, heden en toekomst van een personage worden samengebracht, maakt de jury nieuwsgierig naar het eventuele verlangen van de kunstenaar om een *feature film* te maken. Hoewel deze nieuwsgierigheid pas tijdens het juryberaad naar voren komt, zijn de juryleden het erover eens dat Rajaei daarin zou kunnen slagen. Enerzijds wordt daarbij geopperd dat zij met haar nieuwe werk op safe heeft gespeeld, anderzijds wordt erop gewezen dat Rajaei zichzelf door voort te borduren op eerder werk, in staat heeft gesteld om de hoge cinematografische kwaliteit van haar werk verder eigen te maken, te perfectioneren.

Over Ólafur Ólaffson en Libia Castro wordt lang gesproken, niet in de laatste plaats vanwege de door de jury erkende staat van dienst van het kunstenaarsduo. De prijsinzending van het duo, hun muziekvideo *Caregivers*, wist de harten van de jury te winnen. Na het zien van hun nieuwe muziekvideo, over lobbyisten, komt eveneens de kwestie risico aan bod. In hoe-

verre heeft het kunstenaarsduo een risico genomen door het *format* van hun recente film *Caregivers* toe te passen? Echter, zo voegt de jury toe, als de kunstenaars in hun methode geen risicovolle stappen hebben genomen, dan toch zeker in hun onderwerpkeuze, die op zijn minst dapper genoemd mag worden. Bovendien ziet de jury het risico niet als doorslaggevende factor – alsof een kunstenaar geacht zou zijn om constant op de rand van een afgrond te balanceren. Alhoewel de jury wikt en weegt over Ólaffson en Castro die, gezien hun bewezen kwaliteiten en fascinerende thematiek zonder twijfel prijswaardig zijn – hier moet misschien ook vermeld worden dat er zélfs cowboys voorkomen in hun nieuwe muziekvideo – wordt er uiteindelijk dan toch vrijwel unaniem gekozen voor Van Harskamp en Biscotti als winnaars van de Prix de Rome 2009. Nicoline van Harskamp wordt daarbij, na lang overleg en verschillende stemrondes, de hoofdprijs toegekend. Met de keuze van deze twee winnaars wordt, al dan niet bedoeld, een uitspraak gedaan over de kijker van hedendaagse kunst. Die moet misschien maar eens gaan luisteren, daar de vanzelfsprekendheid van het monopolie van de kijker in het werk van deze twee finalisten teniet wordt gedaan. Wat zeker verfrissend is binnen de ontwikkelingen van de actuele bedrijvigheid in en rondom *artistic research* is dat Van Harskamp en Biscotti zich het onderzoek niet toe-eigenen, maar zélf evengoed de rol van luisteraar innemen binnen hun terrein van onderzoek. Alleen

een dergelijke, betrokken rol maakt het mogelijk dat een kunstenaar als Rossella Biscotti het uiterst delicate materiaal van een levensgeschiedenis in handen krijgt. Misschien vormt het luisteren de machine; een actief mechanisme dat een bepaalde vorm van beweging en energie in een andere vorm van beweging en energie om kan zetten. Daarmee is de centrale vraag in het nieuwe werk van Nicoline van Harskamp – of het door luisteren vergaarde collectieve veld van kennis substantie kan hebben – voorzichtig beantwoord.

Dit epiloog is bovenal een proloog, want het winnende werk van de Prix de Rome zal, in zijn totaliteit, nog voltooid moeten worden. Op 19, 20 en 21 mei zal *The Power of Listening* van Nicoline van Harskamp in Theater Frascati worden opgevoerd. Met een werk in wording buiten Witte de With is de tentoonstellingsruimte een ruimte in transitie geworden, en misschien een machinekamer. Alleen een 'imperfecte' en daarmee, anno 2009, perfecte jury kan daaraan zijn vertrouwen geven.

A Cowboy on His Way to Rome

Moosje Goosen

'This artist behaves like a cowboy,' Kestutis Kuizinas says.

Thursday 6 November 2008: In the Ship on the uppermost storey of the Rijksakademie van beeldende kunsten the projection screen is the horizon. Eyes are still adjusting to the dark when the first images appear. Everyone is still and in the darkness the silence drowns out the sound of the hubbub, the sound of Amsterdam. Here, in this room, only one thing counts. The Ship seems to stir into motion, to sail forth on the visual, still murmuring stream. On board is the company that has gathered for the judging of the Prix de Rome 2009; at the helm, for the time being, is the technical support staff with crates full of slides, DVDs and CDs, supplying the jury with images, with the sea. And with – summary – information: 'Number 61 is just one DVD,' is how they solemnly address the jury.

So much for the facts. Tradition dictates that in this first jury round all entries for the Dutch national art prize will be judged anonymously. A total of 281 'numbers' will pass review. During this process the projection screen, for three long days of judging the window on current developments within contemporary art in the Netherlands, will rapidly assume the guise of – oh yes – a screen, on which the jury will project their hopes, their desires and their expectations. After a while Kestutis Kuizinas, director of the Contemporary Art Center in Vilnius and president of the jury, requests a smoking break. It won't be the last time during this arduous preliminary selection. On the fire escape he lights his cigarette, gazes into the distance down Sarphatistraat and weighs his words. And for a moment he is himself the lonesome cowboy.

The Spaghetti Western, anno 1994: in the summer of that year, after a long car chase on the Los Angeles freeway – transmitted live on American television – former football star and celebrity O.J. Simpson, equipped with a loaded pistol, false beard and moustache, was arrested on suspicion of murdering his ex-wife Nicole Simpson and her boyfriend Ron Goldman. If it had been a B film, this story would undoubtedly have ended up in the vaults of the pulp video circuit but it had America glued to the screen from the summer onwards. In the run-up to the trial of 'The Juice' some 250 residents of Los Angeles were summoned by the judiciary for possible jury service on what became known in the USA as the 'trial of the century'. A list of more than 300 questions, carefully drawn up by the teams of opposing lawyers, was supposed to test the jury candidates for competence. It seemed suspiciously like an audition, a screen test for the spectacle awaiting participants in the trial. Would the jury members be able to withstand the pressures of life in America's media landscape, in the twentieth century's Wild West? The 250 candidates were requested to reveal their political preferences, favourite football teams, least favourite school subjects and most watched tabloid news programmes; they were also asked about Simpson's acting performance in *Naked Gun 2½*, whether they owned any pointed weapons, a guard dog, or books. Towards the end of the 'test' the candidates were allowed to state if they wanted to serve as a jury member on the case at all; by this time, however, lawyers on both sides had already passed judgement on possible jury members and already formed their prospective 'dream teams'. On 3 October 1995 the jury acquitted O.J. Simpson of murder.

Experience teaches us that the perfect jury is not by definition the best jury. Is it possible to put contemporary art to the test? Can we, should we, consider this just? When the Rijksakademie van beeldende kunsten was founded in 1870, during the reign of Willem III, the Prix de Rome, originally introduced by Louis Napoleon, was established as the Netherlands' national art prize by law. For a considerable time the jury consisted of a conservative group of established artists who knew how things should be done; who knew better. They had no list of questions to which to refer, but a set of unwritten rules and, just as importantly, the yoke of tradition. The jury judged the prize competitors on their mastery of technical skills and style; the winner was expected to perfect these proven qualities during a study trip to Rome. Expectations were clear and defined, both for the entrants and the jury. And so the road to Rome seemed mapped out in advance, with the Prix de Rome functioning as a system of signposts, a designated route.

Nowadays the Rome of proverbs still lurks on the horizon. In the current field of art all roads and shortcuts may lead there, as recent reforms to the Prix de Rome have also proved: since 2005 the prize has reflected developments in art by ceasing to be awarded for specific disciplines or media. Art and the prize have thereby moved into virgin terrain and the signposts have accordingly vanished. It is this situation which currently confronts the jury on the screen in the Ship at the Rijksakademie, for at this moment, in 2008, this wild terrain in all its vastness is still far from being conquered. Time drags on as the jury for the Prix de Rome 2009 endures the now churning stream of images. Sometimes they mutter, sometimes they take notes, but mostly they are silent during this initial scrutiny of the prize entries. What course are young artists (and the jury) sailing?

One thing is certain, and that is that nothing is certain anymore. It is perhaps to be expected that within this wilderness – this vast plain – artists will revise the boundaries of the territory, the boundaries of the art context; that there will be urgent expansion in the direction of science, history and applied art. And that young emerging artists will endeavour to conquer that one, unique, strategic position in the art world. It is here that the figure of the cowboy looms again. For in the absence of beaten tracks the jury is constrained to look beyond the medium, towards the artists who have been thrown back on themselves, taking the law into their own hands in a time and a place where there are no laws and no boundaries. They are fighting for their existence, their right to exist. The undercurrent of images on which the Ship now sails is not a sea but an arid plain, the landscape of spaghetti westerns with its infinite horizon. Where the artist is, indeed, a cowboy.

I recently found myself in a huge hall at an art fair – a hall that once, ironically enough, served as an arsenal. The weapons of war had made way for a staggering amount of paintings, drawings, videos and sculptures. In this setting, artists were being launched as new talents, future promises – propelled into the art world like rockets. Galleries were showing off their brightest stars within the confines of carefully demarcated white walls. Then, a tragedy unfolded: in what appeared to be a redundant space between two neighbouring stands, a narrow passageway which also accommodated a fire-hose stand, a gallery was valiantly and against all odds displaying the work of a young video artist; but visitors simply didn't notice this and thoughtlessly threw down their coats there as they headed enthusiastically to the drawings in the adjoining gallery. It is not only artists, it seems, who have to contend with the power of territory; with the continuously expanding plain, or field of art. Isn't everyone in the white cube decor of this unintentional spaghetti western a cowboy? Artists, gallery owners, curators? Collectors and critics? The jury of an art prize? Back in the Ship in Amsterdam it begins to dawn on the jury for the Prix de Rome 2009 that on this November morning it is not only the prize entrants but they too who have been thrown back on themselves – who are subject to a screen test, an ordeal, the road to Rome. Within the toppled frameworks of contemporary art, how are they to set the benchmarks – the criteria – for this prize; what position should they claim for themselves? Given the responsibility entailed in judging the oldest and most prestigious art prize in the Netherlands, it seems as hard a question to answer as the 300 or so questions fired at jury candidates in the O.J. Simpson trial. To judge is to enquire, the penultimate Prix de Rome jury report reads. So there is a growing awareness in the Ship that a perfect jury is an imperfect jury: a jury that also dares to turns its scrutiny, its attention on itself, complete with all its doubts. A jury that stares into the distance of the projection screen and who sees the cowboy staring irreproachably back, ready for the baptism of fire.

And thus, under the watchful eye of secretary Janwillem Schrofer, who has no vote, Kestutis Kuizinas, designer Jurgen Bey and artists Barbara Visser and Yael Bartana take on the doubtful honour of being imperfect jury members. After a first inspection of all the entries the harvest is varied. Two will certainly go through to the next round: the contemporary opera about Ukrainian nurses in Northern Italy by artists Ólafur Ólaffson and Libia Castro, and Helmut Smits' no-nonsense interventions in reality have unanimously managed to disarm

the jury. These entries cause their commentary
to yield to rapture and a laugh respectively.
'This is an ode to Ukrainian immigrants,
without the bad smell of reality,' Jurgen Bey
eventually manages to say of the duo's entry.
The landscape of the cowboy, it seems, is still
imbued with a hefty dash of romance, of art
appreciated without words.

At the other end of the spectrum are the artists
who choose to arm themselves with words,
who avail themselves of language. Not the
easiest of entries in this edition of the Prix de
Rome. For unlike the many drawings of
contemporary city views and war scenes, the
stuffed animals and pastel-coloured paintings
that the jury stoically endures, the work in
these entries is no open book. These are artists
who are making their way on the meta-plain of
the practice and discourse of history, politics
and art itself. And it is not always possible to
'read' such work at the rate at which the jury
is supposed to grasp it. In a few cases it is this
very quality which invites closer inspection –
of the world behind the projection screen.
The stratified, investigative video work of
Italian Rossella Biscotti, whose film about
former FBI agent Pistone – better known as
Donnie Brasco – immediately gains the jury's
attention, certainly requires attentive study;
in the jury's opinion it therefore merits the
time and space afforded by the second phase
of the competition: a studio presentation and a
talk with the artist. Nicoline van Harskamp's
systematic work on political systems and
speech also demands closer attention, and
perhaps above all, patience. Then there are the
personal favourites whose cases are pleaded.
Yael Bartana and Barbara Visser, the two
artists of the jury foursome, are the prize
entrants' partners in crime. During the
assessment process they ardently support
those artists who remain close and faithful to
their own ideas, but easily and mercilessly
unmask art which commands the language but
not the conviction: art that appears fake or
inauthentic, a slick conjurer's trick or a prop
from a film about contemporary art, as
Barbara remarks. Unfortunately, a great deal
of this kind of art also passes by on the screen
before them. One artist jumps out unexpectedly,
like a rabbit from a hat: Maze de Boer's instal-

lations and objects are funny and intelligent;
they seem in some misleading manner both to
play with and break with the spatial conventions
of film and theatre. He too is invited to join the
following round, as is the artist whom Kestutis
has dubbed a cowboy.
And at this point the process suddenly seems
to speed up, contrary to all expectations.
During the final lunch of these three long jury
days, on Saturday afternoon, the jury reassesses
all its conclusions, reviews the projection
screen's profuse offerings and cautiously tests
the mood. Then, late in the evening, once they
have viewed the entries again at top speed,
they take a decision regarding the final ten,
the Long List for the Prix de Rome 2009 – the
entrants who will go through to a subsequent
round of studio presentations in December.
That same evening Janwillem Schrofer reveals
the names behind the entries. Then the sun
goes down on the horizon, the jury leaves the
Ship and is back on solid ground.

For the second round of judging the English
artist Bruce McLean joins the company as the
fifth member of the jury. An uneven number of
members can, and should, play a decisive role
in this crucial phase of the competition, in
which the four Prix de Rome finalists will be
chosen. Bruce puts the importance of judging
into perspective when he talks, obliquely,
between studio visits, about the time he served
as a jury member on a trial in England.
He looks back on the experience with despair.
Serving on the Prix de Rome jury seems to
suit him better, however; he plunges into the
artists' presentations with verbal abandon.
And once the jury enters the artist's territory
Kestutis' words acquire substance. There is the
cowboy, defending his world while making
sense according to his own laws; setting his
own boundaries and thus the parameters of
art. This may be the two-dimensional world of
the book, in the case of photographer Rob
Hornsta, or the hermetically sealed experiences
of a contemporary romantic, in the case
of painter Marc Oosting, during whose
presentation the jury literally runs into a wall
erected by the artist. *Charismatic Fates and
Vanishing Dates*, the short, hypnotic video
by Iranian Sara Rajaei about memories and
déjà vu, convinces, as do her plans for a new

project she would realize at the Rijksakademie if she were selected for the short list. Helmut Smits, one of the favourites during the first jury round, is long debated. The jury feels somewhat disillusioned when it emerges that his *Real Thing* – a purifier that filters cola to obtain drinking water – is not a *real thing*: a visualization of an ingenious idea but not a functioning machine. The discussion turns to the status of the idea and the importance of elaborating on it, which this jury believes should be more than simply executing what the artist originally had in mind. For then it becomes – they search for the right words – a mere prop, a prototype of the idea.

Once they have made this pronouncement the jury's task appears a good deal easier. Their conclusions are underpinned by the non-functioning machine, the prop. It was the machine he loved, Oscar Wilde said of the artist. Four artists are delving to find the mechanics of systems in their work. These pioneers' pot of gold is the machine; the terrains they explore that of history, memory, politics, globalization. And it is the cogwheels, the mechanism beyond the horizon and beneath the surface of these fields which these four artists are endeavouring to fathom. They are artists who love the mechanics of systems – the machine – not what the machine makes. With this realization the jury members pronounce judgement, and with it their preference for artists who are investigative, who are inclined to collaborate with players outside the field of art, who find their material in discourse, in the meta-plain. And in so doing manage to hold their own in the Wild West of both art and reality. The finalists in the Prix de Rome 2009 are Rossella Biscotti, Sara Rajaei, Nicoline van Harskamp and the artist duo Ólafur Ólaffson and Libia Castro.

EPILOGUE/PROLOGUE

'A machine is a device or mechanism able to transform one kind of movement or energy into another kind of movement or energy,' reads the Dutch entry – loosely translated here – for 'machine' on Wikipedia's website. Generic and noncommittal as this description may seem, it is also a comprehensive and thus accurate definition (of almost anything). It reflects, perhaps, the democratic, open and transparent structure of Wikipedia, our worldwide and most frequently referenced encyclopaedic source that makes no distinction between supposedly meaningful or meaningless information and that, therefore, has transformed the conventional encyclopaedia into a search engine, a machine of continuously accumulating possibilities – like a Borgesian labyrinth without entrance or exit, nor dead ends. Does this image of an enclosed but vast labyrinth define the search engine; the machine as a hermetic or infinite space?

According to Wikipedia's broad definition, the Prix de Rome could be regarded as a machine, too. Some even believe it's a political machine at work. In any case one could state that the prize sets a machine in motion. To be selected for the short list of the Prix de Rome means to transform one kind of energy or movement – that of the divergent motives of artists, under 35 and residing in the Netherlands, to compete for the prize – into yet another movement or energy, the production of new work. This movement or energy gradually obtains a form and substance – the product of which can be witnessed in the work of Rossella Biscotti, Nicoline van Harskamp, Ólafur Ólaffson and Libia Castro, and Sara Rajaei at Witte de With and de Appel's temporary space at the Wester gasfabriek.

On 11 May 2009, the jury gathers one last time to determine the winners of the 2009 edition of the Prix de Rome, on the basis of the finalists' presentations in the Rotterdam and Amsterdam exhibitions. At Witte de With in Rotterdam, the works of the finalists are mirrored in space, Biscotti's audio piece being installed on the east side; Nicoline's installation on the west side of the gallery space. Although this mirroring of competitors might be coincidental, or perhaps because of practical reasons, these works have more in common than their 'mere' competition for the Prix de Rome. Both artists have tried to grasp intangible matters and incorporate them into sometimes minimally perceptible, yet formalistic (and perhaps in some cases stylistic) elements of their new work. As such, both installations, in the white cube spaces of Witte de With, acquire a paradoxical, crystal-clear mysticism. According to the jury, the new works of Nicoline van Harskamp and Rossella Biscotti are at times hermetic, at other times transparent: it is this tension that gives strength to the works.

Biscotti's space is divided by two glass structures, partitioning the private spaces that arise within. The reflecting yet transparent glass windows force the audience of her sound piece to put itself in a state of visibility, exposure. Like 'voyeurs' of the unattainable images that unravel in the mind of a man who enables himself to expose his memories through the use of Pentothal, the audience listens over headphones to Biscotti's story, edited out of recordings of psychoanalytic sessions conducted by controversial Dutch psychiatrist Jan Bastiaans and a disciple of his. In her new work, Biscotti elevates listening to a productive act: the memory of the listener here becomes, by means of audio, the medium of a subjective but essential history. The significance of the listener turns out to be even bigger when taking in to consideration that this art piece might be the only possible means to transmit this particular kind of historiography: Biscotti's correspondence with the Bastiaans archive shows that there are plans to destroy the archived recordings, because of its delicate, extremely private nature. The jury values Biscotti's new work which, so is expressed, 'is narrow-minded – in a positive sense'.

Nicoline van Harskamp's new work addresses the productive power of the listener even more concretely. In her installation, the collective field of what has been listened to and what is heard resonates like an invisible agent in space. After a public meeting in Theater Frascati, in March 2009, to which five professionals were invited to talk about their expertise regarding communication, the listener and collective memory, actual listeners – this evening's audience – were asked to reconstruct the evening in a phone interview, from their memories of the evening. Van Harskamp's installation at Witte de With shows a reconstruction of a construction: How does a listener listen? What is memorized? And in what way will the latter be translated in the words of the receiver, the listener that is now a speaker? At the core of Van Harskamp's project is another, rather mystic question: does, or could the collective memory of listeners have substance of any kind? On one of the walls of the Witte de With gallery space, transcribed fragments of the phone interviews with listeners are projected. A speaker transfers a soundtrack that, at certain times, seems to run in synchrony with the text projections for a moment, and at other times diverges, if only slightly. The script that is being performed in the soundtrack is the script that will be used for another performance at Theater Frascati (taking place 19, 20 and 21 May) in which actors will restage the first, March evening of the project, interpreted from the information that is provided by the group of interviewed listeners.

On the other side of the wall, Van Harskamp has mirrored sound and projections: again, transcriptions are being projected, this time of the future performance of *The Power of Listening*, while sound is provided by the recordings of phone interviews. Whether these recordings are authentic or have been staged as well is no longer quite clear for the listener/viewer, who seems to inevitably lose him- or herself in the resonance of sound and text in, and through, space. As such, the collective knowledge of the listener bounces from one wall to another like an invisible computer game of Pong. Or raises an actual, almost perceptible field of morphic resonance, as Barbara Visser mentions – the latter being a term coined by British biologist Rupert Sheldrake, whose practice and theories had come up in detail at the meeting in Theater Frascati.

At the Westergasfabriek in Amsterdam, the jury views the works – both videos – by Sara Rajaei and the artist duo Ólafur Ólaffson and Libia Castro. The black box in which Sara Rajaei shows her new video piece turns into a cinema as soon as the light has been turned off and the video is being screened. This is also how the jury experiences her work. Rajaei's video, about a room in which the past, the present and the future of one single female character converge, spurs the jury's curiosity for Rajaei's potential desire to make a feature film. Whether this is an existing desire, they don't know, as this curiosity for future plans of the artist rise to the surface only during the jury discussions later that day. All jury members agree that, in any case, Rajaei could succeed in doing so. In the jury's discussions, on one hand there is mention of playing safe with this video, on the other hand is pointed out that Rajaei enabled herself to further improve the already cinematographically high quality of her work, perhaps exactly because she has built and relied upon earlier videos of hers, *Charismatic Fates and Vanishing Dates* in particular.

The jury thoroughly discusses Ólafur Ólaffson and Libia Castro whose artist practice – not the least because of their record of service – is acknowledged and respected by the entire jury. The prize entry by the artist duo, the music video *Caregivers*, succeeded in winning the hearts of the jury members. After having seen their new music video about lobbyists at work at the EU, the matter of risk is once more a topic of discussion: To what extent did the duo take risk in applying the 'format' of *Caregivers* to that of their new work? Nonetheless, so the jury adds, if the artists did not make adventurous or innovating choices in their applied method of work, they certainly did so in their topic of the lobbyist, a current and increasingly relevant issue, the portraying of which can be called courageous. Besides, the jury doesn't deem the criterion of risk to be a decisive matter in the judging of artists and their work: as if artists should constantly be balancing on the edge of a cliff. Although the jury ponders upon Ólaffson and Castro who, considering the proven quality and fascinating subject matter of their work are, without any single doubt prize worthy, the jury eventually and almost unanimously chooses Van Harskamp and Biscotti as the winners of the Prix de Rome 2009. After lengthy discussions and many voting rounds, Nicoline van Harskamp is awarded the first prize.

With the choice of these two winners, and whether intended or not, a jury's statement is being made about the beholder of contemporary art. The audience should listen for once, perhaps, as the self-evidence of the monopoly of the viewer is negated by these two prize winners. What is certainly a refreshing development within recent activity in and around the field of artistic research is that Van Harskamp and Biscotti do not appropriate the research, but instead perform the role of listener themselves. Only such an engaged position enables an artist such as Rossella Biscotti to be *given* the extremely delicate material of a life's history. Perhaps this act of listening is the machine; a mechanism that transforms a certain kind of movement or energy into another kind of movement and energy. And with this, perhaps the central question in Van Harskamp's project – whether listening can acquire substance – is being answered, cautiously.

This epilogue is most of all a prologue, as the winning work of the Prix de Rome has yet to be completed in its entirety. May 19, 20 and 21, *The Power of Listening* by Nicoline van Harskamp will be staged at Theater Frascati. With a work progressing outside of Witte de With, the latter's exhibition space turns into a transitional space and thus, perhaps, machine room. Only an 'imperfect', and therefore – today in 2009 – perfect jury, can give such a project and machinery the full support it deserves.

Prix de Rome.nl

2009

Beeldende Kunst/Visual Arts

Short List

Nicoline van Harskamp

1e prijs/1st prize

De inauguratie van Obama was in New York op verschillende locaties live te volgen. Zo stond op Wall Street een groot scherm waar de drukke menigte van bankiers getuige kon zijn van het historische moment, al was het maar tussen telefoontjes en vergaderingen door. Op de Martin Luther King Boulevard in Harlem verzamelden mensen zich om de meer dan 'levens-grote' nieuwsopnames van de gebeurtenis te volgen. En in de metro schalde Obama's in-zegeningstoespraak over de intercom. Toen Obama de eed aflegde, vond er iets opmerke-lijks plaats. Zelf bevond ik mij in het auditorium van het Queens Museum of Art, waar ik met medewerkers en bezoekers van het museum online, via een krakkemikkige internetverbin-ding, naar de inzegening keek.

Nadat Obama de eed had afge-legd, stond het publiek in het auditorium op, en applaudis-seerde.
Wat deed het publiek opstaan voor een op de muur geprojec-teerd beeld van de president? Was het patriottisme? Goedkeuring? Was het een door televisie, cinema en reclame cultureel bepaalde relatie tot het niet-levende beeld? Of was hier sprake van een 'morphic field' waar het publiek op af-stemde – het 'veld' van de door Obama veelvuldig herhaalde *hope* en *change* – en dat het publiek deed opstaan in navol-ging van de publieksmassa die bij de inauguratie in Washington aanwezig was?
In haar atelier verklaart Nicoline van Harskamp de ideeën achter 'morphic resonance', een door de Engelse bioloog Rupert

Sheldrake geopperde theorie die uitgaat van een door reso-nerende velden gereguleerde ontwikkeling van vorm en structuren. Voorbeeld: een kruiswoordpuzzel uit de krant van gisteren zou gemakkelijker op te lossen zijn, omdat de puz-zelaar volgens de hypothese van Sheldrake kan afstemmen op het veld van reeds verworven kennis. In haar nieuwe project vraagt Van Harskamp zich af of een dergelijk veld van toepassing zou kunnen zijn in de politiek en als politiek instrument. Zou de activiteit van een luisterend publiek substantie kunnen hebben? En zou het mogelijk zijn om uit deze sub-stantie een kennisveld te creëren waar anderen op kunnen afstemmen? Op 6 maart 2009 organiseerde Van Harskamp een lezingenavond in theater

It was possible to see and hear President Obama's inauguration at many different locations in New York.

On Wall Street a crowd of busy bankers was able to watch on a big screen as the historical events took place – even if they managed to do so only between calls and meetings; at Martin Luther King Boulevard in Harlem people gathered to watch larger-than-life coverage of the event; and in the subway commuters listened as Obama delivered his inaugural address over the intercom.

When Barack Obama took the oath, something remarkable happened: I was at the auditorium of the Queens Museum of Art where museum staff and visitors watched the inauguration online, via a rickety Internet connection. After Obama took the pledge, the audience in the auditorium arose and applauded.

What made the audience stand up before an image of the president projected on a wall? Was it patriotism? Approval? Could it have been a culturally specific reaction to the inanimate image, conditioned by television, cinema and commercials? Or was there a 'morphic field' to which the audience was attuned – the 'field' of Obama's often-repeated *hope* and *change* – that caused these people to rise, resonating with the response of the Washington masses?

At her studio, Nicole van Harskamp explains the concept of morphic resonance, a theory formulated by British biologist Rupert Sheldrake which assumes the existence of resonating fields governing the development of forms and structures. For example, a cross-word puzzle from yesterday's paper would be easier to complete because the puzzler, according to Sheldrake's hypothesis, is able to tune into a field of acquired knowledge.

In her new project, Nicoline van Harskamp investigates whether such a field could be applicable to politics and used as a political instrument. Could the activity of a listening audience have substance of any kind? And could this substance constitute a field of knowledge accessible to others?

On 6 March 2009, Van Harskamp organized an evening of lectures at the Theater Frascati,

Frascati, waarvoor ze vijf sprekers uitnodigde om hun ideeën en theorieën over de macht van het luisteren te presenteren. Het publiek – de luisteraar – werd uitgenodigd om een week later, middels een telefooninterview, te vertellen wat zij zich van de avond wist te herinneren. Zevenentwintig luisteraars namen deel; de uitgeschreven interviews vormen het onderzoeksmateriaal voor Van Harskamps nieuwe werken. Een van deze werken zal getoond worden op de tentoonstelling van de Prix de Rome in Witte de With, Centrum voor Hedendaagse Kunst. Op dit moment, wanneer de kunstenaar nog volledig bezig is met haar onderzoek – een proces dat ook in haar eerdere werk open en voortdurend in ontwikkeling is –, kan Van Harskamp alleen verzekeren dat het werk zal bestaan uit zevenentwintig opgenomen spraakscenario's, alsook zevenentwintig vormen van luisteren, van het door de kunstenaar bewerkte interviewmateriaal, uitgevoerd voor de camera door een aantal acteurs. Het andere werk, opnieuw een avond in theater Frascati, maar ditmaal een voorstelling van een door acteurs opgevoerde interpretatie van de luisteraar van de voorafgaande avond in maart, zal enkel weerklinken vanuit de toekomst. De toekomst, die vooralsnog gepland staat op 21 mei, wanneer de voorstelling zal plaatsvinden. Van Harskamp erkent dat de verhouding van het levende moment tot het niet-levende moment (van liveperformance en video) en de relatie van de luisteraar tot beide, centraal is komen te staan in dit project. Om die reden is Van Harskamp tot de radicale beslissing gekomen om een gebeurtenis ná een gebeurtenis te creëren, ná de beslissende eindjurering van de Prix de Rome. In haar kunstenaarspraktijk hebben live-performance en video steeds onafhankelijk van elkaar bestaan, ondanks dat het ene werk zich doorgaans uit het andere evolueert. En evolutie kost nou eenmaal tijd. Ze vertrouwt erop dat de jury haar beslissing serieus zal nemen. En dat de jury, misschien, weet af te stemmen op een kennisveld dat op het moment van jurering door de kunstenaar wordt verworven en gevormd – maar dat zijn *mijn* gedachten. Misschien ben ik dan toch niet zo'n goede luisteraar.

The Power of Listening

by Nicoline van Harskamp

with Amy Potter, Bill Stevenson, Peter More, Mindy Ran, Henrietta Carey-Bryant, Bob MacLaren and Rosalie Kreisky

Based on an original public meeting with Jaap Murre, Meyke Beekman, Dick Bierman, Tineke Brackel, Jan Storms and Nicoline van Harskamp

Composed of the recollections of members of the audience, including Tania Theodorou, Dyveke Rood, Marjolein Schaap, Yolanda Wigleven, Stine Berg Evensen, Chris van der Meulen, Joan Christine, Sam de Groot, Muriël Musa, Jack Zuidema, Rachel Carey, Zachary Formwalt, Miklos Gaál, Otte Piersma, Nina Yuen, Jasper Jacobs, Sarah Farrar, Susan Gloudemans, Maartje Fliervoet, Diana Duta, Veronique Hoedemakers, Karin Christof, Igor Sevcuk, Mirjam Zweers, Huub Bongers, Marjorieke Glaudemans and Sarah van Sonsbeeck

Theater Frascati, Nes 63, Amsterdam
Tue 19 / Wed 20 / Thu 21 May 2009, 19.30 hrs
Reservations 020 626 68 66

Poster ontwerp/poster design Sam de Groot

Nicoline van Harskamp, *The Power of Listening*, 2009
geënsceneerde paneldiscussie/scripted panel discussion
videostills van repetities/video stills of rehearsals

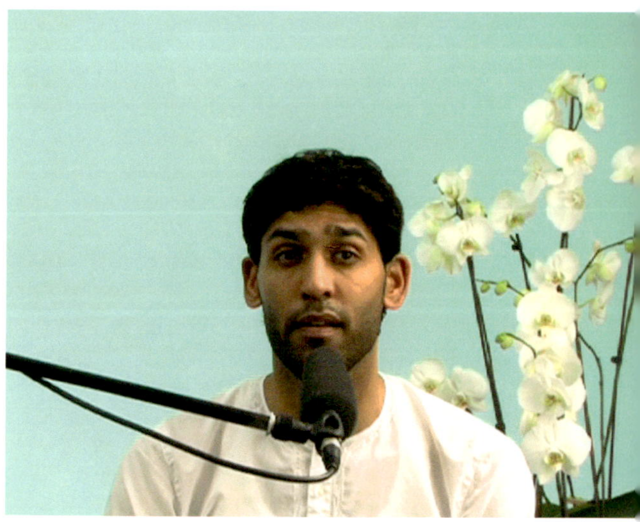

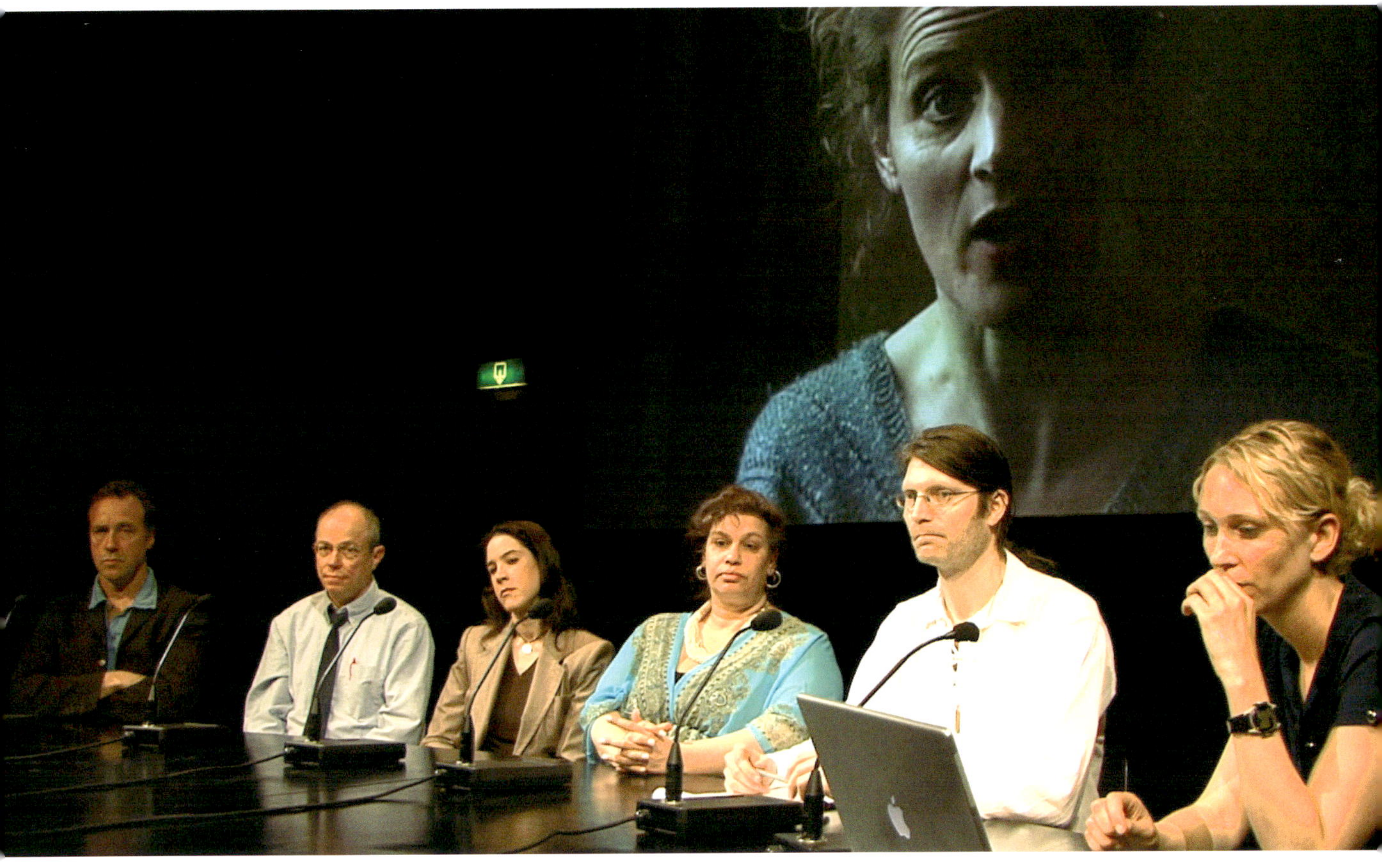

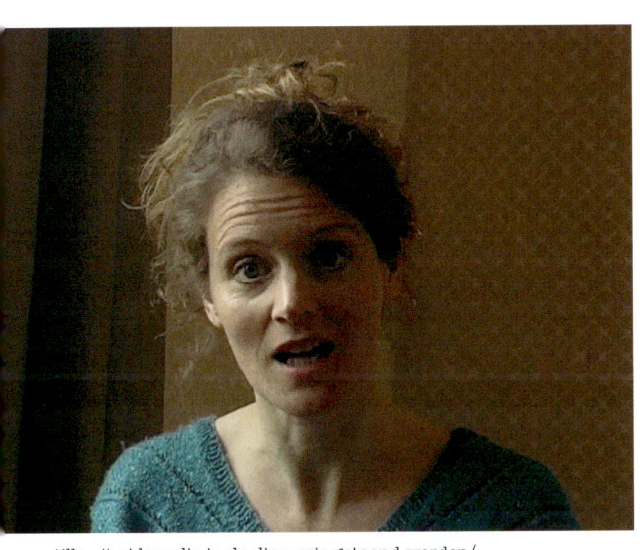

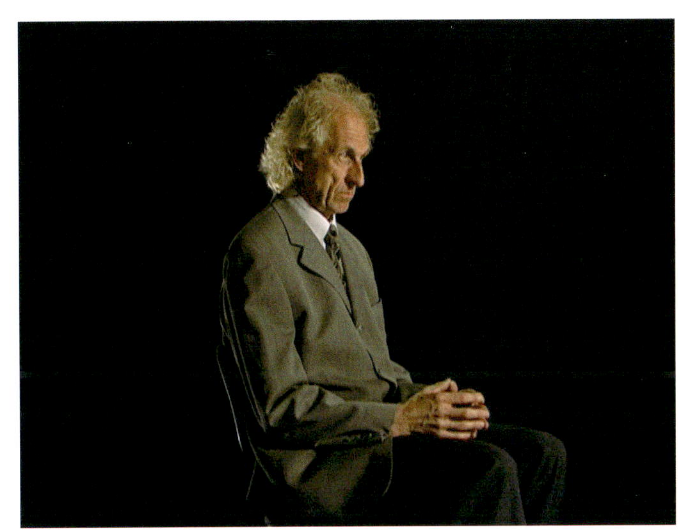

stills uit videos die in de discussie getoond worden/
stills of videos played during the discussion

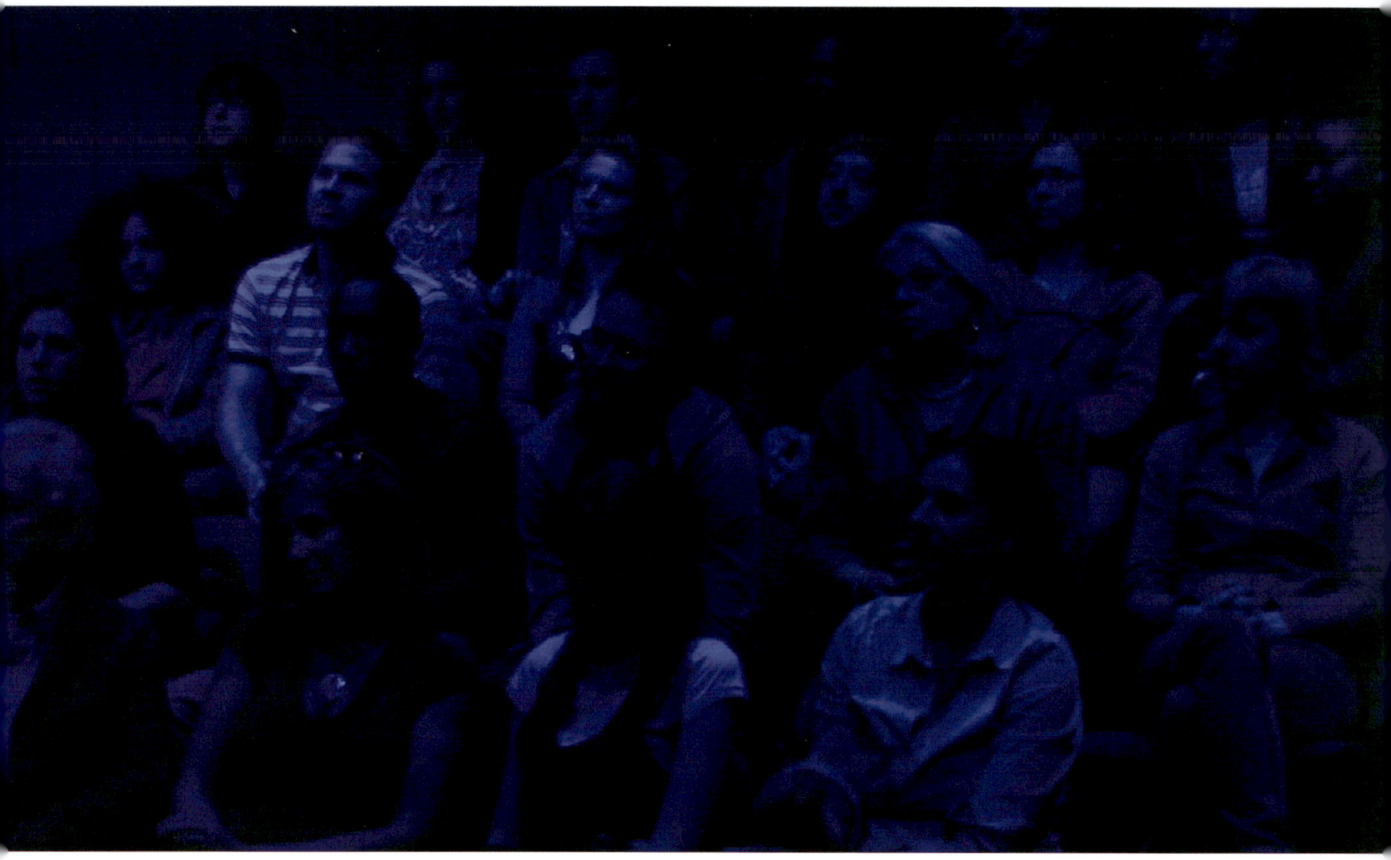

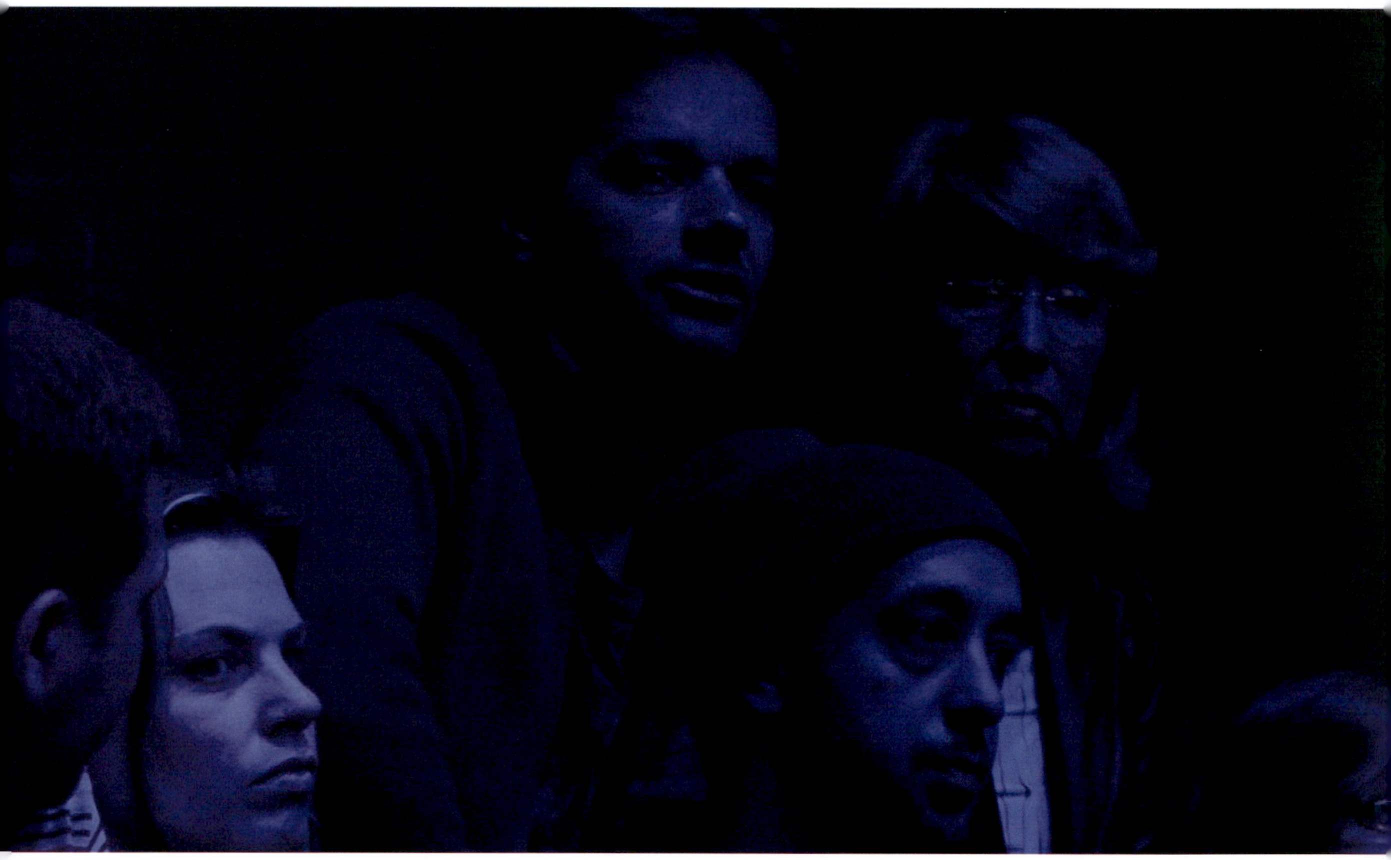

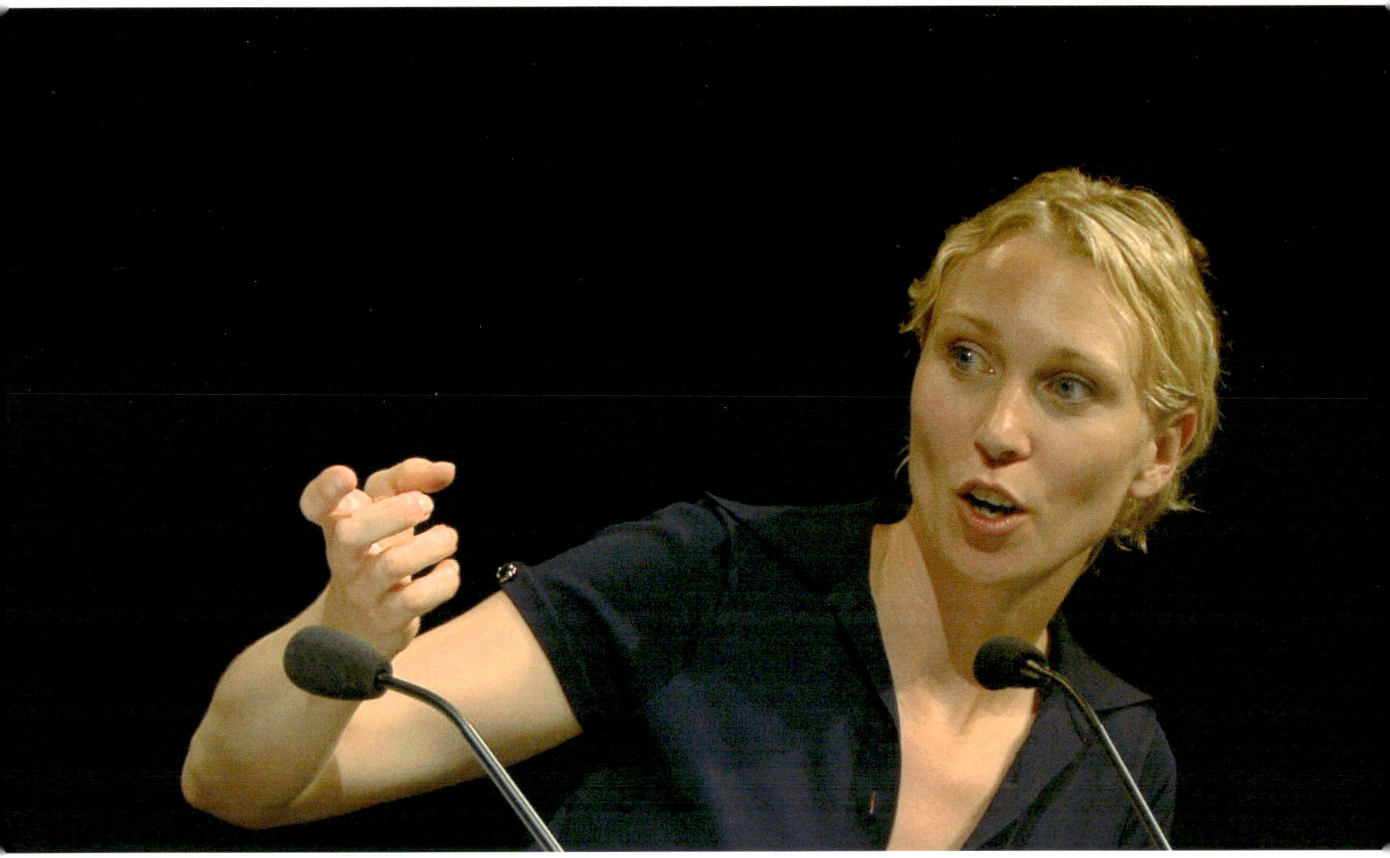

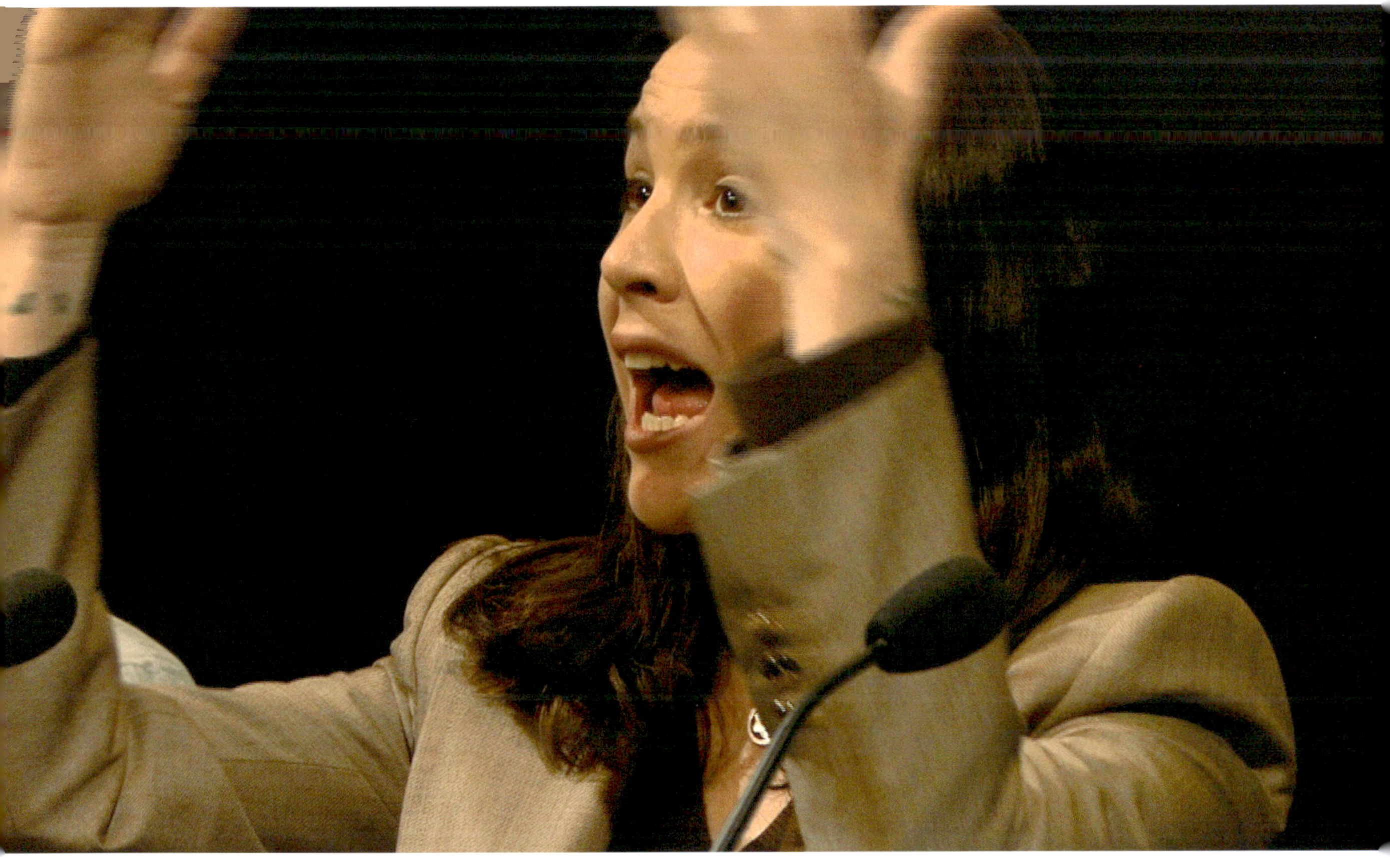

     Short List

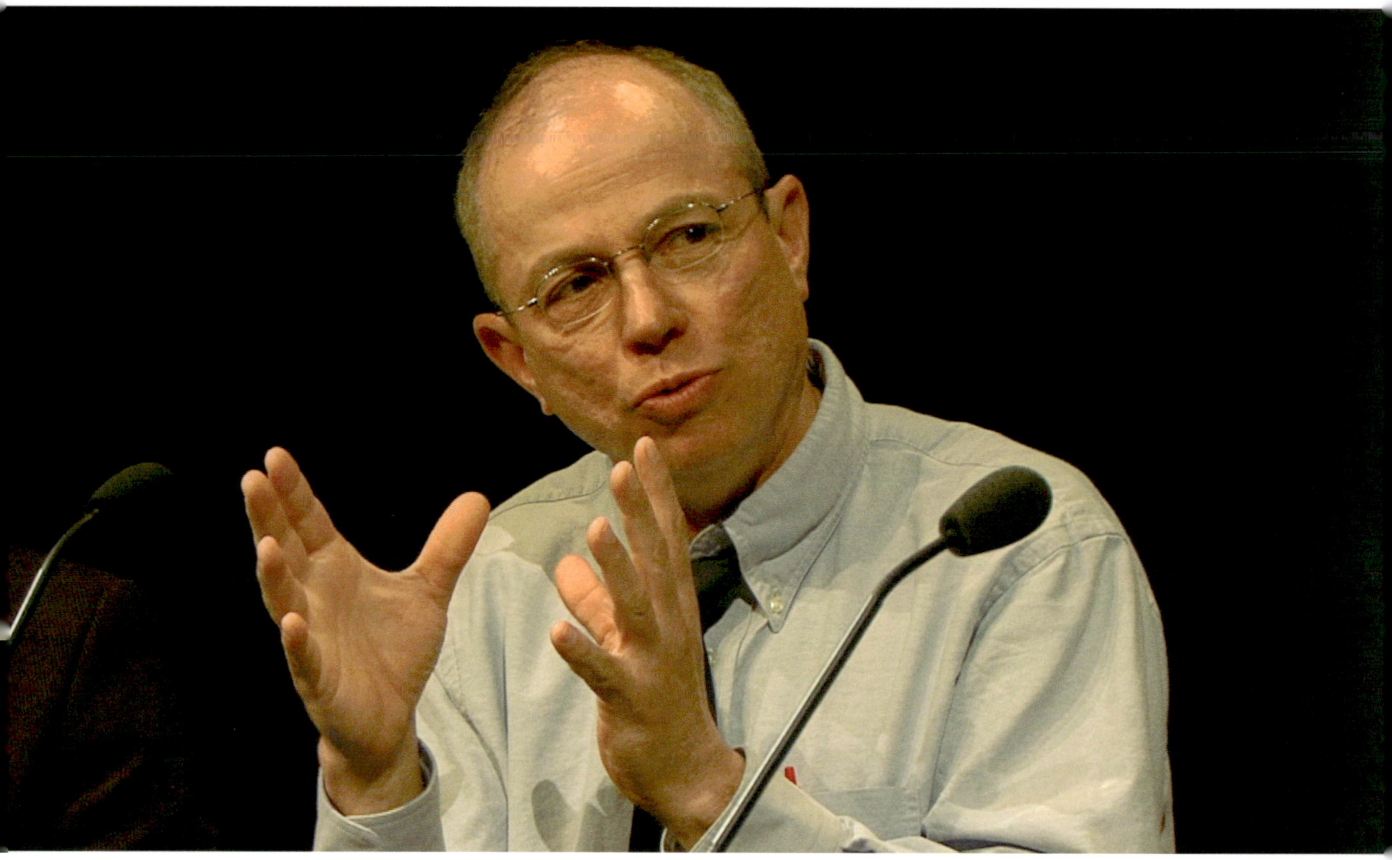

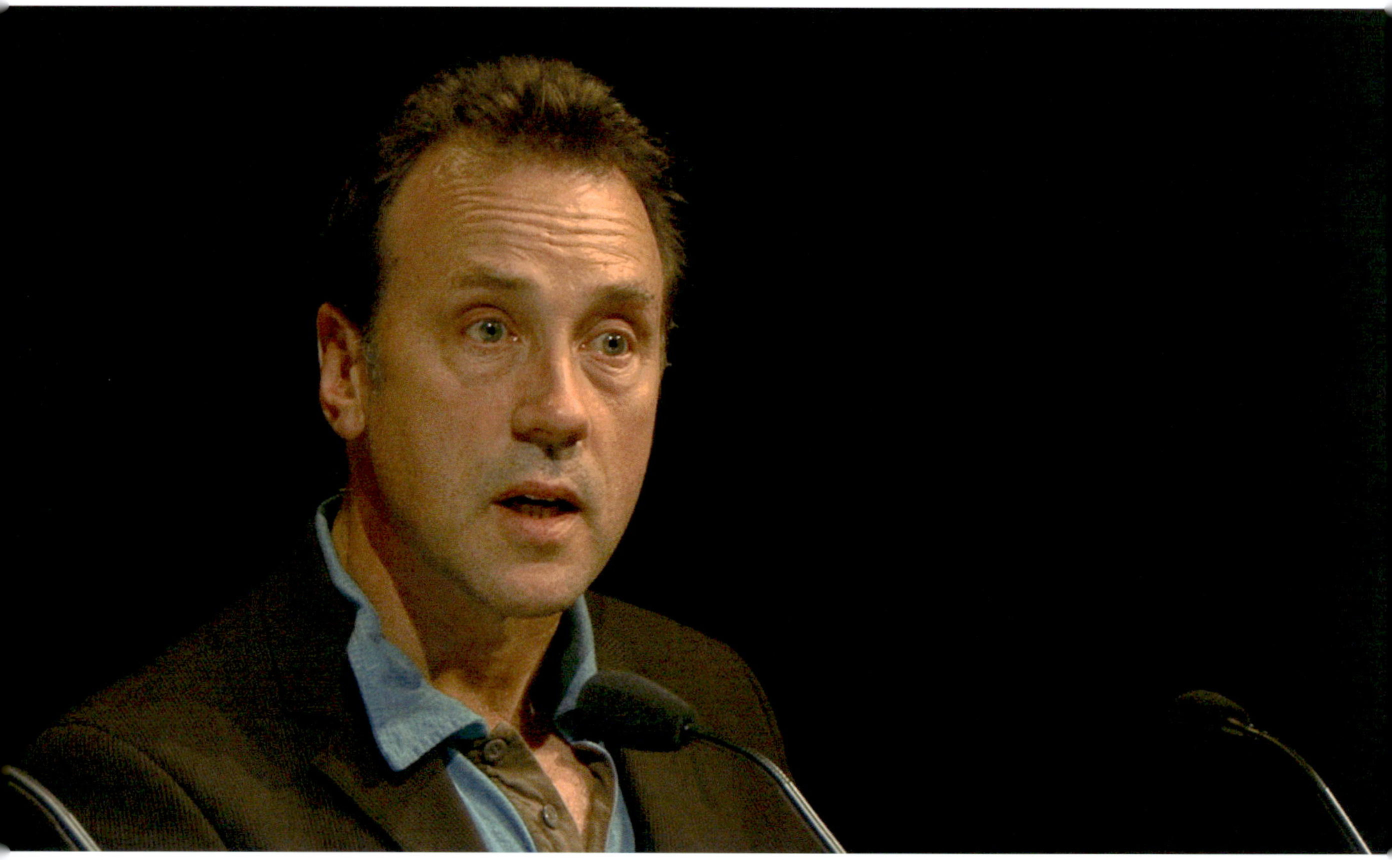

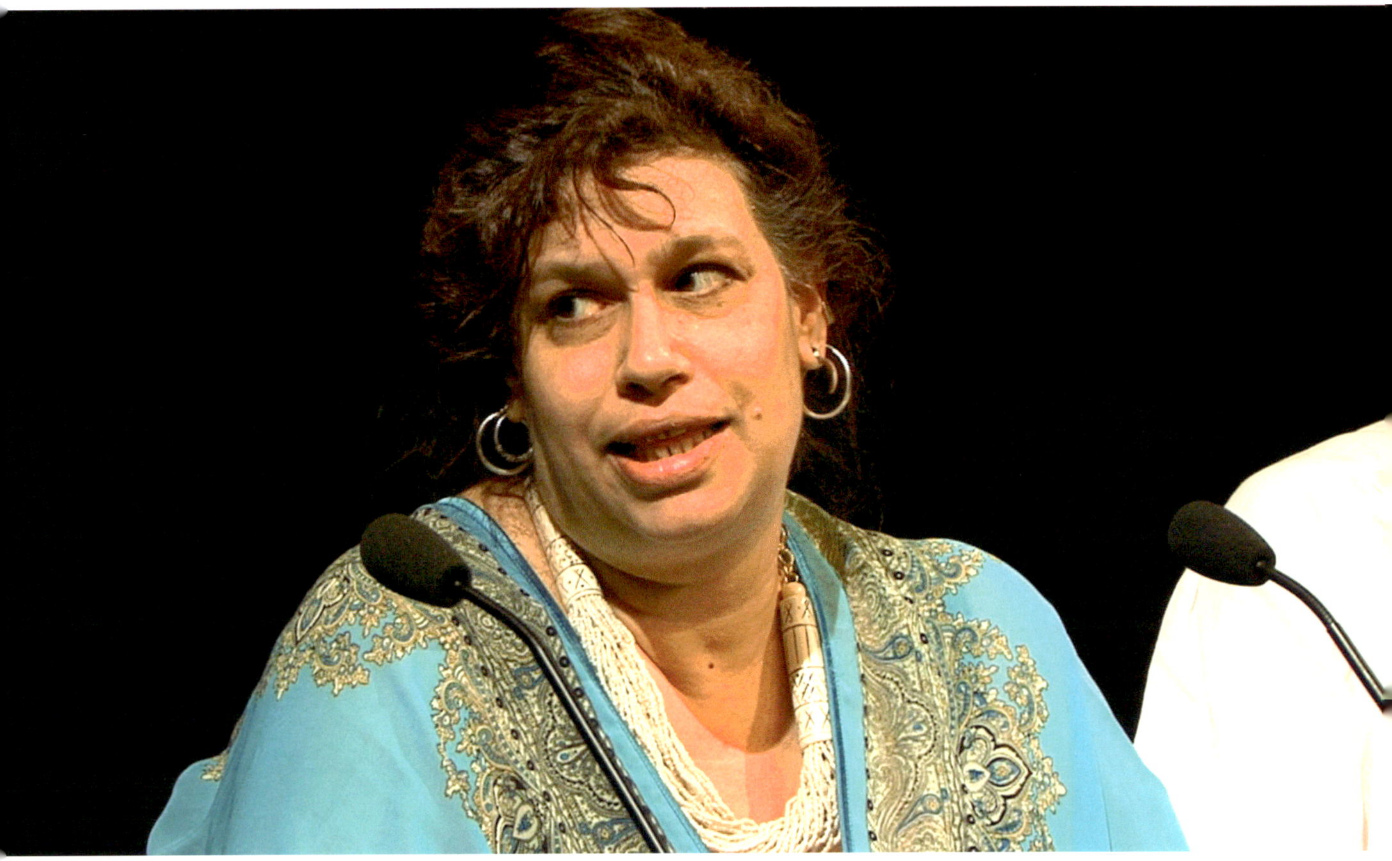

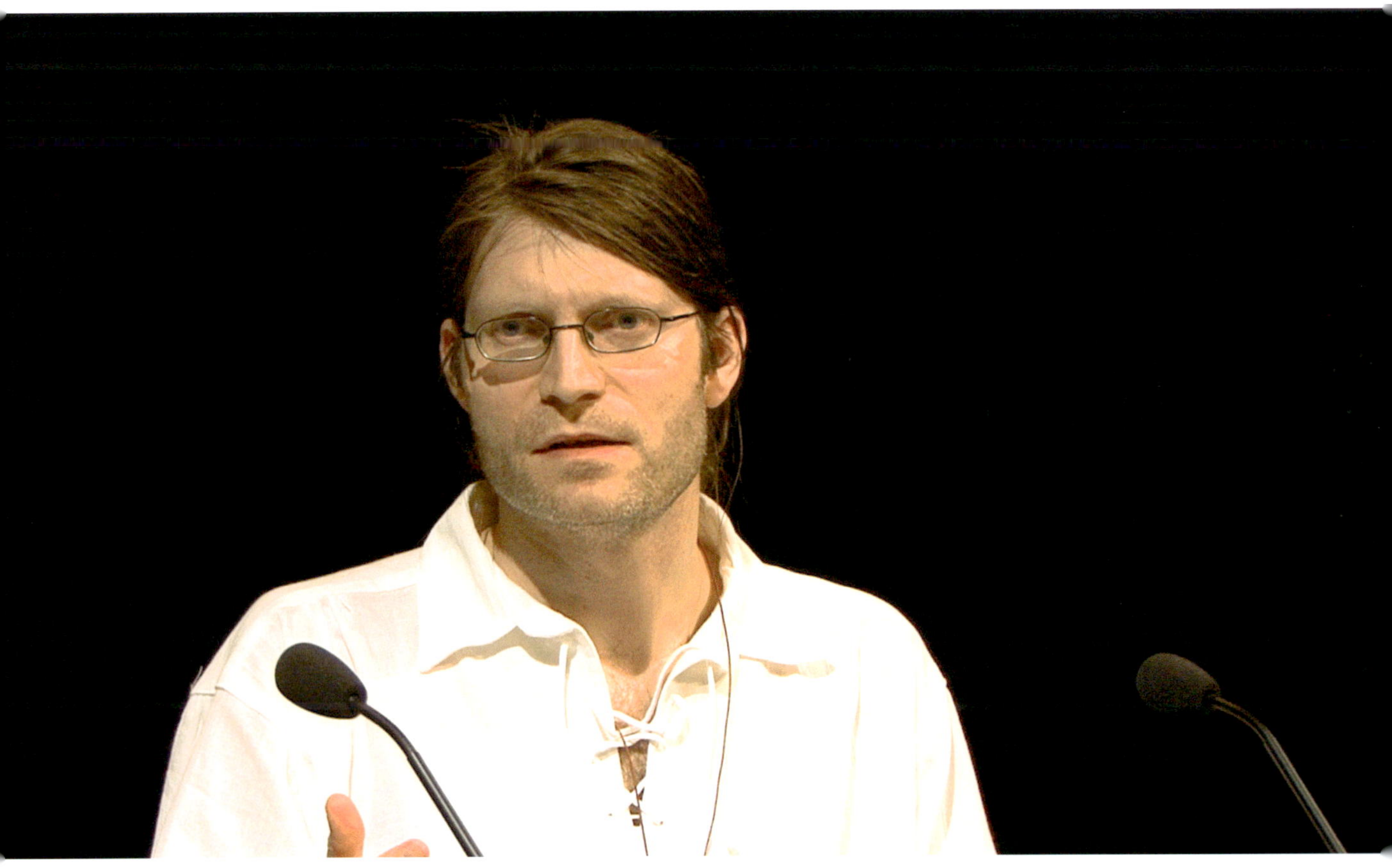

     Short List

Een onvergetelijke scène uit de film *Donnie Brasco* is die waarin de hoofdpersoon (Johnny Depp) met gesloten ogen op een oranje bank ligt, zijn voorhoofd verkoelend met een koud blikje bier, terwijl een FBI-deskundige hem vraagt om uit te leggen wat in maffia-*slang* betekent: 'to forget about it'. Donnie Brasco antwoordt:

Forget about it is like if you agree with someone, you know, like Raquel Welch is one great piece of ass, forget about it. But then, if you disagree, like a Lincoln is better than a Cadillac? Forget about it! you know? But then, it's also like if something's the greatest thing in the world, like mingia those peppers, forget about it. But it's also like saying Go to hell! too. Like, you know, like 'Hey Paulie, you got a one inch pecker?' and Paulie says 'Forget about it!' Sometimes it just means forget about it.

In al haar onderzoeksprojecten, waarvoor zij in archieven in de ongrijpbare materie van historische feiten en geschiedenis duikt, houdt Rossella Biscotti zich eveneens bezig met deze vraag. Wat betekent het als iemand iets vergeet en, misschien belangrijker, wanneer iemand zich iets herinnert? Voor haar recente video *The Undercover Man* nodigde ze de ware Donnie Brasco, FBI-undercover-agent Joseph 'Joe' Pistone, uit om aan de hand van herinneringen zijn infiltratie in de maffia en de ondervragingen tijdens rechtszaken daarna te reconstrueren. Pistone en Biscotti (de laatste neemt in haar video de rol van ondervrager op zich) veranderen in acteurs, en filmset en camera worden gereedschap; middelen om niet alleen Pistones belevingen te herinneren en te reconstrueren, maar ook om een nieuw verhaal te verbeelden – het verhaal dat erna ontstaat, nadat we hebben besloten om te herinneren én te vergeten. In het project dat ze uitvoert tijdens de werkperiode van de Prix de Rome richt Biscotti zich tot de kern van herinneren en vergeten, het veld en de beroepspraktijk van de psychoanalyse. Haar interesse in dit onderwerp komt voort uit de omstreden behandeling van oorlogstraumapatiënten door de Nederlandse psychiater Jan Bastiaans, die een methode ontwikkelde waarbij Pentothal ('waarheids-

An unforgettable scene in the movie Donnie Brasco is that of *Donnie Brasco* – Johnny Depp – lying on an orange sofa with his eyes shut, soothing his forehead with a cold can of beer while an FBI agent asks him to explain what it means in mob slang to 'forget about it'. Donnie Brasco answers:

Forget about it is like if you agree with someone, you know, like Raquel Welch is one great piece of ass, forget about it. But then, if you disagree, like A Lincoln is better than a Cadillac? Forget about it! you know? But then, it's also like if something's the greatest thing in the world, like mingia those peppers, forget about it. But it's also like saying Go to hell! too. Like, you know, like 'Hey Paulie, you got a one inch pecker?' and Paulie says 'Forget about it!' Sometimes it just means forget about it.

In all her research projects, while combing through archives in search of elusive facts and histories, Rossella Biscotti is concerned with this question, too. What is meant when someone 'forgets about it' and perhaps more importantly, when someone 'remembers about it'?

For her recent video *The Undercover Man*, Biscotti invited the real Donnie Brasco, FBI undercover agent Joseph 'Joe' Pistone, to recall his infiltration of the mob and his subsequent trial and cross-examination. Pistone, who plays himself, and Biscotti in the role of an interrogator turn into actors while the film set and camera turn into tools for remembering, re-enacting and imagining a new outcome to the story: what happens when someone – Pistone – decides to remember and forget?

In her project for the Prix de Rome, Biscotti has turned to the field and practice of psychoanalysis – the main preoccupation of which is remembering and forgetting.

Her interest in the subject arose from the controversial treatment by Dutch psychiatrist Jan Bastiaans of patients traumatized by war. Bastiaans' methods included the use of Pentothal, known as the 'truth serum' and later, LSD, causing his patients to relive events

serum') en later lsd op patiënten werd toegepast, opdat deze traumatische gebeurtenissen zouden herbeleven en daarbij hun trauma zouden kunnen verwerken.

Biscotti is gewend aan de bureaucratische obstakels bij het archiefonderzoek naar de obscure en soms letterlijk ontoegankelijke geschiedenissen die ze wil belichten in haar werk, maar ze ziet zich in dit project ook nog eens geconfronteerd met de omstandigheden van het werken met uiterst delicate 'levenskwesties' zelf, zo vertelt ze in haar studio. Toen ze uiteindelijk in contact kwam met een voormalige patiënt, die toestemming gaf om het geluidsmateriaal van zijn sessies met een van de volgelingen van Bastiaans' methode te gebruiken, wees deze man Biscotti erop dat zijn leven nu in haar handen lag: Biscotti's werk brengt dikwijls een genereus gebaar met zich mee van de mensen die zij uitnodigt tot samenwerking of deelname aan haar werk.

En dus bevinden we ons in haar atelier, waar de enige tastbare sporen van haar huidige project worden gevormd door stapels papier met uitgeschreven opnamemateriaal, haar montagecomputer en een oude bandrecorder, en waar we luisteren naar een man in de meest intieme momenten van zijn leven – in sluimertoestand gebracht door middel van drugs. We horen hoe deze man zich op een berg bevindt, omgeven door een groep mompelende mensen die hij niet kan verstaan. Het is een van de beelden die, in zijn poging zich te herinneren wat er gebeurde tijdens zijn oorlogsjeugd, opdoemt in zijn gedachten, en ook alleen in zijn gedachten. Misschien is dit waarom Biscotti ervoor gekozen heeft om het verhaal dat zij aan de hand van dit materiaal aan het vertellen – monteren – is, niet van eigen beelden te voorzien. Want het beeld dat de luisteraar door haar geluidswerk krijgt, zal altijd een ander beeld zijn, en misschien zelfs dat van een man, liggend op een bank met de ogen gesloten, iemand die zich probeert te herinneren wat het betekent om te vergeten – 'to forget about it.'

In an attempt to resolve the trauma they caused.

In locating and accessing the sometimes obscure facts which she exposes in her work, Biscotti is accustomed to overcoming bureaucratic obstacles and to 'dealing with the delicate matter of life'. Her work often depends on a generous gesture by people willing to share their lives and experiences, as, for instance, the man who was treated by the 'Bastiaans method', who gave permission to use audio recordings of his sessions with one of Bastiaans' disciples: he told Biscotti 'his life was now in her hands'.

Hence, in her studio where the only visible signs of her project are paper stacks of transcribed recordings, her editing computer and an old tape recorder, we listen to a man's most intimate moments in a drug-induced state of sleep. We hear how he finds himself sitting on a mountain, surrounded by people murmuring words he cannot quite hear. It is one of the images that surface in his mind while trying to remember his war-torn childhood.

Perhaps this is why Biscotti chooses not to embellish this private and secret material with images of her own: the image that those listening to her audio piece will retain will be another one . . . that of a man lying on a sofa, with his eyes closed, trying to remember what it means to 'forget about it'.

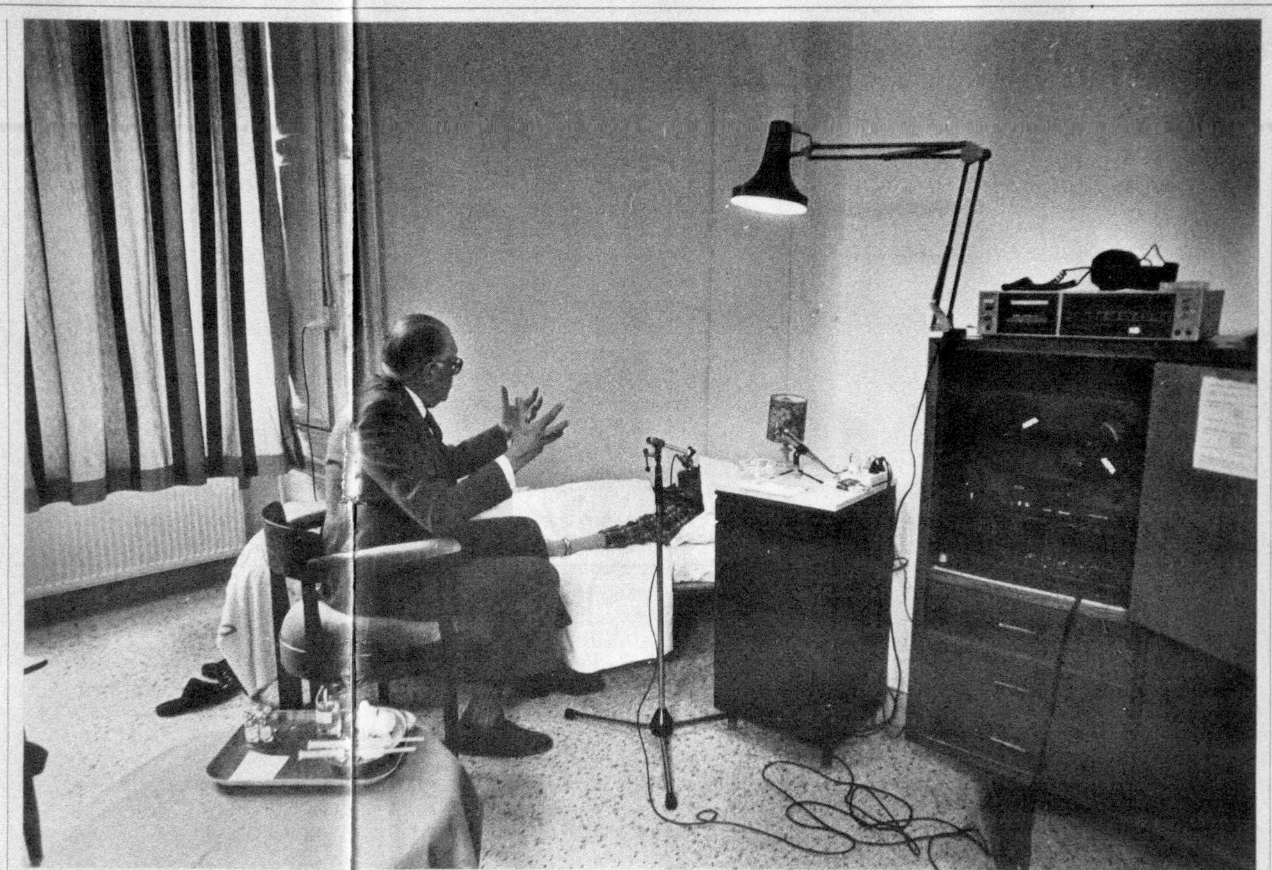

Rossella Biscotti, *Ik heb ooit eens gezegd dat ik een strakblauwe
hemel ben zonder zon, zonder wolken/I Once said:
'I'm a clear blue sky without sun, without clouds'*, 2009
geluidswerk/sound installation
24 min. geluid op 10,5 inch spoel, Revox-bandrecorder,
koptelefoon, leporello, glazen panelen, hout/
24 min. audio on 10.5' reel, Revox tape recorder, headphones,
concertina-type booklet, glass panels, wood

Date: Fri, 16 Jan 2009 11:59:58
From: ▮▮▮▮▮▮▮▮
To: info@rossellabiscotti.com
Subject: Afortunately no permission at all concerning Bastiaans archive

Dear Rossella Biscotti,

The written material of the Bastiaans archive is already destroyed and the tapes will be destroyed too, because the material is too private. Nobody is allowed to hear or use the material. The permission to ▮▮▮▮ ▮▮▮▮ seemed a mistake, which had the consequence that any permission is blocked forever.

Excuses if I possibly had given you some hope to hear the material.

Succes with your artproject.

Beste regards,

▮▮▮▮▮▮▮▮▮▮

Date: Wed, 18 Feb 2009 17:11:51
From: Erik Romme
To: Rossella Biscotti <info@rossellabiscotti.com> Toon de Zoeten <adezoeten@toonfilms.nl>
Subject: FW: etiket, stoelen, foto

Beste Toon,
Bij deze.
De foto van Bastiaans was over het midden van het blad vandaar 'de scheur'.

Het blad heette TERDEGE, reformatorisch gezinsblad, 3e jrg nr 16, 14 mei 1986.
Destijds was het adres Postbus 75, 7300 AB Apeldoorn. Maar waarschijnlijk is het blad al ter ziele.

Op de foto zie je op de voorgrond ook een rechthoekig dienblad met de 2 spuiten voor de pentothal.
Dit betreft dus een pentothalsessie. Op de foto zie je ook een van de stoelen.

De stoelen zijn pas geleden opnieuw bekleed en gerestaureerd

Zoals ik je al zei in het gesprek maakten we ook gebruik van vliegtuiglawaai dat we primitief op cassette hadden opgenomen. Die heb ik ook nog kunnen vinden.

Overigens.
Patiënten kregen zelf cassettebanden van de sessies mee. Althans zeker in de latere periode die ik meegemaakt heb en er gewoon ook een cassetterecorder gekoppeld zat aan de Revox. (ook allebei op foto te zien).
Dus (ex-)patiënten kunnen zelf ook nog cassettebanden hebben.

Groet,
Erik Romme

Rossella Biscotti, Transcriptie van het geluidswerk *Ik heb ooit eens gezegd dat ik een strakblauwe hemel ben zonder zon, zonder wolken/ Transcript of the audio piece I Once said: 'I'm a clear blue sky without sun, without clouds'*, 2009

I want   to try   to descend deep into myself.

I don't know what I will encounter.

I don't want people   to see me as

just a gloomy person   who,   well,

1:00 who is desperate. A gloomy person who is desperate. I'm so desperate.

It is dancing,   my head is

is restless.   It can also be the feeling

like lying on the beach and all those people passing by. Water,

2:00 sand, things are lying here and there and when people pass by they

are like dust particles in the view. They are floating a bit in

that space.

What are you seeing now Dik?   Blurs

and the place where we lived at the time, but rather the feeling

of it that   goes up and down,   criss-cross through each

3:00 other.   Now it feels like I'm walking.   Then I see

the house again.   It's dark in there,

it's boarded up.   Your house? Yes   yes.   It's

a bit…   Yellow-brown wood it is. It's only light when there's

an open window.   In the attic, in the bed there there

are shell splinters in the mattress. You're lying down on it? Yes, and then

4:00 they are being taken out.

What's grating in your head?   People are walking there wearing prison clothes.

They are hungry.   They get food from us.   Yes.   My father

and I are walking there. My father gives them food. They look so

grey.   Endless

walking walking walking   from Gelderland to Rotterdam

5:00 but you never get there.

Did you have any images from the past again? Yes. What?   Well, the story

of my mother about the hairdresser's. What did she tell about the hairdresser's?

That when we left the place I shook hands with everybody except

for the the German who was in the shop. And then she asked me 'give

that man a hand too' and then I said 'no I don't shake hands with

6:00 Krauts.' Yes. He smiled at us friendly   and we could leave.

But a few months later Frans was rounded up.

What's going on in your head?   I'm lying I'm lying I'm lying next to the road.

Next to the road. What happened?   We had been walking, I'm tired I'm tired. You lay down?

Yes but but but… No, I don't want to see this. What don't you want to see?   No

no, this is very bad. Do look at it Dik. Look at it. Look at it. Try to look at it. Don't walk away.

What are you seeing?   It's very big, it's again it's a mountain again.

A mountain.   Yes.   What are you seeing?   Death Death.

death.   How?   People,   You're seeing dead people?   horses

horses.   Horses, dead people, dead horses.   It's black it's all black.

People who have been shot.   No, they are hanging in trees. They've been hanged. They've

been hanged.   Leafless trees. Leafless trees.   They are also

black. And I don't know, I don't understand, why does this have to

happen?   Then I have to walk again, then I see boots boots

boots,   then I have to walk walk.

7 June 1987,   10 June 1987.

The 7th Pentothal session of Dik de Boef. Starting at 10.30. Anaesthetist, Dr. van Dijk. 600 mg Pentothal,

left arm.   Present are professor B., doctor Kwakernaak and is nurse Joop coming too?

He's still sleeping peacefully, we'll wait for a while.

Dik?   What did you dream?

Yes, about Africa. About Africa?   Tell about it.   On a road.

What did it look like?   Well,

it was never-ending.   An endless road?

Were you walking there on your own? Yes, no, I wasn't there. No, I was like

an   an omnipresent narrator.

An omnipresent narrator? And what were you telling?

It was a soldier

from the Wehrmacht,   the boy had been conscripted,

of course it was pitch-black   and he started shouting.

Yes, but… But?

Well, yes, there were searchlights on the shore,

they were skimming over the water. They almost caught the boat

and he shouted: 'hier hier

hier hier ist es.'   Yes, then he pushed his head down with an oar,

he drowned him. But it's not as easy

as that. Uhm uhm. So, he came back to the surface and he cried for his

mother. Then he pushed him under again, with that oar.

Always I think this image got in the way, that he had to drown

someone with an oar.

Where do you feel the anger? **I can't get rid of it.**

Where is it? **Here.** Still in your chest, right? **Yes, it's like I'm choking.** Like choking.

13:00 **And I am furious about it.** How furious? You must dare to feel that rage. **Yes, but I**

don't dare to do that because I don't know what will happen with

me. You're afraid you'll kill someone. **Yes, something like that.** That's what you fear. **Yes.**

There's a power to kill in you. **Either myself and that's probably the easiest way**

or somebody else Are there people you could kill? **and my mind says that's nonsense.**

That's not the case. If you wish someone to be dead then that's already a kind of killing that person. **Yes, but but…**

14:00 It is that primitive anger, VERY PRIMITIVE ANGER. **If it stops now it would be fine with me.**

Because you could never release that anger. **Yes, but I…** You were furious. YOU WERE FURIOUS. **But then,**

what is anger? Is anger tears? No, that you could destroy the other person. Because they're not kind to

you, not giving you warmth. ANGER! Do you know the result of an upbringing such as yours? **Yes, this, lying here**

on this bed. No, it's what we saw in Germany. Children were always beaten there. They had to be sturdy and bear it

bravely. And what was the result of that? **Hitler Jugend.** Hitler Jugend. Destroying everything. **15, 14, 11**

15:00 What was the result of that upbringing? **11 years old, lying on a bridge with a gun in**

your hands and shooting. I don't want that. That's why it's so important that you can feel

that anger, here in this safe environment. That you dare to imagine… who you could kill. **Yes.** WHO? **I believe that**

I could hang them all. You could hang them all? **Indeed, without any problem.**

Without any problem. **I think I wouldn't feel any remorse either.** My god, my god. So, you

do know HOW ANGRY YOU ARE! **Indeed.** How angry? SHOUT IT OUT! **They don't interest me.** HOW ANGRY? **I**

16:00 **don't give a damn for them. But, well…** Hey! **What?** You're suppressing that anger again.

I don't dare. Why? You're embarrassed. You're embarrassed by it. **Yes, because why should I**

be like that Hitler Jugend? I'm not saying you should kill them, I'm saying you should dare to realize you

would like to do it. That's another thing. **Yes, I do realize you're saying that, but** Dare

to express it for once. **I…** It would relieve you! **But killing?** Because it is in you, that anger! It is within you,

burdening you for years. And when you dare to feel this, you will move forward.

17:00   **I wrote to him once**

     that to me he is like   **an opal world**

     with all that glittering and all those colours in such a clear

opal.   **That is actually what life is like. And not otherwise.**

    Everything that is rich and beautiful

     is spoiled,   **while it's sometimes only just somebody's**

18:00 **individual expression who experiences things in that way at that**

particular moment. If you don't like it or can't appreciate it,

refrain from judging it. But please, allow it to have its intrinsic

value. Don't do anything that might damage it.

Then then   everybody

can be who he is, with all the richness thereof.

Then there is no Auschwitz, then there

is no   atomic bomb.

It really doesn't have to be so difficult. But it seemingly is very difficult.

Uhm uhm.   Yes,

apparently we are so   so complicated,

such a   complex of structures that

we are also searching for our own destruction.

Where are you?   Leave me alone.

I'm wetting your lips.   Ah, Inge.

What's going on in your mind?   Well, nothing. Nothing?

Absolutely nothing.   What did you think when you got the injection?

Would you like to give a Pentothal?   Dik?

Please, leave me alone.   You want me to stop?   Yes, you shouldn't nag.

I'm doing that quite often lately, aren't I? Inge, Inge has to go on holiday for a year

and she shouldn't   bother about other people.

I'll manage.

But but but what can you do against planes?

When I see that…

It is very deep blue   and they keep coming they're coming

they're coming,   they're shooting, they're dropping bombs, they're

being shot at.   They don't know they don't know what

they've done.   It is   so terrible.

It's so   it's also so

huge,   so totally dominating.   Let them talk

talk.

This transcript has been edited together from thirty hours of   medication, the patient's memories were triggered and guided
audio recordings of psychoanalytic sessions that were conducted   by doctors through a lengthy process of psychoanalysis and
between 1986 and 1991 by Dutch psychiatrist Professor Jan   psychodrama. The recordings used in this project were made

Ólafur Ólafsson & Libia Castro

basisprijs/basic prize

People performing under working conditions, zo beschrijven Ólafur Ólaffson en Libia Castro hun videoportret van EU-lobbyisten. Zij refereren met deze uitdrukking aan een tentoonstellingstitel van de Amerikaanse kunstenaar-essayist-activist Allan Sekula. Ze zijn uiterst helder en welbespraakt wanneer ze over hun werk en kunstenaarspraktijk praten, waarbij ze verwijzen naar kunstenaars zoals Beuys en Brecht, en op nonchalante wijze complexe kwesties als vrouwenarbeid en illegaliteit bespreken alsook een kunsthistorisch onderwerp als portretgeschiedenis aansnijden – om maar een paar van de belangstellingen van het duo te noemen.

Je zou bijna denken dat ze volmaakt zijn – het soort kunstenaar dat een criticus zich wenst – wanneer zij zelf een perfecte performance van hun kunstenaarspraktijk geven. Na een tijdje echter verontschuldigt Libia zich en zegt dat 'haar hoofd een beetje moe is', een uitdrukking rechtstreeks vertaald uit haar Spaanse moedertaal. Hiermee komen we te spreken over hun huidige werkomstandigheden tijdens de Prix de Rome en op de Rijksakademie, iets wat zich tot de hart van de zaak, de essentie lijkt te richten: op existentiële vragen met betrekking tot het kunstenaarsschap en het functioneren onder de omstandigheden van de hedendaagse kunst. Eenieder die bekend is met het werk van het duo, weet dat hun projecten de spontaniteit van een open proces vereisen. Voor hun nieuwe werk zien zij zich beperkt tot het tijdsbestek van de Prix de Rome, en dus moeten ze werken op topsnelheid. Gezien het aantal mensen dat bij hun nieuwe project betrokken is, betekent dat een rappe communicatie, snelle en accurate beslissingen nemen, en bovenal: productie. Het zou een geschikte 'case' zijn geweest voor hun portrettenserie over menselijke arbeid. Voor nu echter, en als onderdeel van deze portrettenserie, richten zij hun aandacht op de groeiende manifestatie en invloed van de weliswaar obscure figuur van de lobbyist. 'Een spook waart door Europa', verkondigde Marx zo'n anderhalve eeuw geleden in zijn Communistisch Manifest. Vandaag de dag is het bovenal het spook van het 'lobbyisme', dat achter Europese beleidsvoering lijkt te waren en loeren. Het is deze verborgen-

People performing under working conditions, is how Ólafur Ólaffson and Libia Castro describe their video portrait of lobbyists at the European Union, borrowing the description from the title of an exhibition of the American artist, essayist and activist Allan Sekula.

They are lucid and articulate when discussing their work and practice. Their interests cover a wide range; the artists Beuys and Brecht, an informal outline of the complex issues of women's labour and illegality in the Netherlands, and the art and content of portrait history are a few of the varied topics of significance and concern which are mentioned.

Their account of their work and the conditions in which they operate is flawless – they are a critic's dream. Then Libia changes the subject, apologizing and saying, clearly in translation from her native Spanish, that her 'head is a bit tired'.

Our discussion turns to their current working conditions for the Prix de Rome and at the Rijksakademie, and the choices and freedoms which face artists working in the confines of contemporary art. In the time frame imposed by the Prix de Rome, they need to work at top speed, making quick decisions, communicating with others involved in the project and above all producing the work on schedule. This is so unlike their normal working mode of spontaneity and flexibility it could well have been a suitable 'case' for their portrait series on human labour.

But for now and as part of this series, they have turned their attention to the increasingly visible – though shadowy – figure of the lobbyist. 'A spectre is haunting Europe,' proclaimed Marx some one and a half centuries ago in his *Communist Manifesto*. Today it is the spectre of lobbyism, which mostly seems to haunt and lurk behind policymaking in Europe. It is this secrecy; the hidden nature of both ends of society (of the powerless and the powerful) that Ólaffson and Castro seek to portray.

Their new project follows their recent video *Caregivers*, in which they contrasted the elements of a cantata composed for a news media article with those of a video documentary about Ukrainian caregivers in Northern Italy.

heid aan beide kanten van de samenleving (van degenen zonder macht en degenen die de macht in handen hebben) die het duo willen portretteren. Hun nieuwe project kan worden beschouwd als een opvolger van hun recente video *Caregivers*, waarin zij de tegengestelde elementen combineerden van een 'nieuwsartikel-cantate' met videodocumentatie van Oekraïense verzorgsters in Noord-Italië. *Caregivers* kan zonder meer gezien worden als een synthese van de kunstenaarspraktijk van het duo, en is een werk dat het door de kunstenaars beoogde *Verfremdungseffekt* teweegbrengt. De term werd geïntroduceerd door Bertolt Brecht, wiens invloed van betekenis is op Ólaffson en Castro's uiteenlopende benaderingen van sociale situaties en omgevingen. Het vervreemdende en distantiërende effect van een cantate die de documentatie van de fysieke arbeid van verzorgers begeleidt, voorziet de video van de kracht van een werk dat handelt over moraal, zonder dat daarbij het werk zelf moralistisch wordt – een val of blinde vlek van veel activisten en sociaal geëngageerde kunstenaars. Als zodanig dwingt het de kijker in de rol van kritische beschouwer, zowel van de video als van de maatschappij. Alhoewel ze *Caregivers* als een van hun sleutelwerken beschouwen, zal deze niet de richting bepalen voor toekomstige projecten. Je hebt zowel het minimale als het maximale soort projecten nodig, laat Castro weten. 'Na een werk als *Caregivers*, komt er een moment waarin je de elementen opnieuw moet onderzoeken' – en dus ook moet breken met je eigen 'tradities'. In dit geval hebben ze er echter voor gekozen om in hun portrettering van lobbyisten de werkwijze van *Caregivers* te volgen. Dat betekent dat het werk informatieve elementen zal bevatten, die zullen worden omgezet naar een songtekst, uitgevoerd door muzikanten, in dit geval een IJslandse reggaeband. Dit zal gecombineerd worden met videodocumentatie van activiteiten van lobbyisten, aan het werk bij de Europese Unie. Dat is alles wat het duo zichzelf in deze fase van het project toestaat te zeggen. Want uiteindelijk, en ondanks de druk van de werkomstandigheden van de Prix de Rome, moet het een open proces blijven.

Caregivers is a mixture of their usual practices and it is a work which effectively illustrates the impressions they wished to convey. Bertolt Brecht, who has significantly influenced Ólaffson and Castro's divergent approaches to social situations and environments, coined the term *Verfremdungseffekt* to describe this.

The contrast between the manufactured composition and the factual documentation of working-class conditions, without being a consciously 'moral' work, in fact gives the video its moral strength. It compels the viewer to observe critically both the video and society, without falling into the trap of many activists and socially involved artists, that of being strictly 'correct'.

Although Olaffson and Castro consider *Caregivers* one of their key works, it will not determine the direction of their future projects. 'You need both the minimal and maximum type of project,' Castro says. She adds that after a work such as *Caregivers*, there will be a moment when one will need to research the elements again and thus break with one's own 'traditions'.

Their current portrayal of lobbyists conceptually has much in common with *Caregivers*. The pieces of information, conveyed in lyrics by musicians – in this case an Icelandic reggae band – will be contrasted with video documentation of the daily activities of lobbyists working at the European Union.

That is all they are willing to say at this stage. After all, and despite the pressing 'working conditions' of the Prix de Rome, it has to remain an open process.

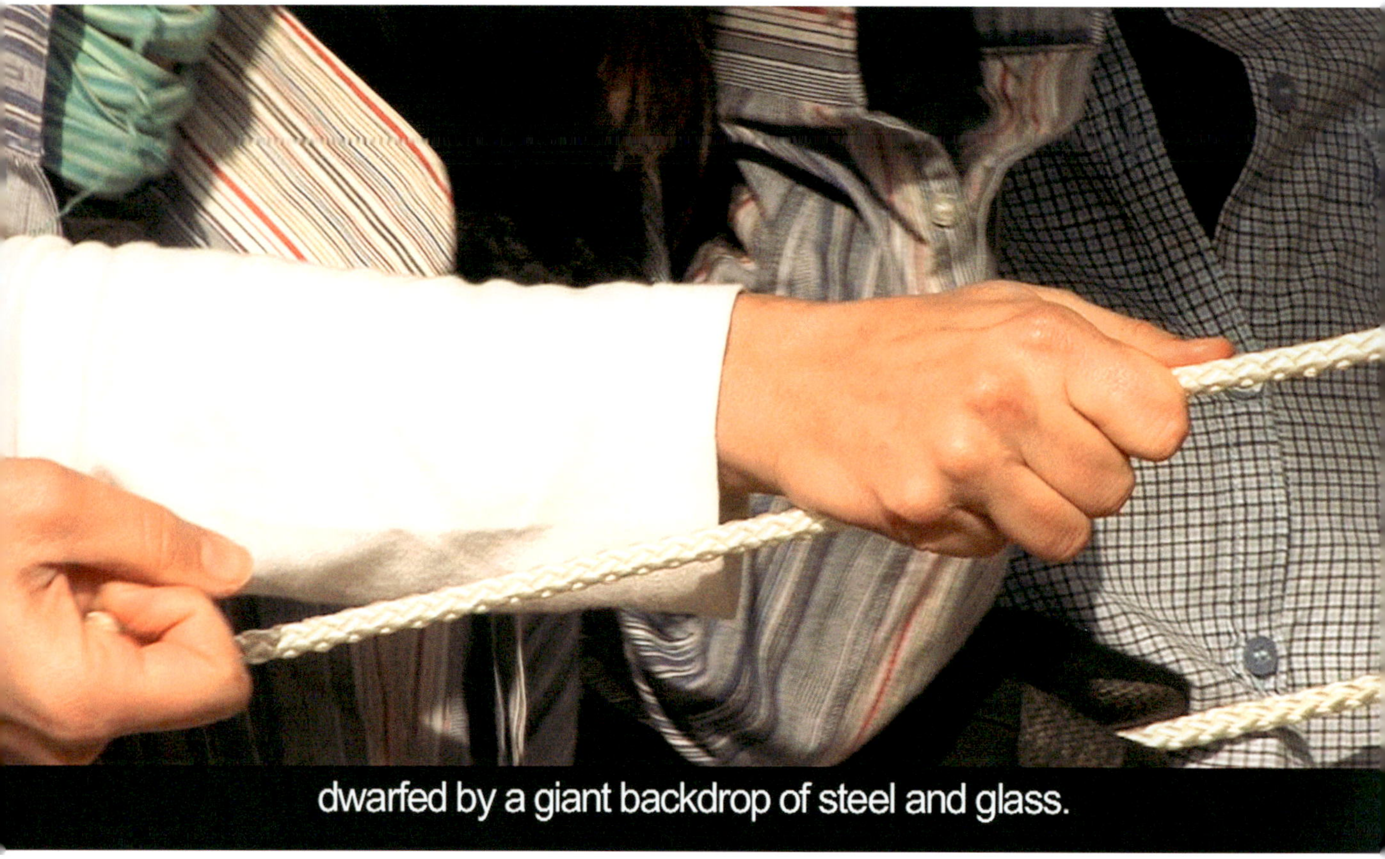

Ólafur Ólafsson & Libia Castro,
Lobbyists, 2009, video, 15 min., kleur, geluid/colour, sound
muziek gecomponeerd, uitgevoerd en gezongen door/
music composed, performed and sung by Hjálmar
tekst geschreven door Tamasin Cave en voorgelezen door Caroline Dalton/
article written by Tamasin Cave, reading by Caroline Dalton

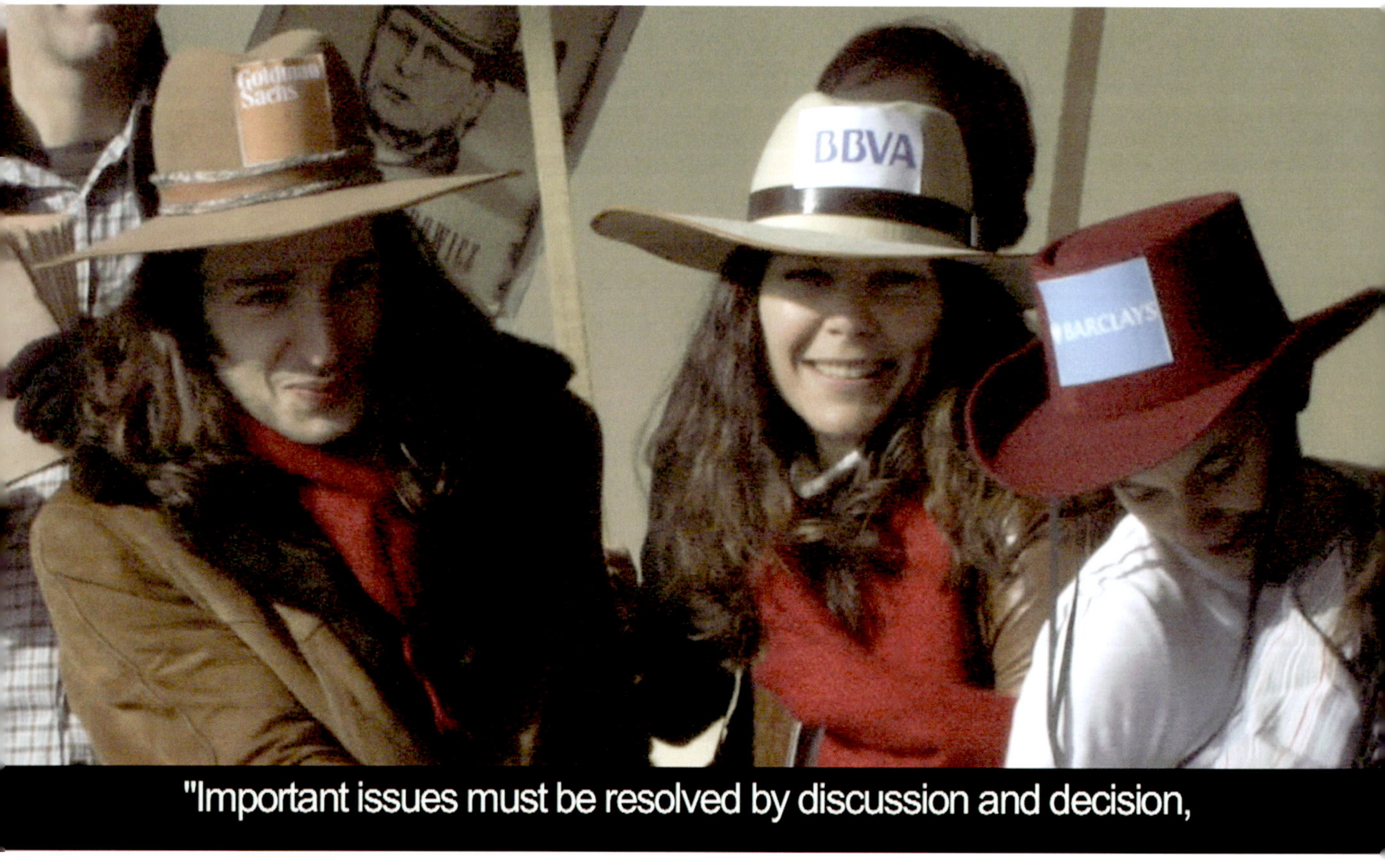

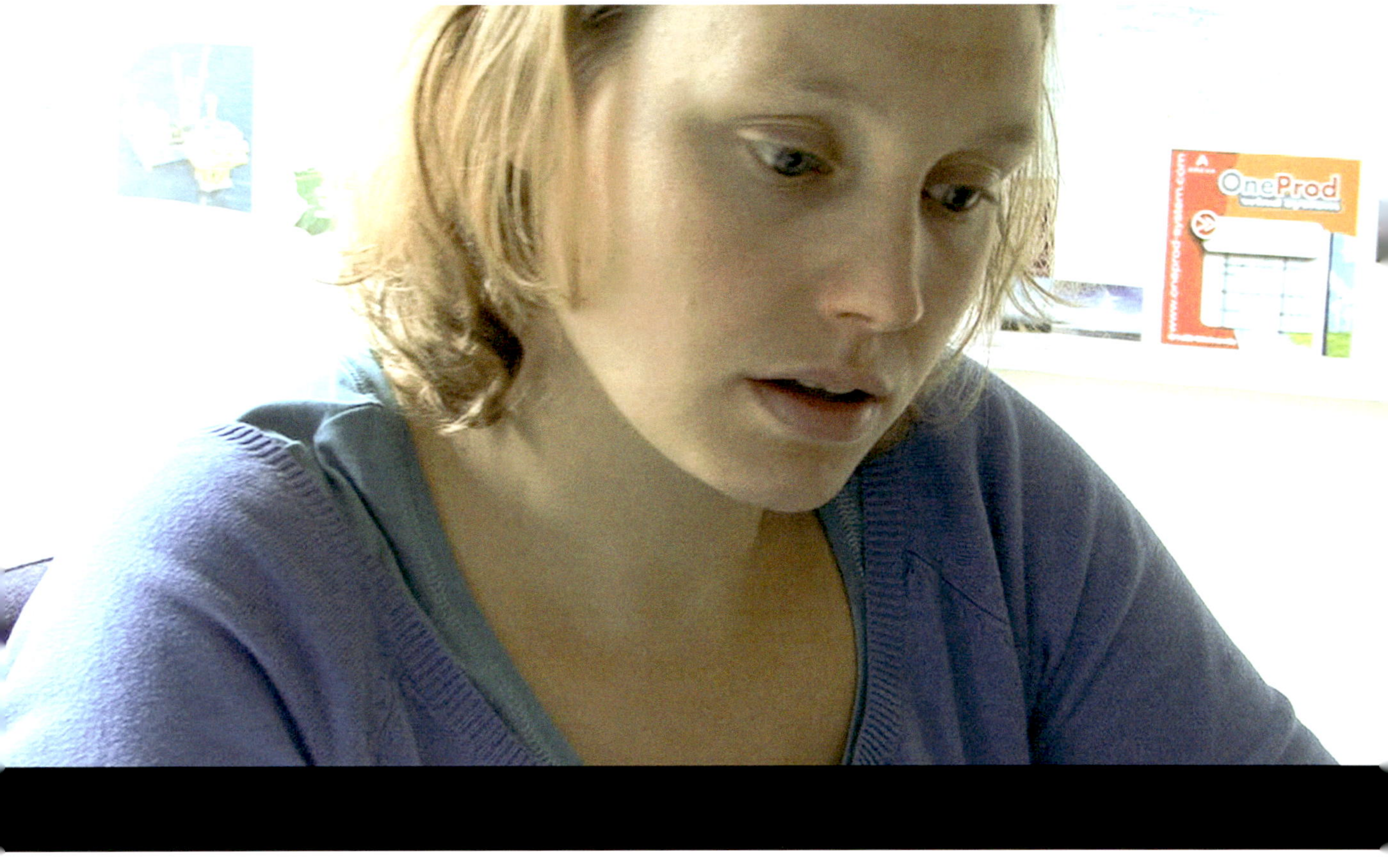

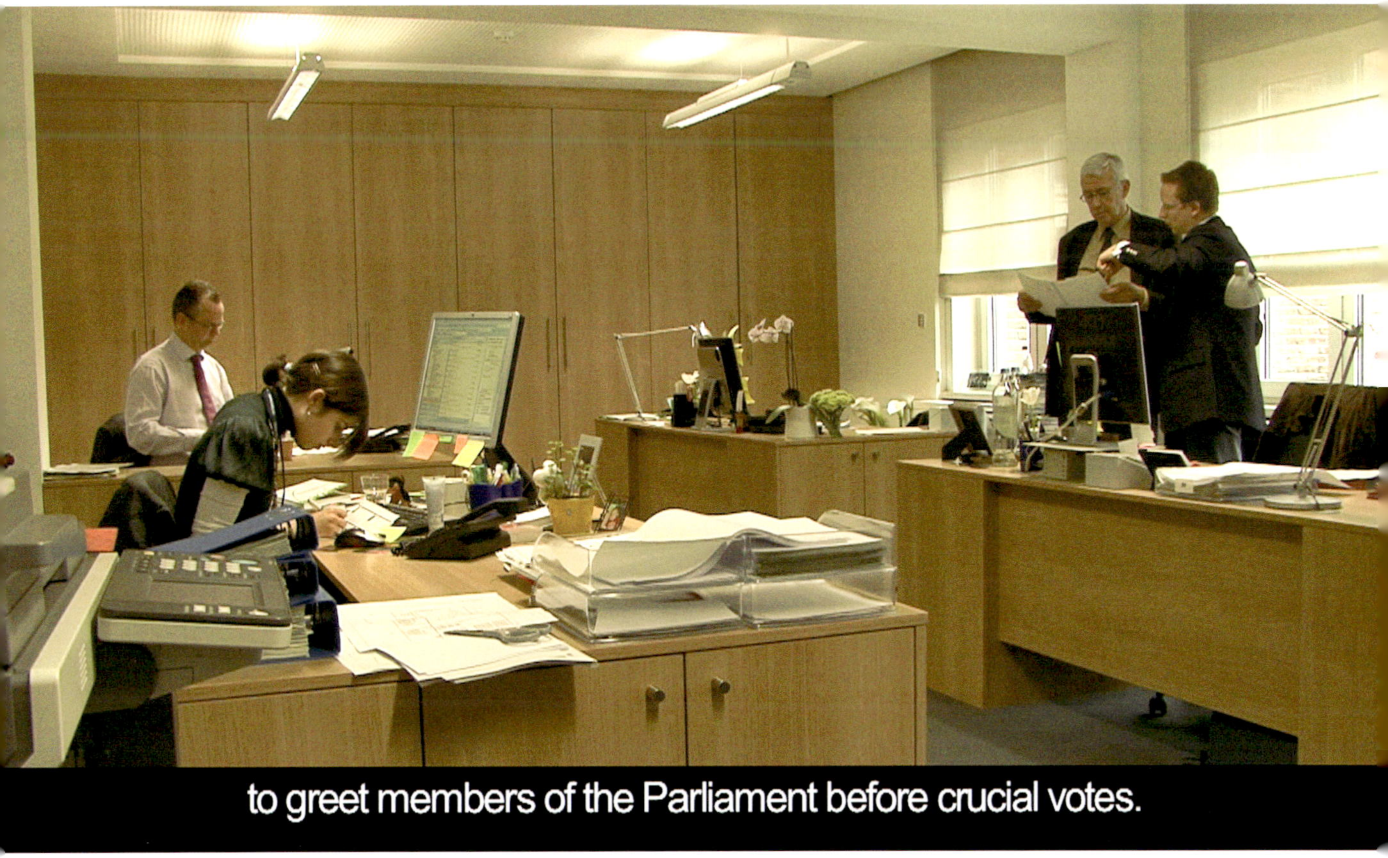

to greet members of the Parliament before crucial votes.

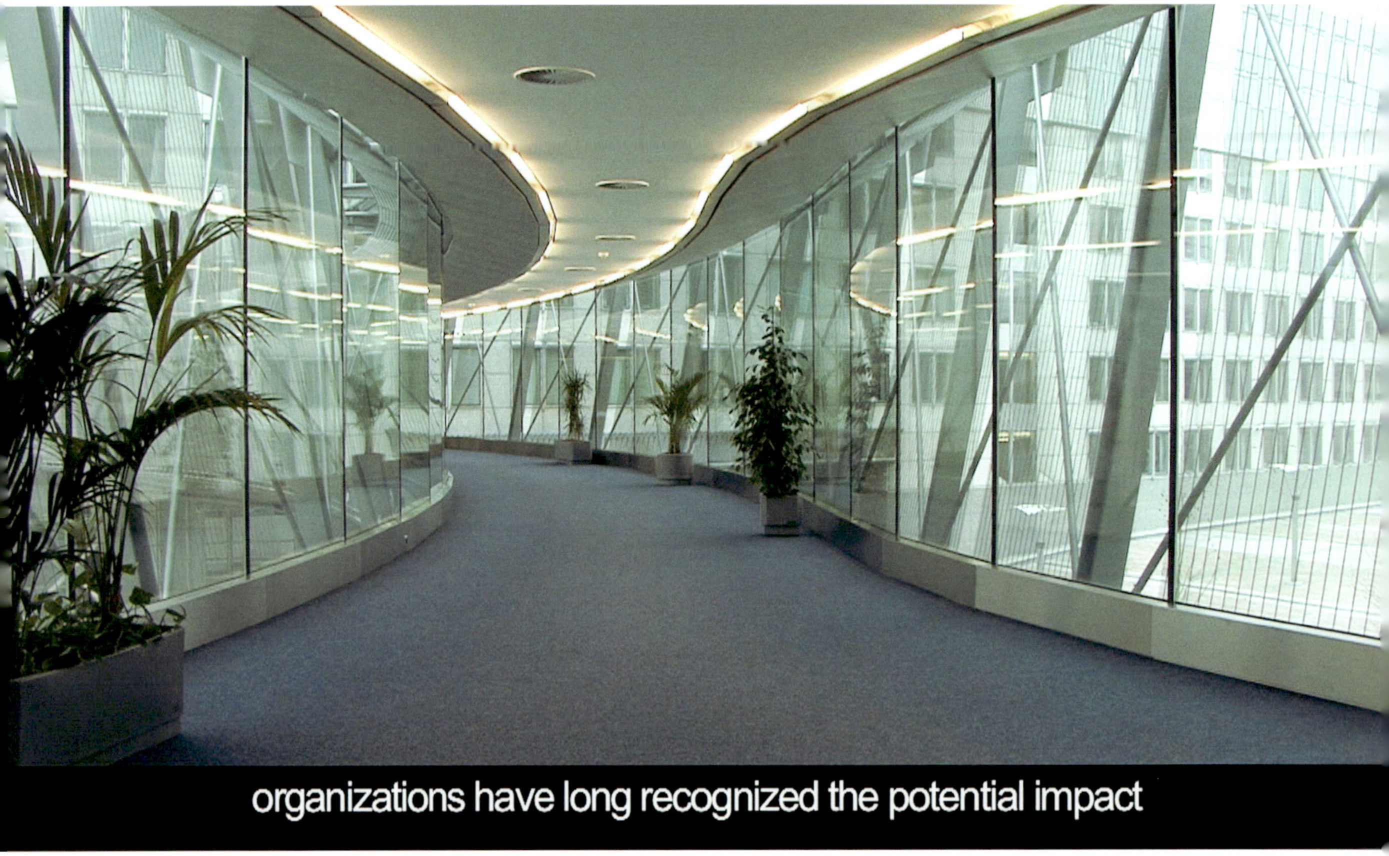

organizations have long recognized the potential impact

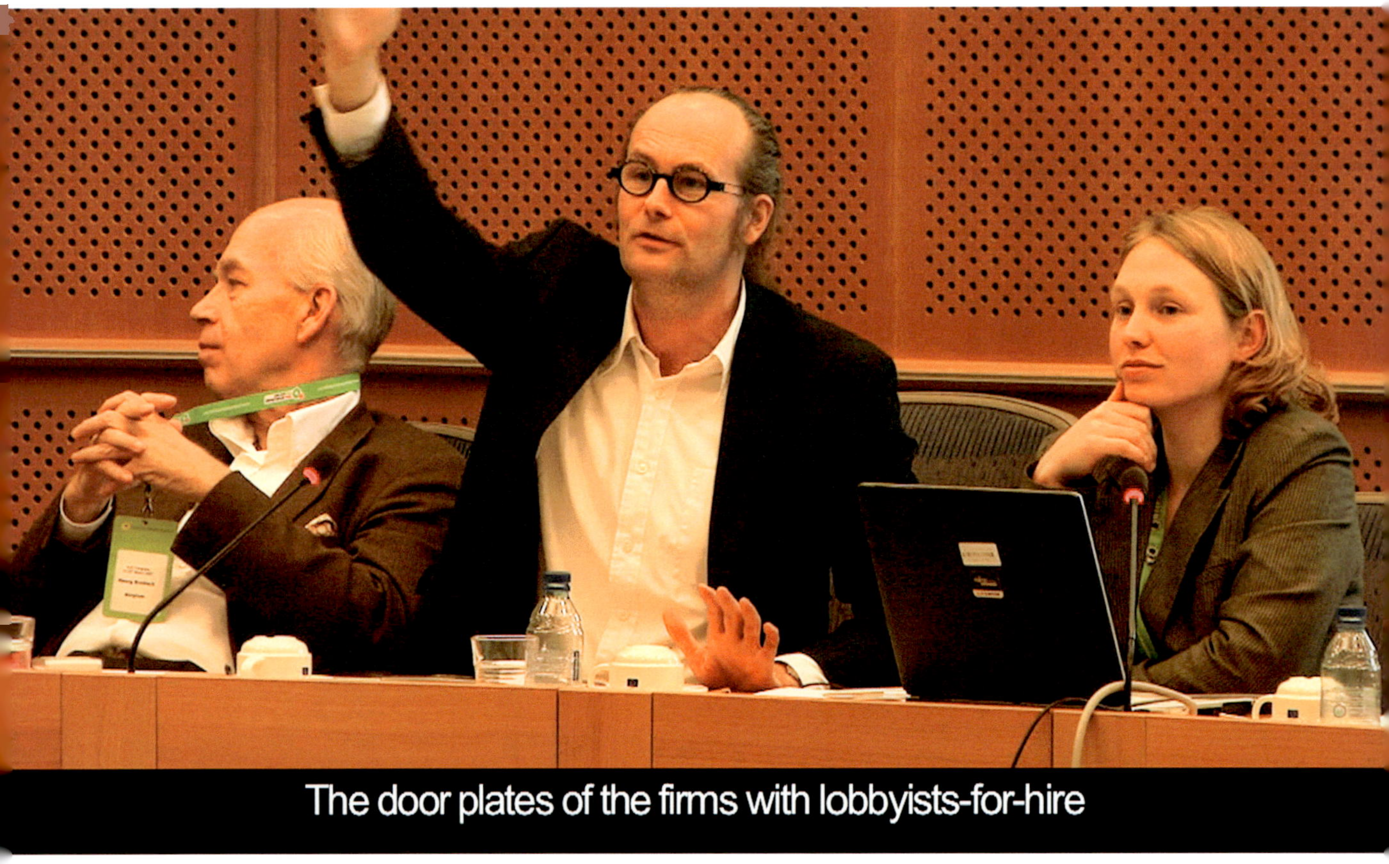

The door plates of the firms with lobbyists-for-hire

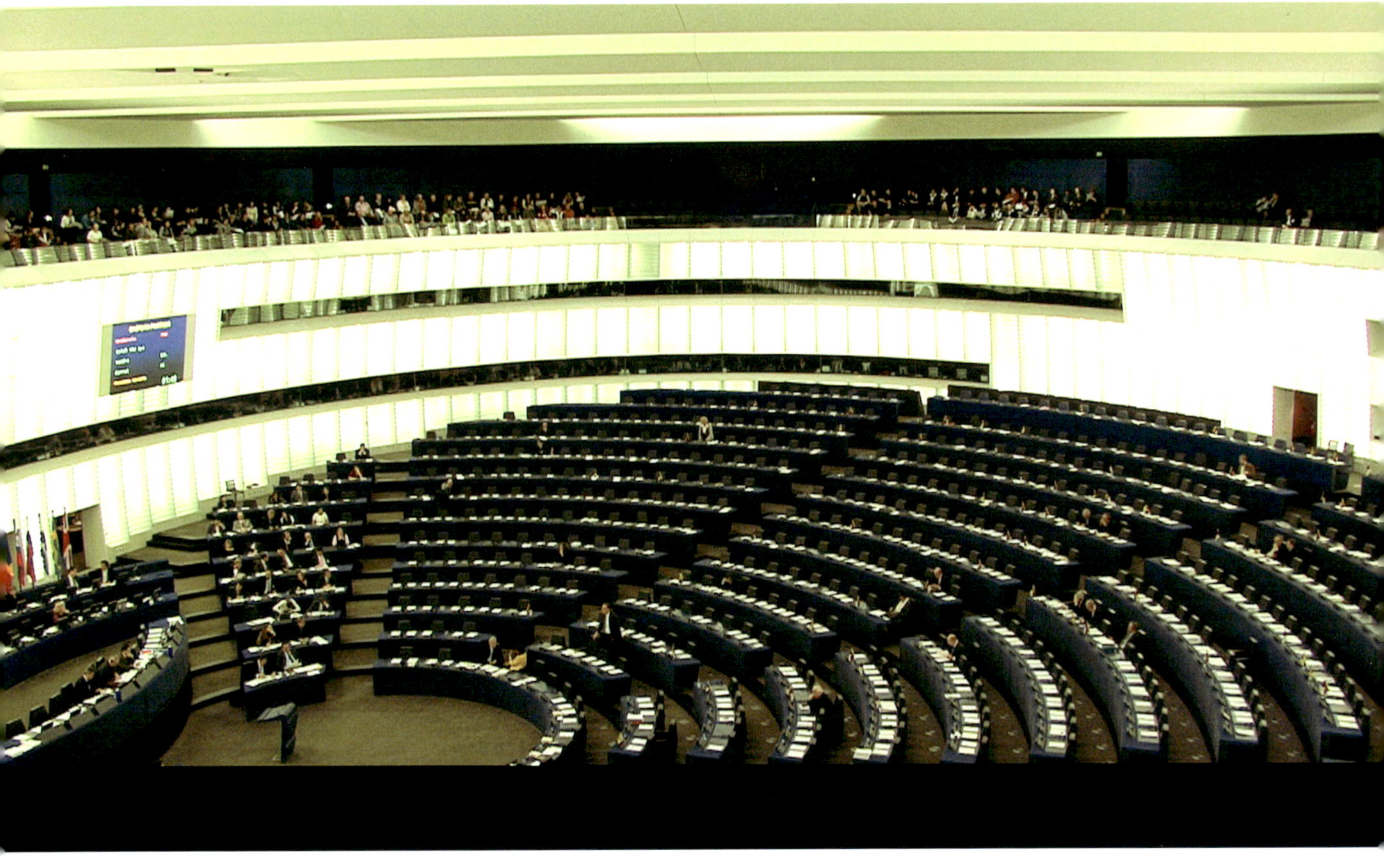

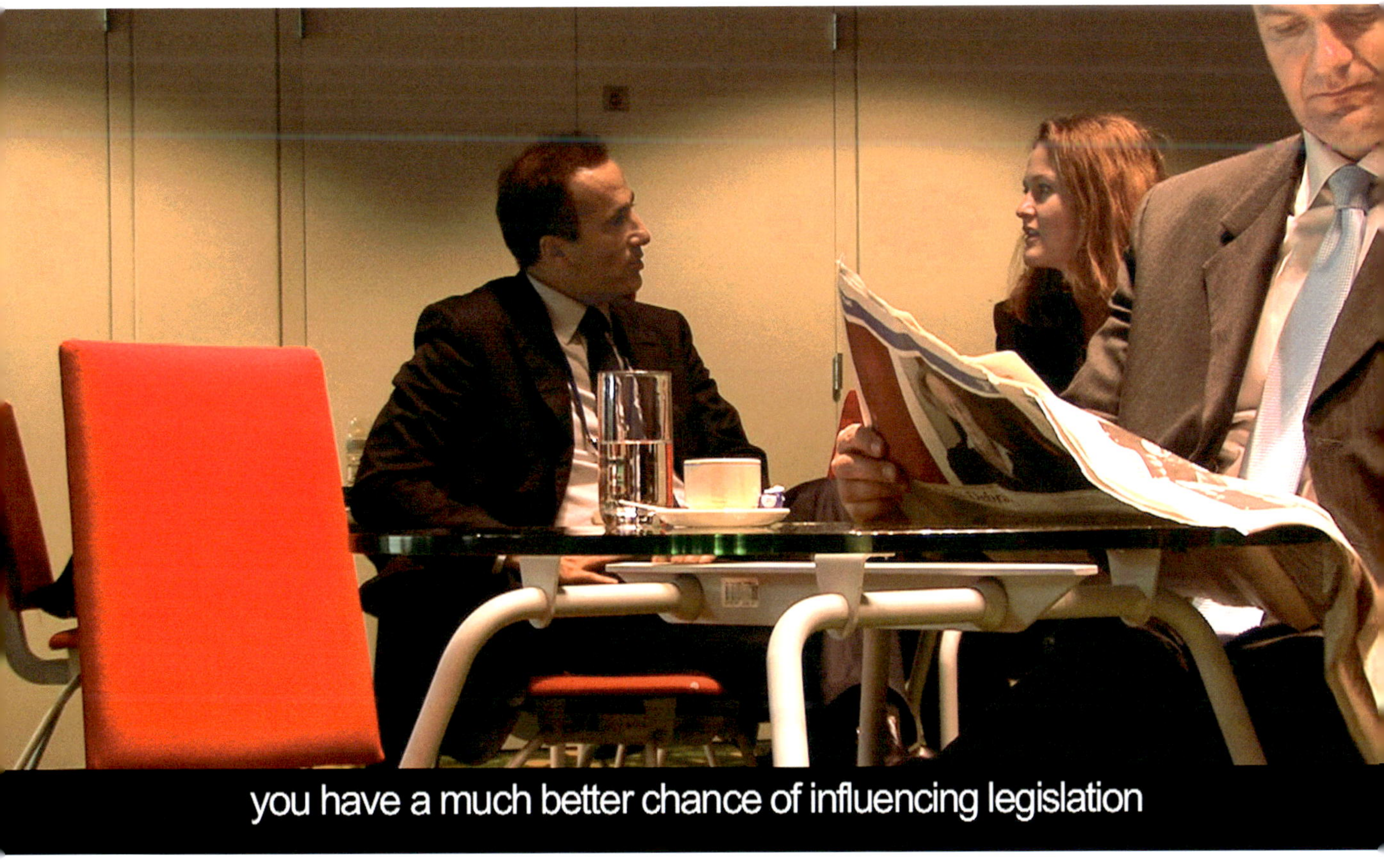

you have a much better chance of influencing legislation

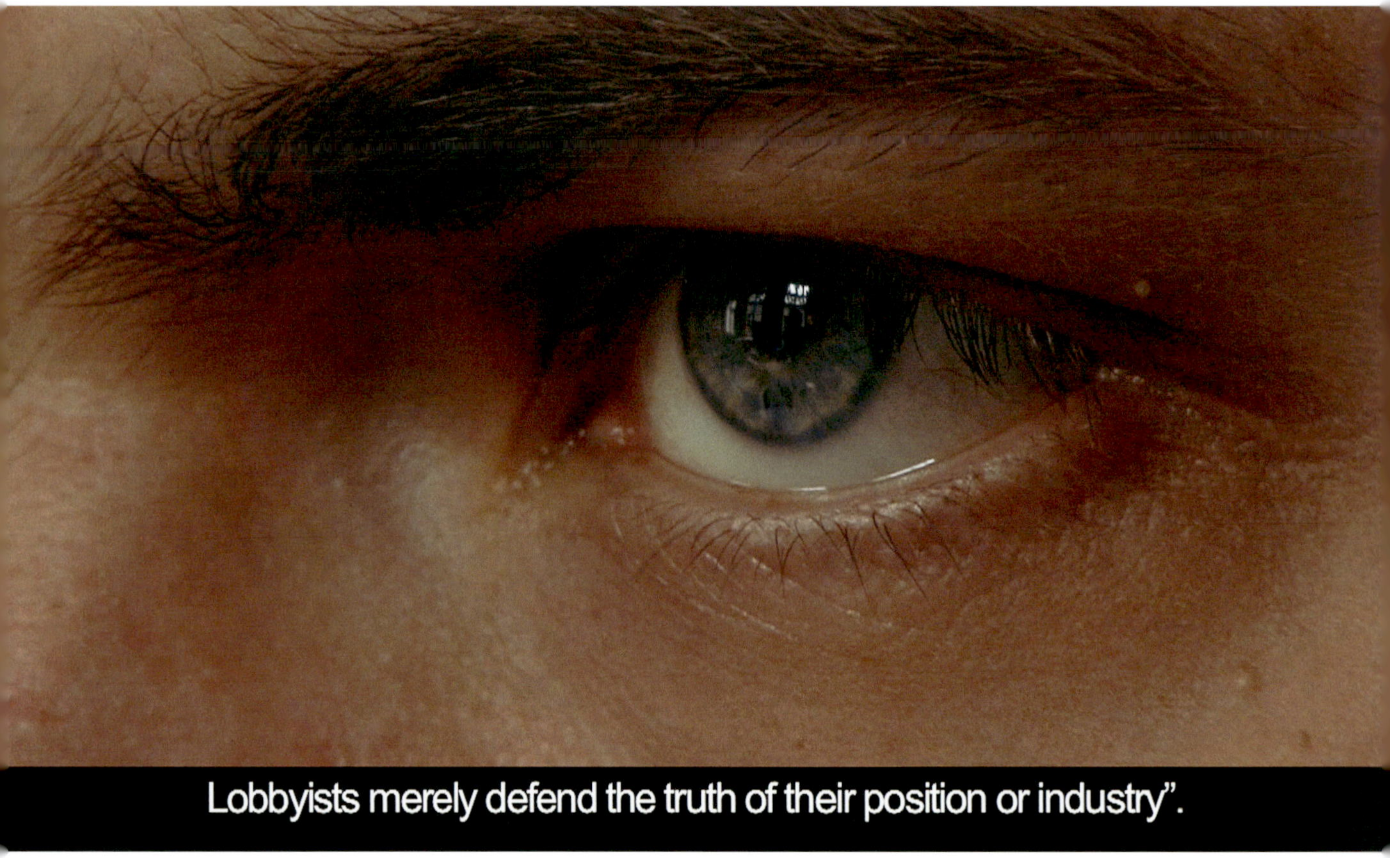

Lobbyists merely defend the truth of their position or industry".

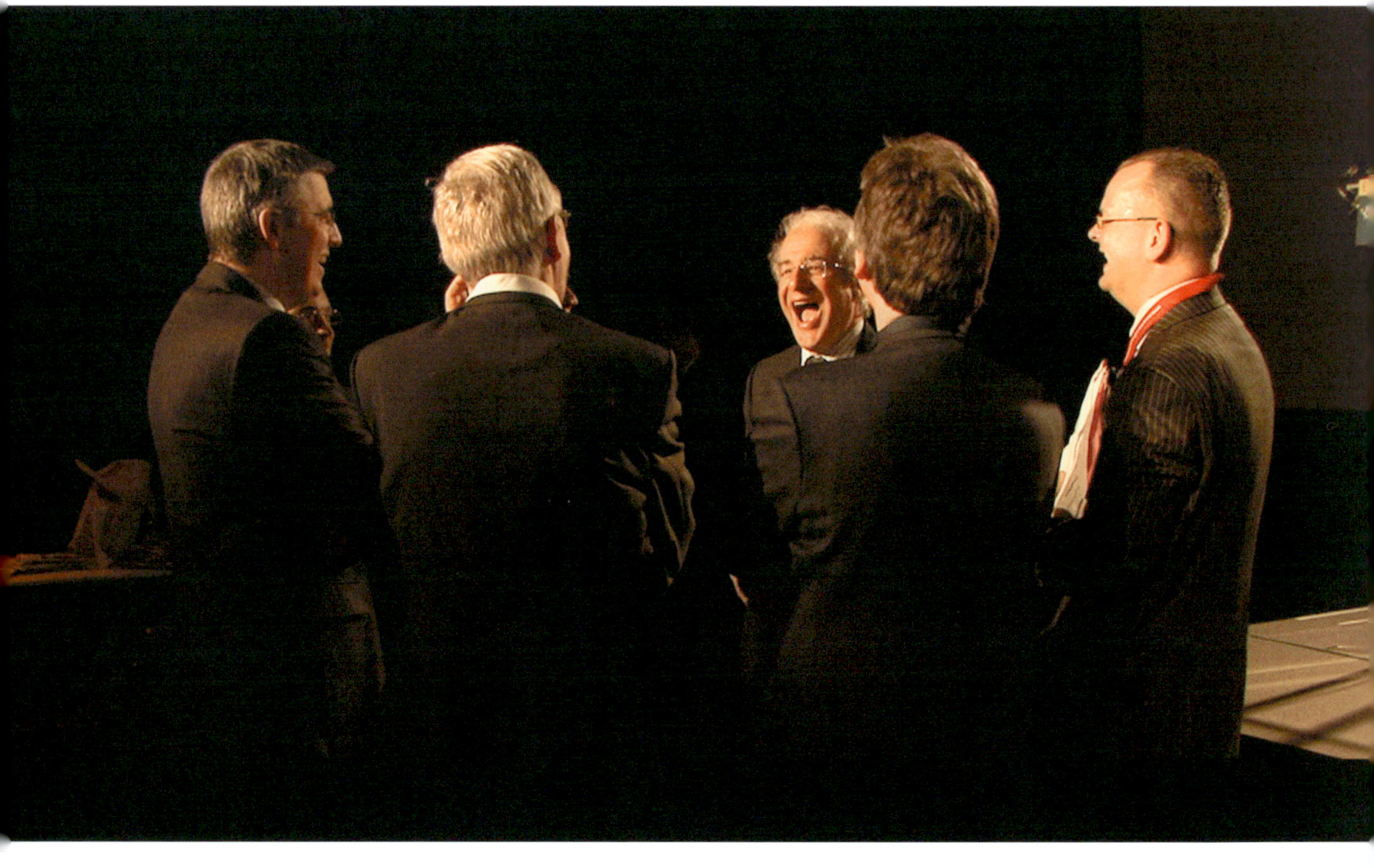

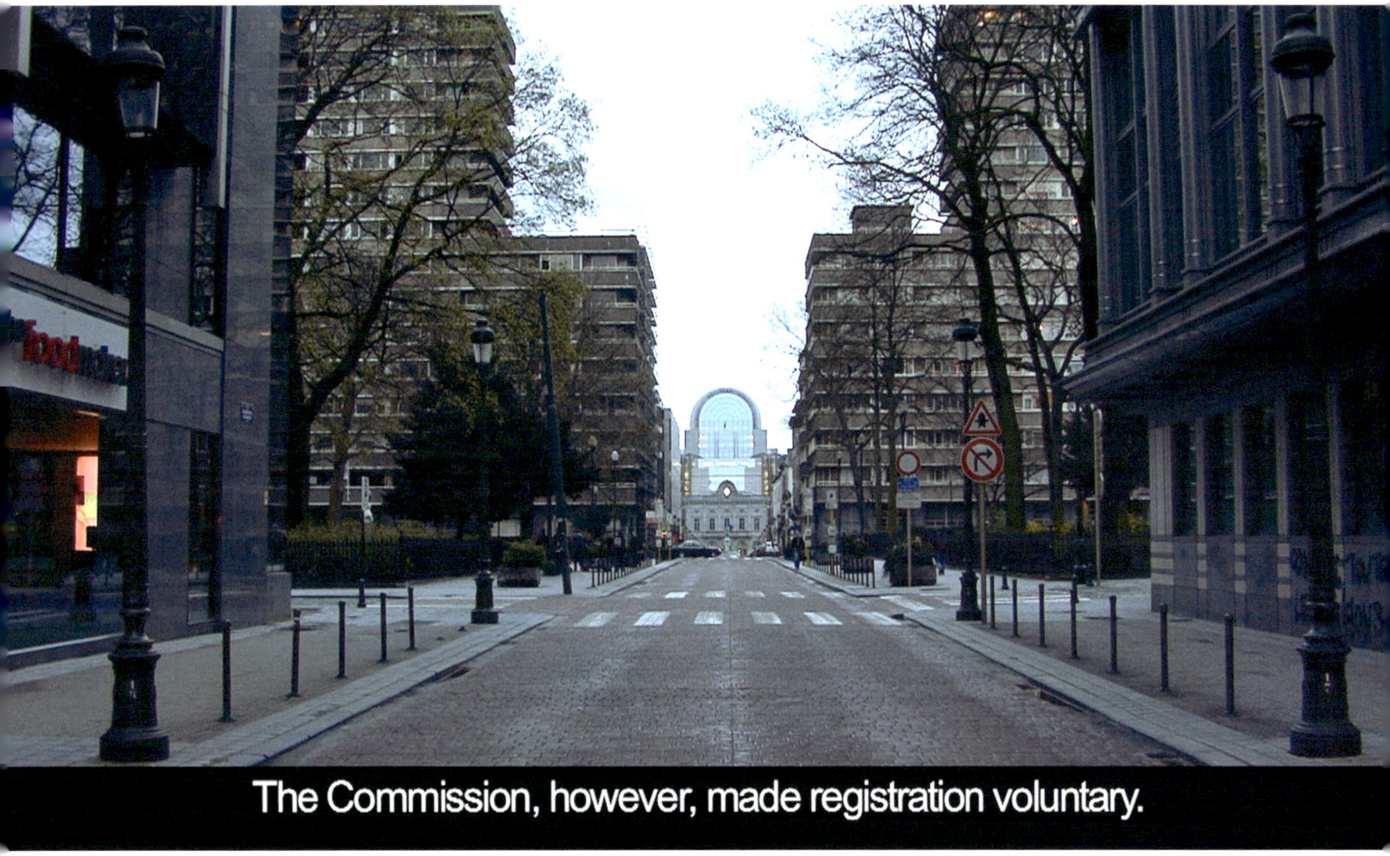

The Commission, however, made registration voluntary.

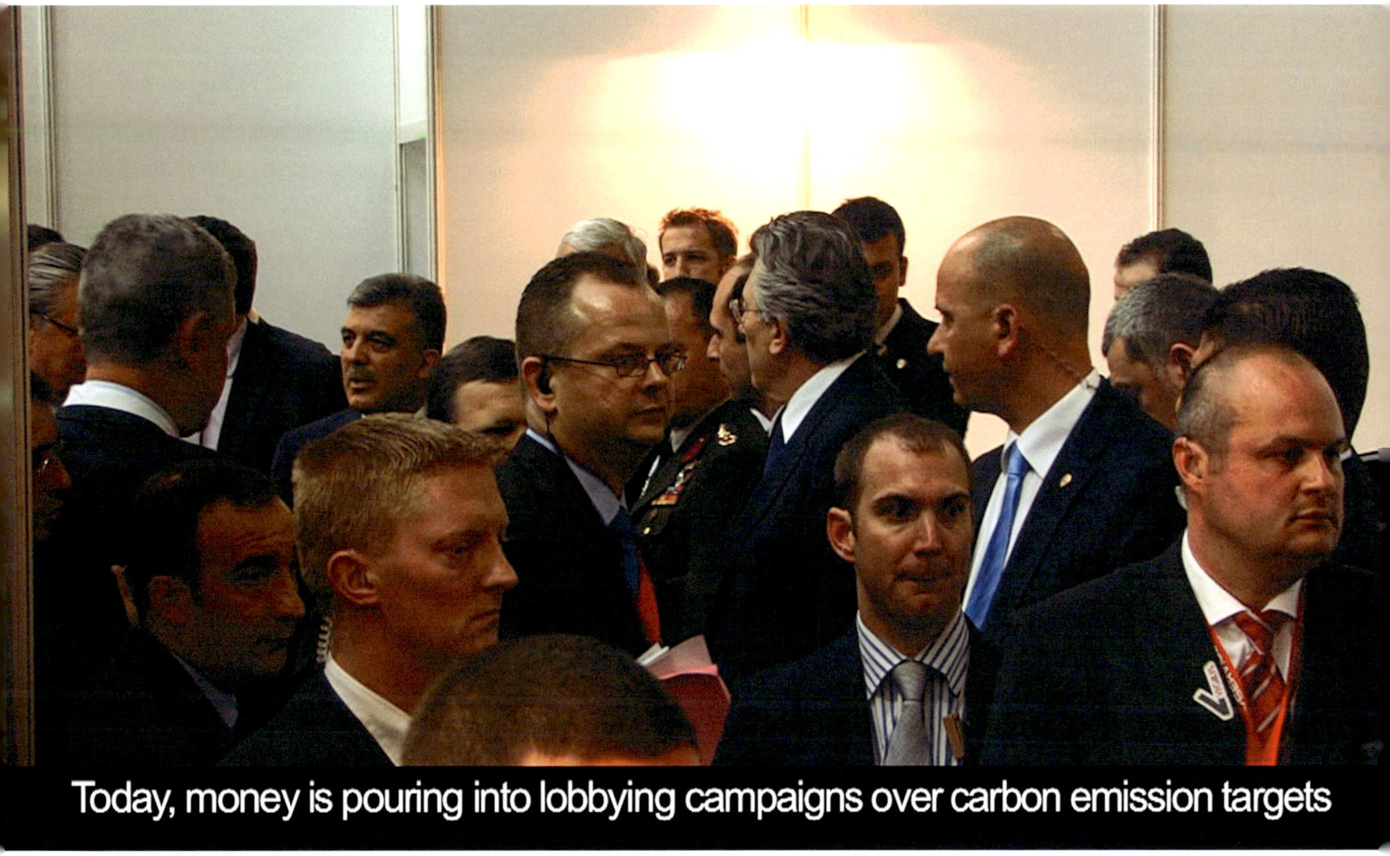

Today, money is pouring into lobbying campaigns over carbon emission targets

Een klein peutermeisje zit in het voorportaal van haar huis, omgeven door een immense tuin. Ik stel me voor dat ze wel eens verdwaalt in die tuin ondanks dat je, als volwassene, gemakkelijk de straat kunt zien over de heg of tuinmuur en het geroezemoes van passerende mensen kunt horen. Maar als kind meet je afstand op een andere manier; in de afstand tot het openbare leven en de nabijheid van de huiselijke privésfeer, om maar iets te noemen. Ik verbeeld me dat dit meisje een jurkje draagt dat haar knieën toont, misschien heeft ze haar armen eromheen gevouwen of laat ze haar ellebogen erop rusten. Er is een ander meisje, het buurmeisje, dat haar moeders schoenen heeft meegenomen.
De schoenen hebben heel hoge hakken en het meisje, nog geen vier jaar oud, probeert er op te lopen. Het andere meisje, nog steeds in het voorportaal, ziet het aan en bedenkt zich hoe idioot dit eruitziet, dit meisje in haar moeders schoenen. Hoe stom, zelfs.
Het is geen scène uit de nieuwe video van Sara Rajaei – al zou het zo kunnen zijn – maar de vroegste herinnering van de kunstenaar. Ze moet tweeën-eenhalf of misschien drie jaar oud zijn geweest, laat Rajaei weten, want het vond plaats een lange tijd voordat de oorlog uitbrak, toen ze vier was. Ook als volwassene blijk je afstanden te meten op verschillende, of misschien je eigen manieren. Op deze zonnige aprillochtend, in een leeg atelier, bewandelen we de paden van de herinnering. Wanneer we haar eerdere werk bespreken, vertelt Rajaei over een zin uit de voice-over-vertelling van haar video *Charismatic Fates and Vanishing Dates*, een zin over haar kleine broertje die door een auto werd aangereden. In werkelijkheid is haar broer zes jaar ouder en werd hij aangereden toen hij nog maar drie was, toen Sara nog niet geboren was. Maar ze herinnert zich hoe ze het verhaal hoorde toen ze een jaar of zeven was – ouder dan de broer die het auto-ongeluk had. En dus verbeeldt ze haar broer als een klein jongetje, haar jongere broertje. 'Het kan verwarrend zijn', zegt ze, 'maar het is eigenlijk alleen verwarrend als je alles bij elkaar wilt brengen of begrijpelijk wilt maken voor iemand anders. Voor mij is het gewoon mijn eigen logica.'
Het is dit samenkomen van tijd,

A small girl sits on the front porch of her house, surrounded by a large garden. I imagine the girl getting lost in it sometimes, even though, as an adult, it is easy to see the street from behind the hedge or wall and to acknowledge the sound of people passing by. But as a child you measure distance differently – into the remoteness of public life and the proximity of the private realm of the home, for instance.

I imagine this little girl wearing a short dress that shows her knees, perhaps she has her arms folded around them or rests her elbows upon them. There is another girl, one who lives next door, who has brought along her mother's shoes. The shoes have very high heels and this girl, nearly four years old, tries to walk in them. The first girl, still on the porch, thinks how silly this seems, this girl wearing her mother's shoes. How stupid even.

It is not a scene from Sara Rajaei's new video – although it could have been – but the artist's first memory. She must have been two and a half or maybe three years old Rajaei says, as it took place a long time before the war, which started when she was four. As an adult, too, you seem to measure distances in other or perhaps your own ways.

On this sunny April morning, in an empty studio, we continue wandering down memory lane. Talking about her work, Rajaei tells about a phrase in the voice-over narration of her video *Charismatic Fates and Vanishing Dates*, a phrase about her little brother who was hit by a car. In reality, her brother is six years older than she and was hit by a car when he was only three. Sara wasn't born at that time but she recalls hearing the story when she was about seven years old – older than the brother had been at the time of the accident. So she imagines her brother as a little boy, her younger brother. 'It might be confusing,' she says, 'but it is only confusing when you try to put all of it together for someone else. For me, it's just my very own logic.'

It is this blurring of time, of the past overlapping the present and future and vice versa, that interests Sara Rajaei in her video work. It is also a conceptual image that comes to mind

van een verleden dat in het heden en de toekomst overloopt en vice versa, dat Sara Rajaei aanspreekt in haar video's. Het is ook een conceptueel beeld dat in gedachte opdoemt wanneer je haar atelier op de Rijksakademie binnenkomt. Nog maar een paar dagen geleden vulde een filmset – het interieur van een woonkamer – de gehele ruimte. De opnames zijn nog niet op computer overgezet, en dus spreken we in een kaal en echoënd atelier over de dingen die hier hebben plaatsgevonden en nog zullen plaatsvinden gedurende haar werkperiode voor de Prix de Rome.

Voor haar nieuwe video zal Rajaei opnieuw gebruikmaken van een enkel shot in vloeiende camerabeweging, een methode die ze ook gebruikte voor *Charismatic Fates and Vanishing Dates*. Ze legt uit hoe dit voor haar een manier van werken met video is die het mogelijk maakt om een fysieke relatie met haar werk aan te gaan: toen ze haar kunstopleiding begon, wilde ze beeldhouwer worden. In een choreografie van bewegingen van zowel de acteurs als de camera houdt ze controle over de situatie; 'bouwt' ze een scène door acteurs op de juiste plaats te zetten, of door hen te laten naderen of weg te laten lopen vanuit een andere hoek of richting. Rajaeis werk gaat niet alleen over verschillende noties van tijd, maar hangt ook af van een perfecte timing. In dat opzicht gebruikt ze video om op visuele en fysieke wijze te onderzoeken wat in haar eigen hoofd al gebeurt: het bij elkaar brengen van alles om zo, met het oog van de camera, dat ene moment in tijd en ruimte te vinden waarin alles implodeert of in elkaar valt; waar alles ook opeens óp zijn plaats valt, al is het maar volgens de logica van de kunstenaar zelf.

when entering her studio at the Rijksakademie. Only a few days ago, a film set – a living room interior – occupied the entire space. The recordings of her new work still have to be transferred, and hence, in this empty and echoing studio, we speak of things that took place and will take place during her preparation for the Prix de Rome.

For her new video, Rajaei will continue using the one-shot camera movement she employed in *Charismatic Fates and Vanishing Dates*. She explains that, for her, it is an approach to video and film making that allows her physically to connect to her work: when she started studying art, she wanted to become a sculptor. In a choreography of movement of both characters and camera, she keeps control over the situation, and 'builds' a scene by placing actors in positions or having them approach or move away from different angles.

Rajaei's work not only deals with notions of time, but also depends on perfect timing. She uses video to explore visually and physically what has already happened in her mind: putting it all together to find, with the eye of the camera, that one moment in space and time where things seem to collapse or implode and everything – suddenly – makes sense, if only according to the logic of the artist herself.

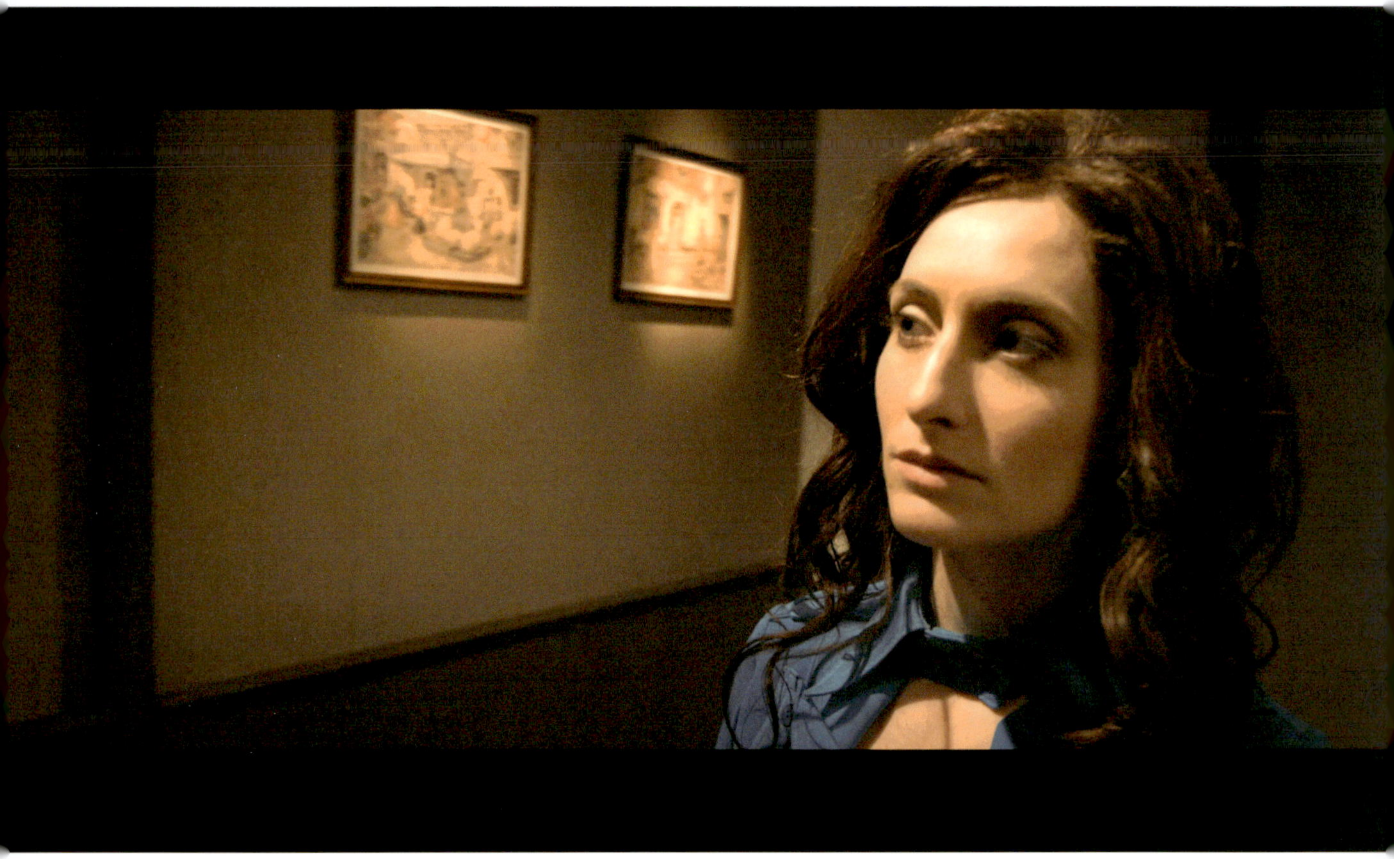

Sara Rajaei,
Forever For a While, 2009
video, 7 min.

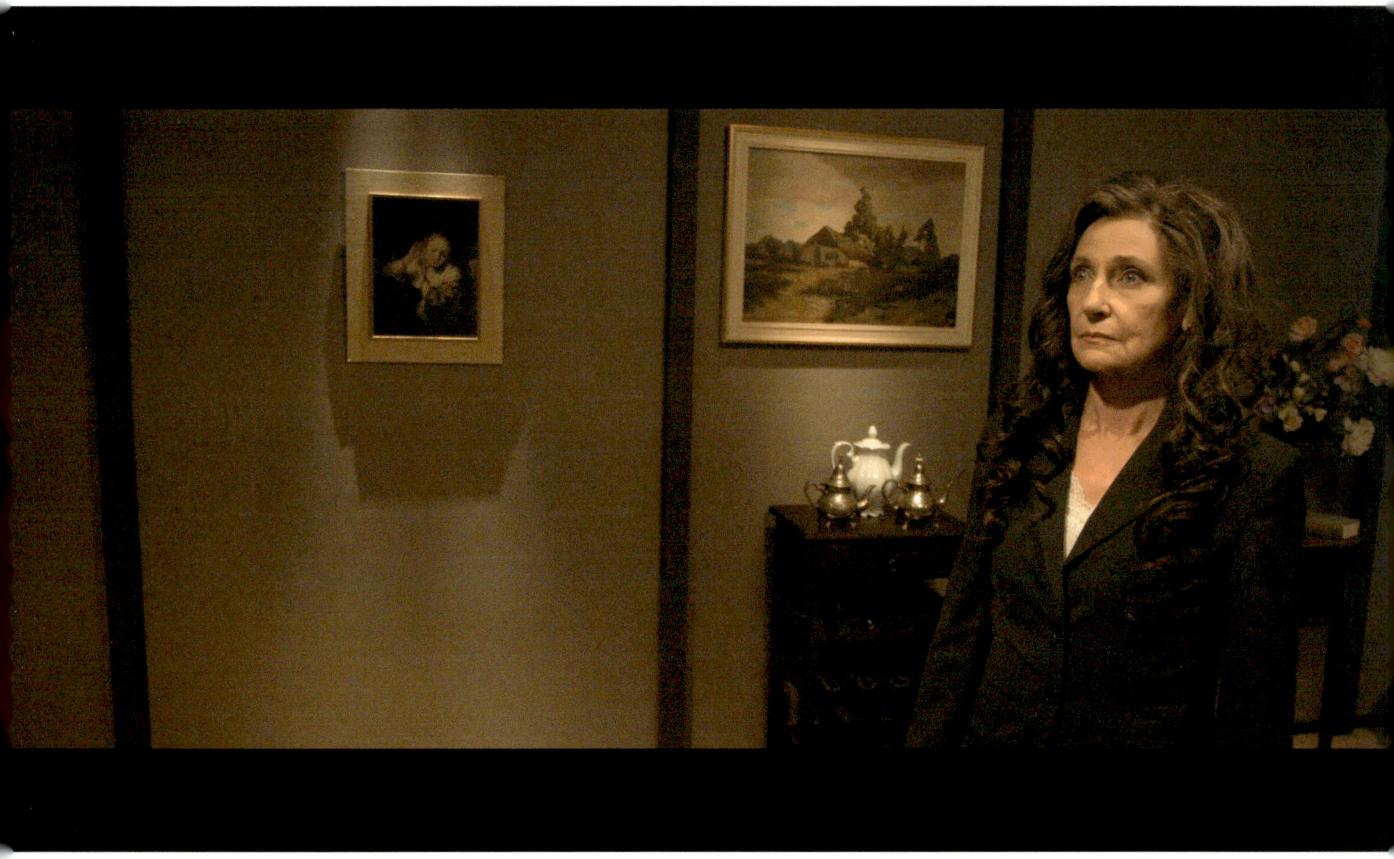

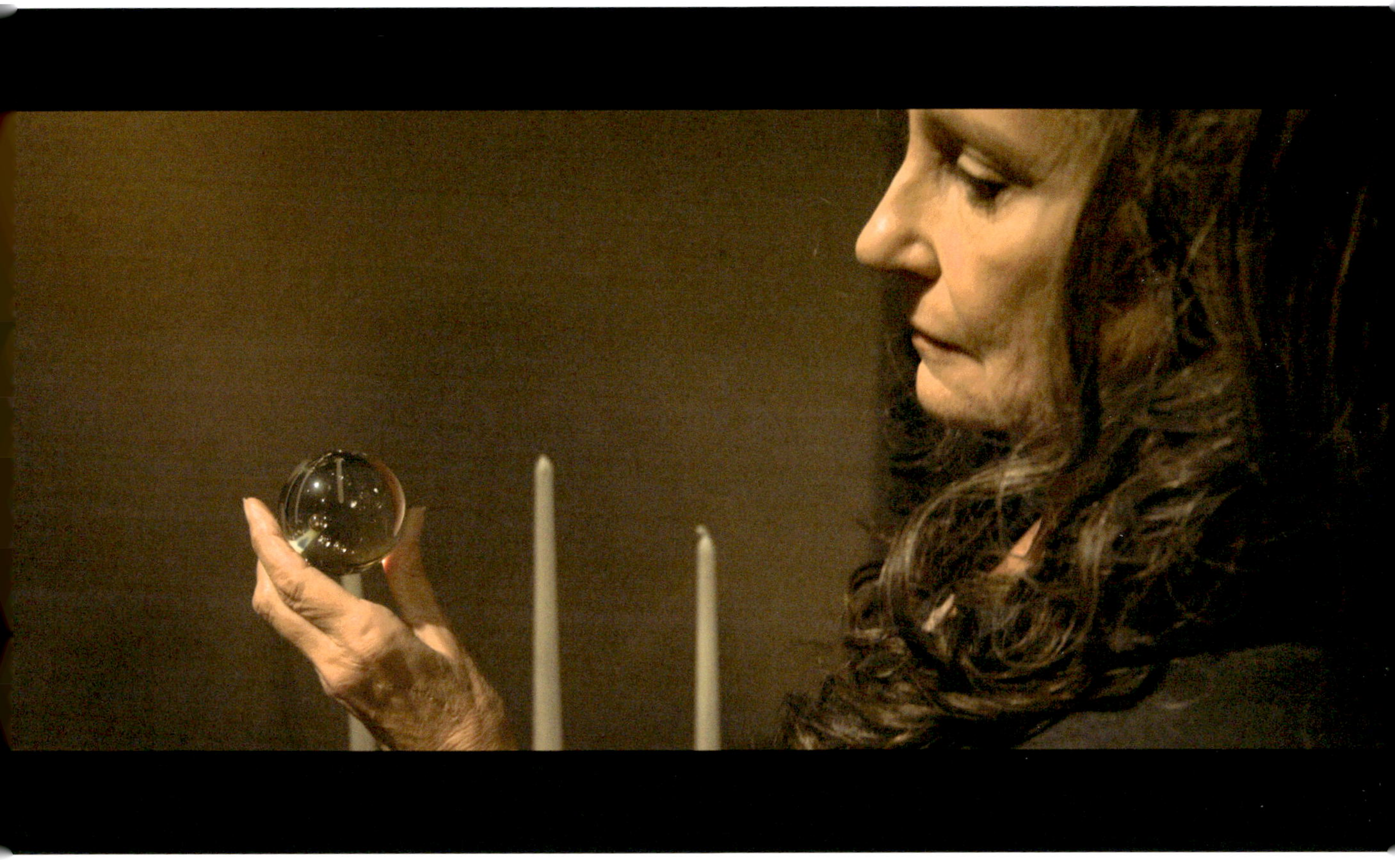

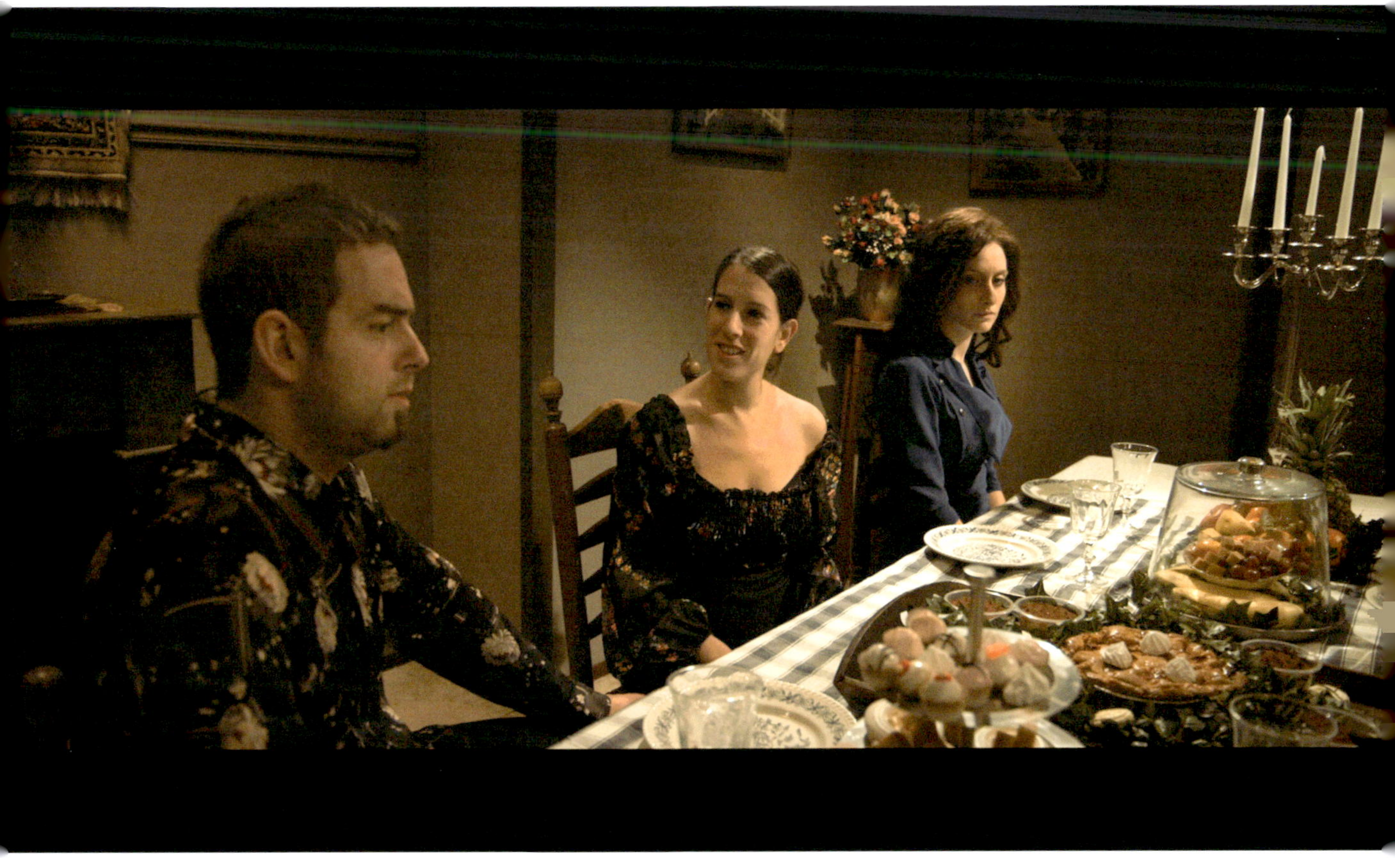

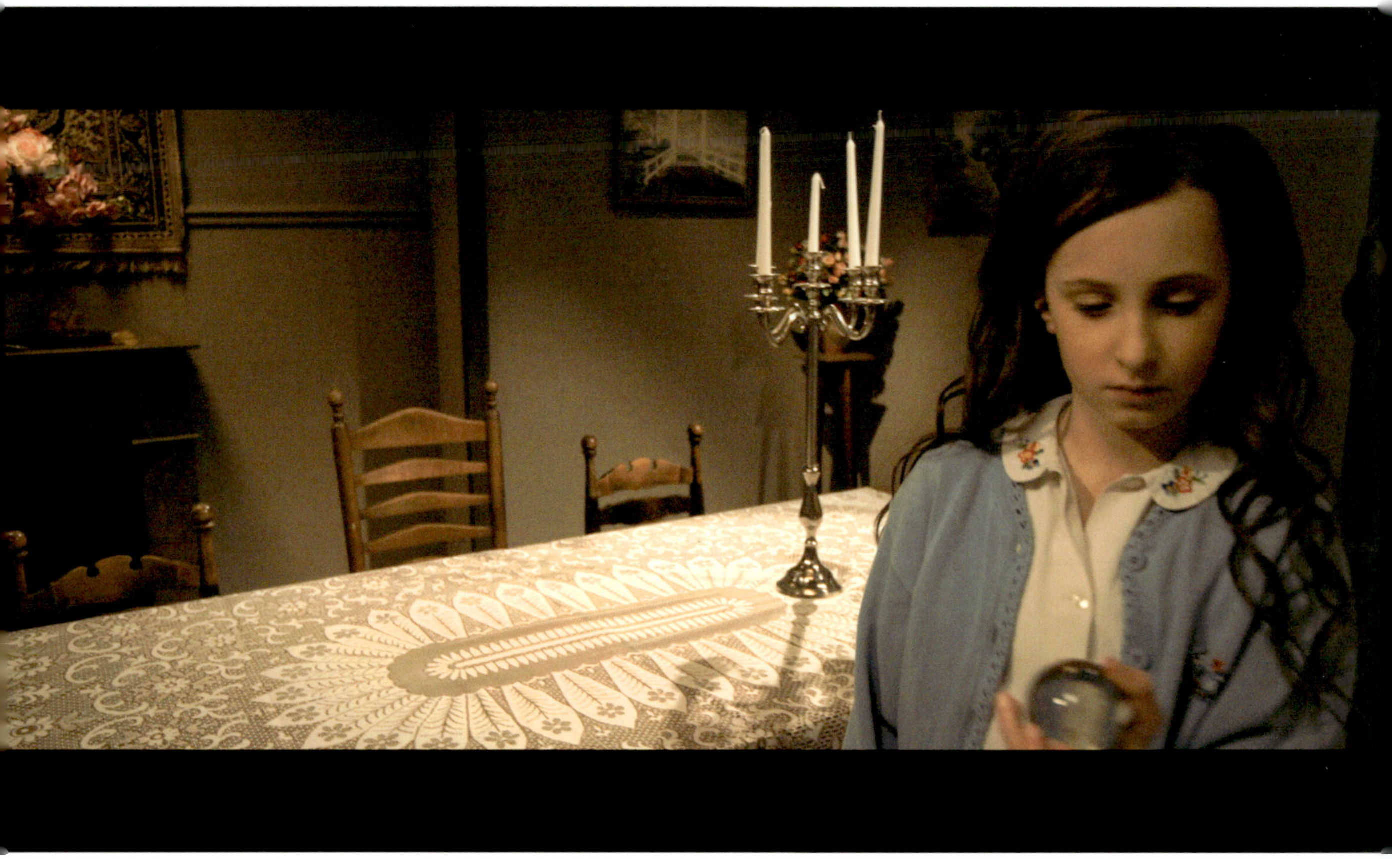

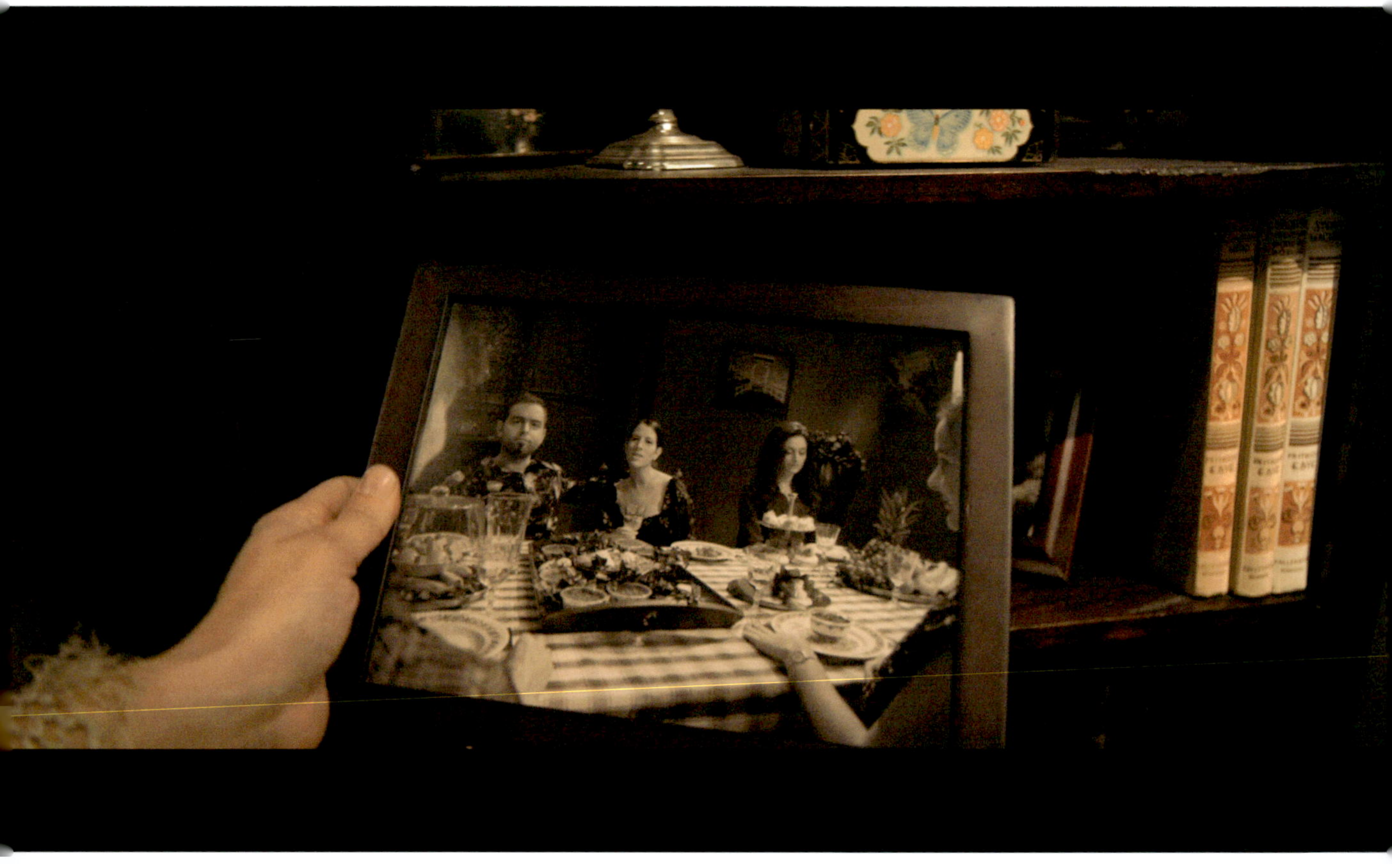

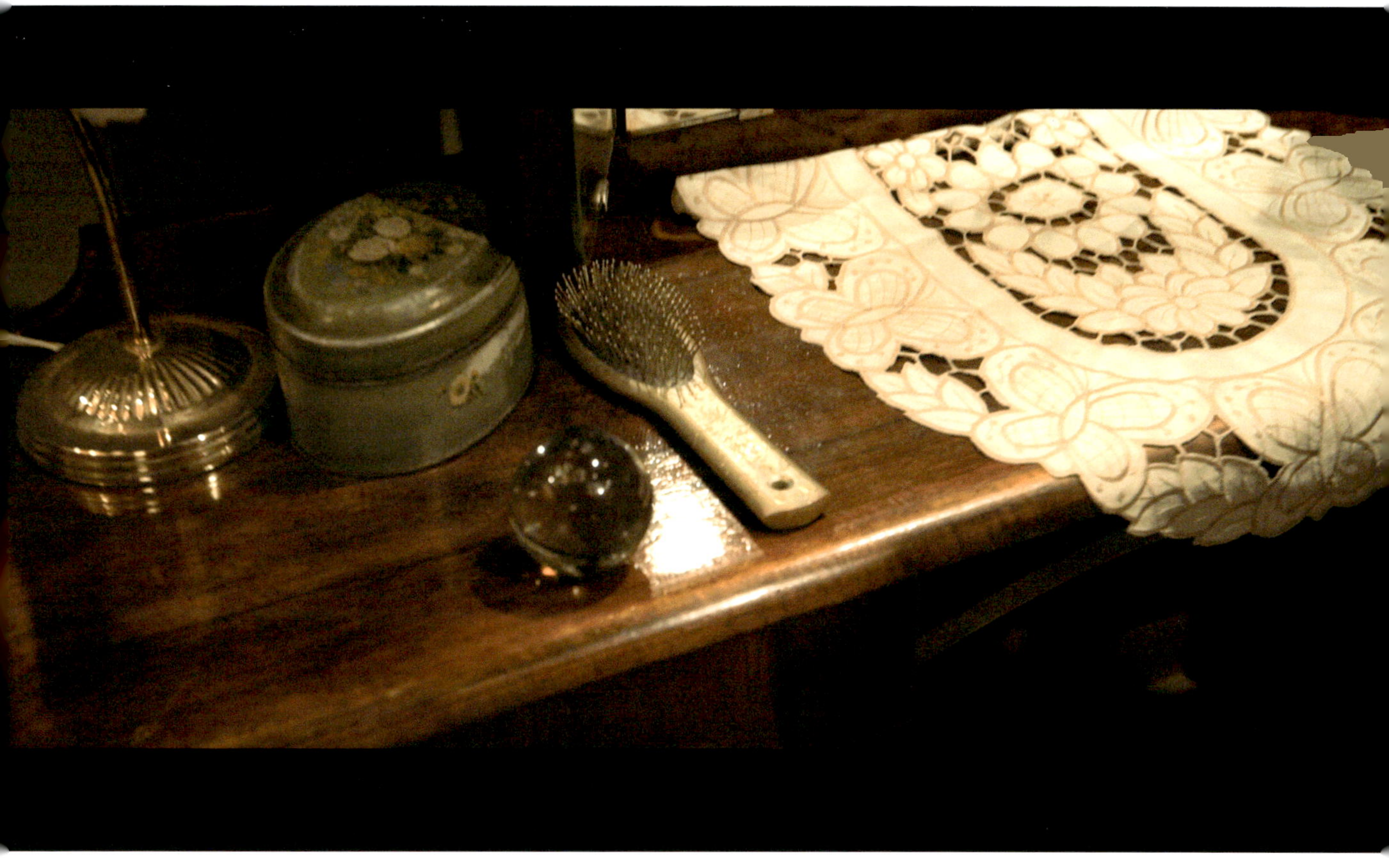

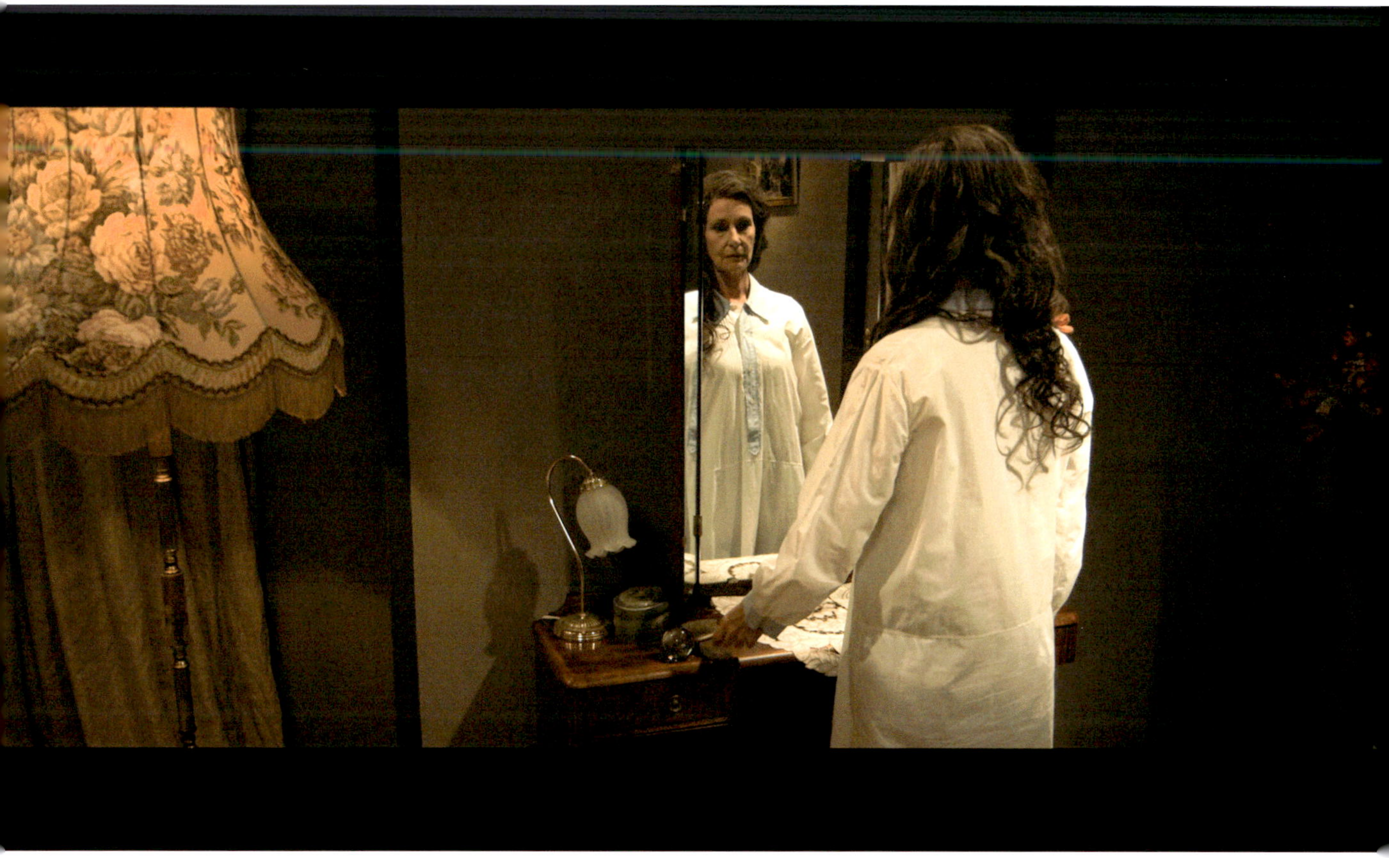

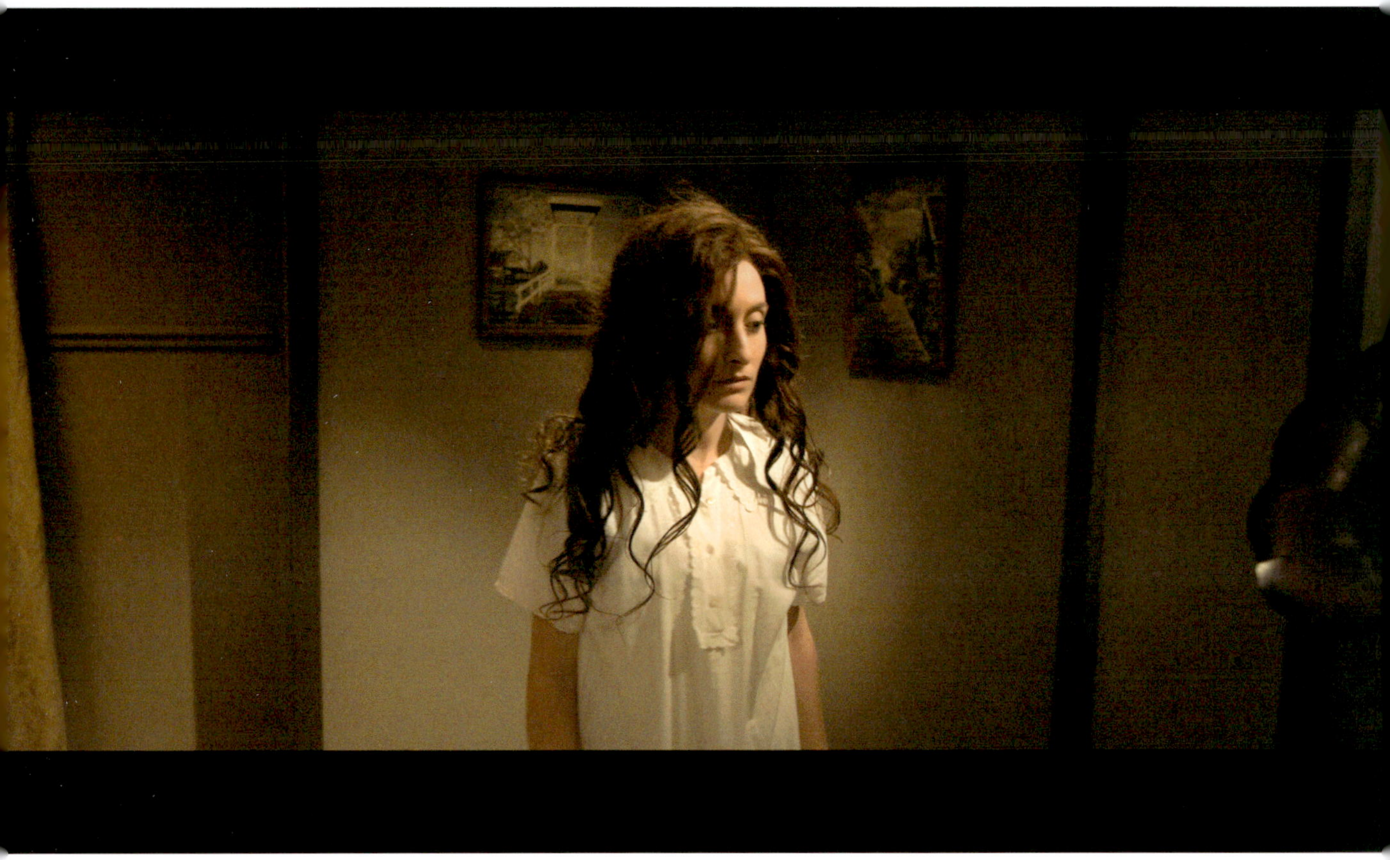

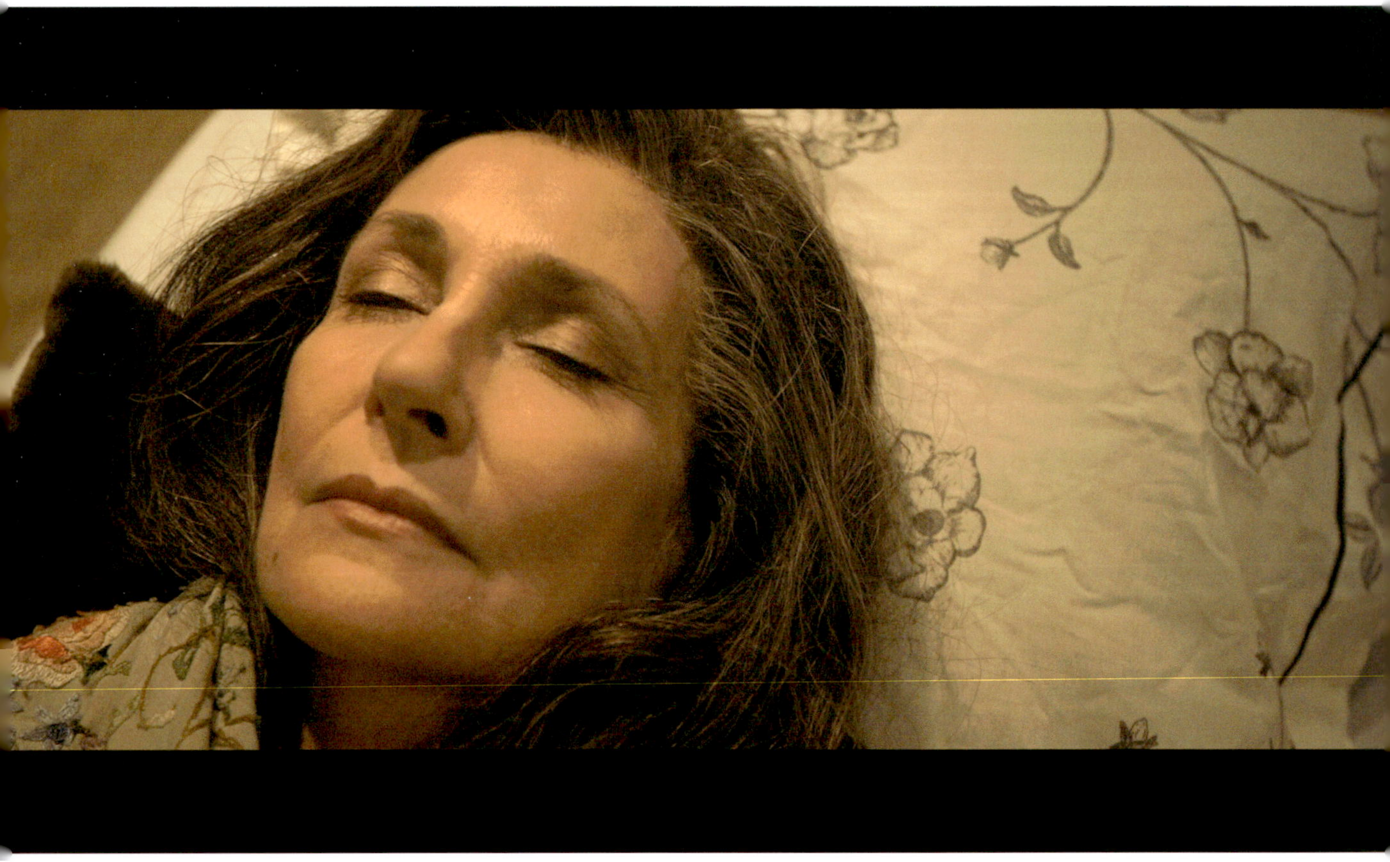

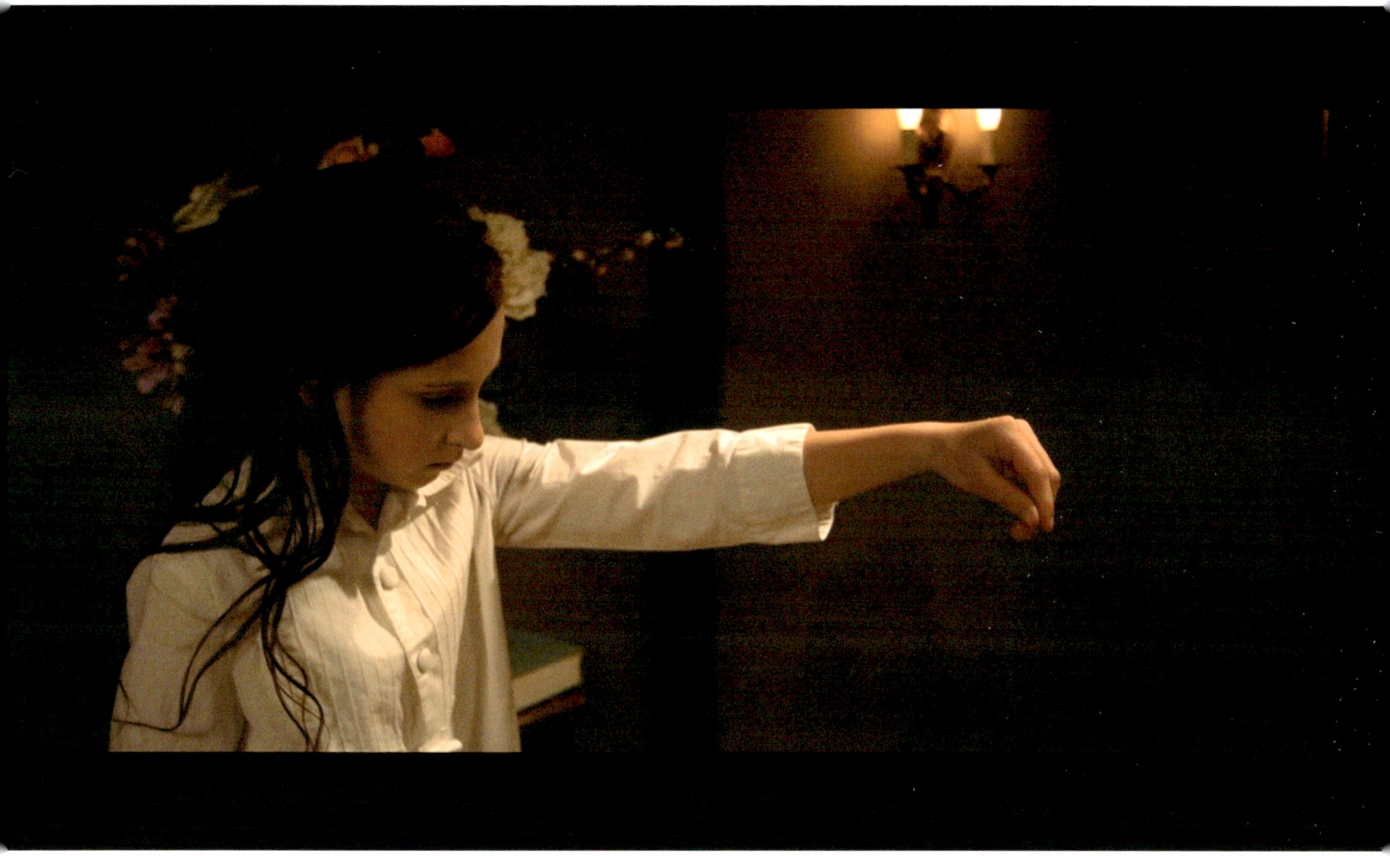

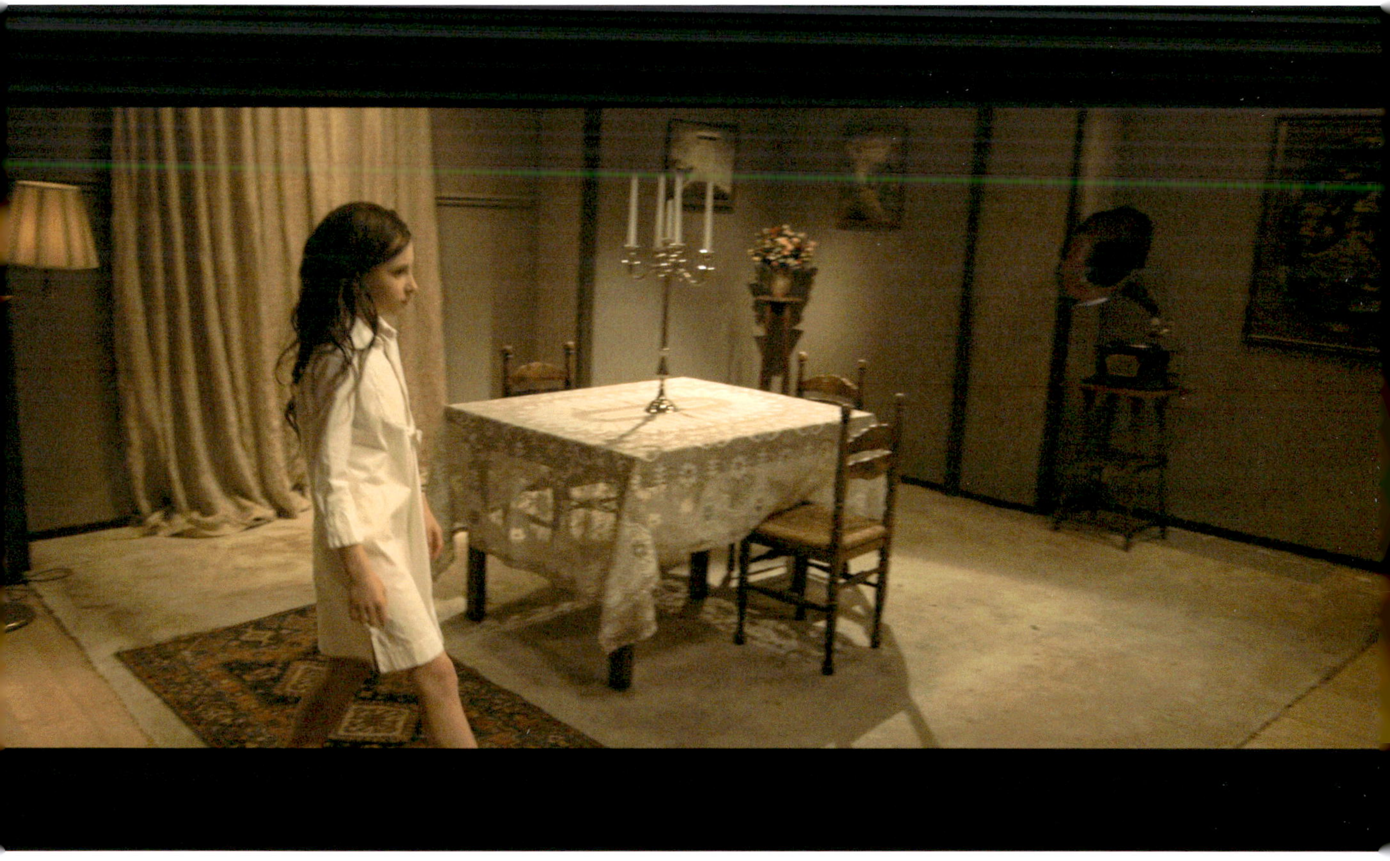

Prix de Rome .nl

2009

Beeldende Kunst/Visual Arts

PRIXDEROME.NL 2009
THE EXHIBITION

As the curators of the 'PRIXDEROME.NL 2009' exhibition we found ourselves in an unusual situation – before our involvement almost all the decisions had already been made!
The ten artists whose works are shown in this exhibition had already been selected by a jury, and from their number the four finalists had been chosen. So our role was actually more that of conservators whose purpose is to develop the theme of an existing collection.

We began working on the 'PRIXDEROME.NL 2009' exhibition by visiting all the artists in their studios. This journey took us across the country, from a studio in a building on the docks of Amsterdam to a studio in the oven of a former brick factory on the edge of the Rhine in Wageningen, and many places in between. The fact that many of the studios we visited are situated in former school buildings caused some concern about the apparent mass disappearance of children in the Netherlands! Were we living in a post-apocalyptic world with artists as the sole surviving species? All we needed to complete the picture was Tina Turner singing her *Mad Max Beyond Thunderdome* classic, 'We don't need another hero' . . .

While working with the artists on the exhibition we have always been aware of the presence of the jury – the members of which will ultimately decide the winner of the Prix de Rome – a cash prize not to be shied away from. The competitive aspect of the Prix has sometimes made working on the exhibition more fraught than usual. Yet, it has been rewarding for us to work with a group of artists whose attention to and care for their art have not suffered from the pressures of rivalry. Given the nature of their work, this is not surprising.

An added challenge of the 2009 exhibition has been the fact that one of the exhibition partners, de Appel Arts Centre, is currently without its own exhibition space, so we needed to search for temporary venues for the exhibition across Amsterdam. Again, we found ourselves in former school buildings, as well as office spaces and former industrial buildings.
Our final choice and the ultimate exhibition venue for the exhibition in Amsterdam is the Zuiveringshal Oost at the Westergasfabriek – one of two purification halls of the former gasworks. It is an imposing, former industrial space with historic monument status. We are grateful that the artists whom we invited to show in this space responded with such intriguing and intelligent propositions.

We sincerely thank all the artists for their contributions to the exhibition. Heidi, Helmut, Jasmijn, Marc, Maze, Nicoline, Ólafur and Libia, Rob, Rossella and Sara – it has been a pleasure to work with each and every one of you. Thank you also to the many people who have worked behind the scenes to make the Prix de Rome exhibition a success; in particular, we would like to acknowledge our colleagues at Witte de With, de Appel and the Rijksakademie van beeldende kunsten, as well as all the sponsors and contractors without whom the exhibition would not have been possible.

Sarah Farrar and *Juan A. Gaitán*

DE TENTOONSTELLING
PRIXDEROME.NL 2009

Als samenstellers van de tentoonstelling 'PRIXDEROME.NL
2009' bevonden we ons in een
wat merkwaardige positie, aangezien alle beslissingen al waren
genomen. De tien kunstenaars
die hier worden gepresenteerd,
waren voorgeselecteerd door een
jury en van die tien waren er
vier al als finalisten aangewezen.
Daarmee leken onze bezigheden
of bemoeienissen meer op die
van een conservator, wiens
taak het is om orde te scheppen
in een bestaande collectie.

Ons werk voor 'PRIXDEROME
.NL 2009' begon met een reeks
atelierbezoeken bij alle deelnemende kunstenaars. Deze reis
voerde ons door het hele land,
van een atelier in een gebouw
aan de havenkades van Amsterdam tot een atelier in de oven
van een voormalige baksteenfabriek aan de oevers van de
Rijn in Wageningen, en langs
vele plaatsen daartussenin. Het
feit dat veel van deze ateliers
gevestigd waren in voormalige
schoolgebouwen baarde ons enige
zorgen: het leek wel alsof de
kinderen massaal uit Nederland
waren verdwenen. Leefden we
in een postapocalyptische wereld
met kunstenaars als enige
overlevende soort? Het enige
wat er nog aan ontbrak, was
Tina Turner met haar klassieker
We Don't Need Another Hero uit
Mad Max Beyond Thunderdome.

Terwijl we met de kunstenaars
aan de tentoonstelling werkten,
voelden we ons voortdurend
omringd door de geest van de
juryleden, die uiteindelijk gaan
besluiten wie de Prix de Rome
wint en daarmee een niet te
versmaden geldbedrag. Dit
competitie-element maakte het
werken aan de tentoonstelling
nu en dan meer beladen dan
gewoonlijk. Desalniettemin is
het voor ons bevredigend
geweest om samen te werken
met een groep kunstenaars die
hun inzet niet in het minst
hebben laten lijden onder de
druk van deze verwachtingen.
Gezien de aard van hun werk is
dit ook niet verwonderlijk.

Een bijkomende uitdaging voor
de tentoonstelling van 2009 is
het feit dat een van de deelnemende partners, kunstcentrum
de Appel, momenteel geen eigen
expositieruimte heeft, waardoor
we in heel Amsterdam op zoek
moesten naar een tijdelijke
ruimte. Wederom kwamen we
terecht in voormalige schoolgebouwen, maar ook in kantoorpanden en voormalige fabrieksgebouwen. Uiteindelijk is de
keus gevallen op een plek die
de ultieme tentoonstellingsruimte voor dit evenement in
Amsterdam is: de Zuiveringshal
Oost van de Westergasfabriek,
een van de twee zuiveringshallen van deze voormalige
gasfabriek. Het is een indrukwekkende voormalige fabrieksruimte met de status van

industrieel monument. Het
verheugt ons dan ook dat de
kunstenaars die wij hebben
gevraagd om hun werk in deze
ruimte te presenteren, met zulke
intrigerende en intelligente
voorstellen hebben gereageerd.

Onze oprechte dank gaat uit
naar alle kunstenaars die aan
de tentoonstelling hebben bijgedragen. Heidi, Helmut, Jasmijn,
Marc, Maze, Nicoline, Ólafur en
Libia, Rob, Rossella en Sara —
het was een genoegen om met
elk van jullie samen te werken.
We bedanken ook al diegenen
die achter de schermen zo hard
hebben gewerkt om van de
tentoonstelling van de Prix de
Rome een succes te maken;
met name onze collega's van
Witte de With, de Appel en de
Rijksakademie van beeldende
kunsten, en ook het opbouwteam
en alle sponsors, zonder wie deze
tentoonstelling niet gerealiseerd
had kunnen worden.

Sarah Farrar
en *Juan A. Gaitán*

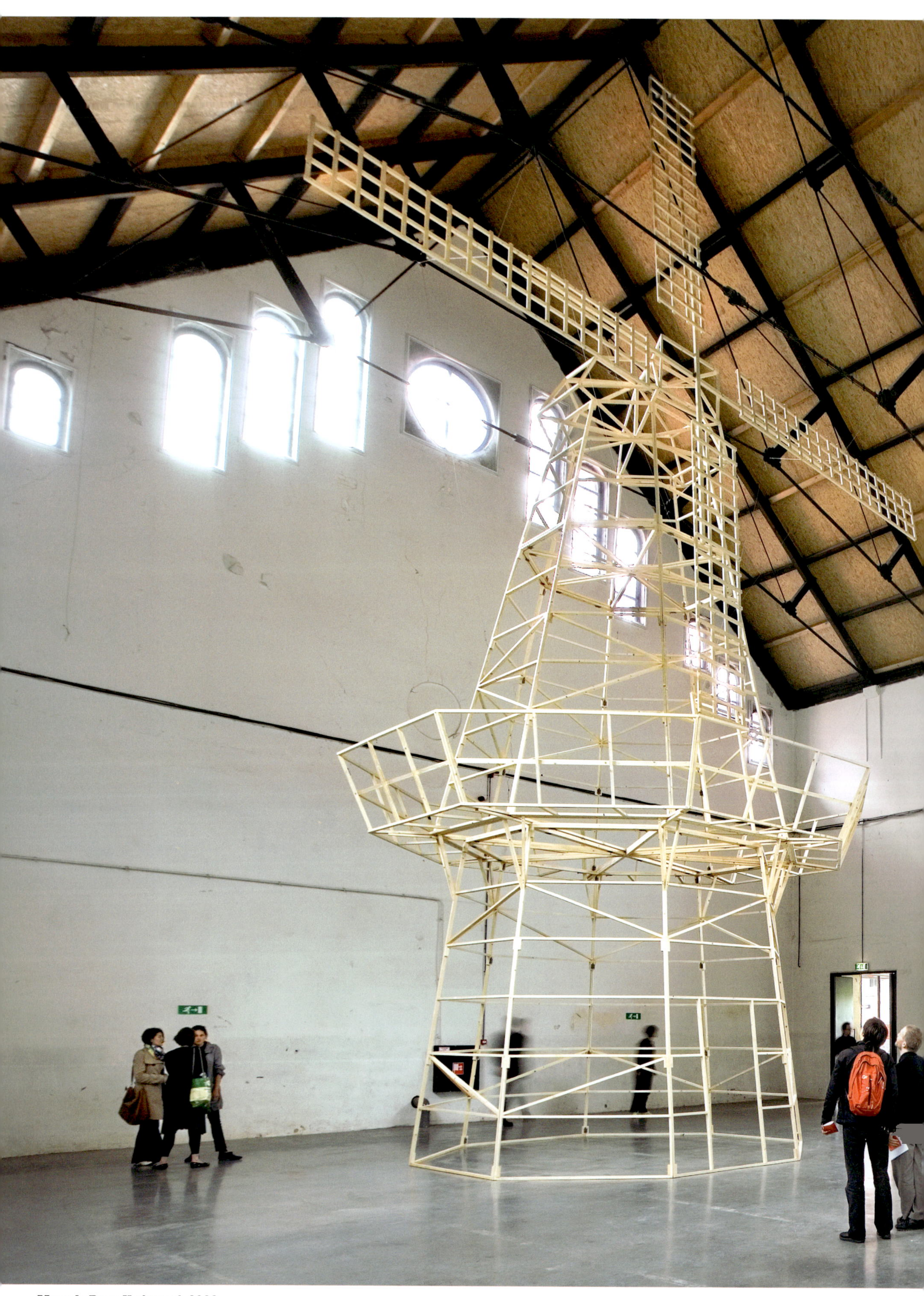

Maze de Boer, *Undressed*, 2009
witte vurenhouten latten/white pine beams, 16 x 12 x 6 m
courtesy van de kunstenaar/of the artist

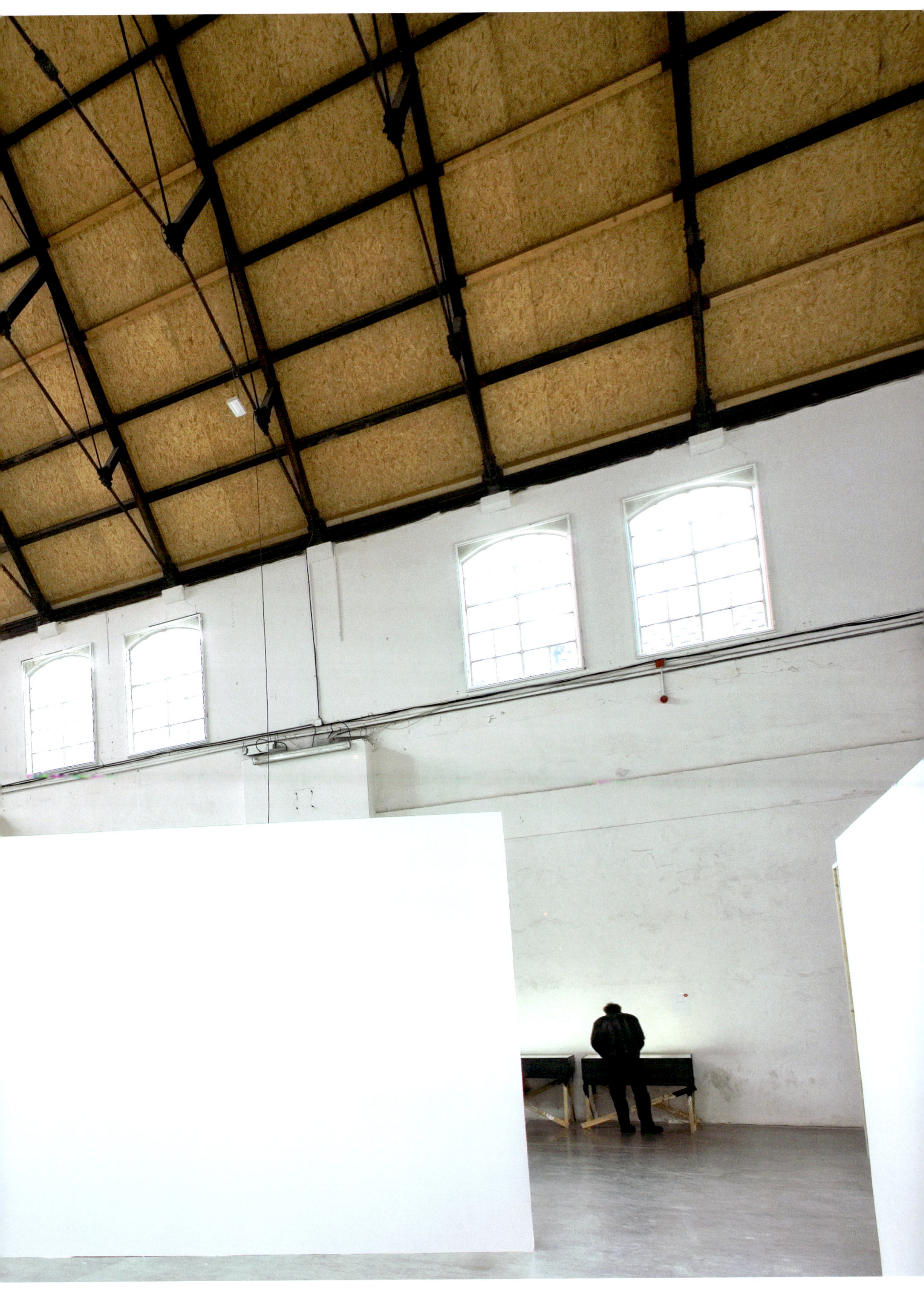

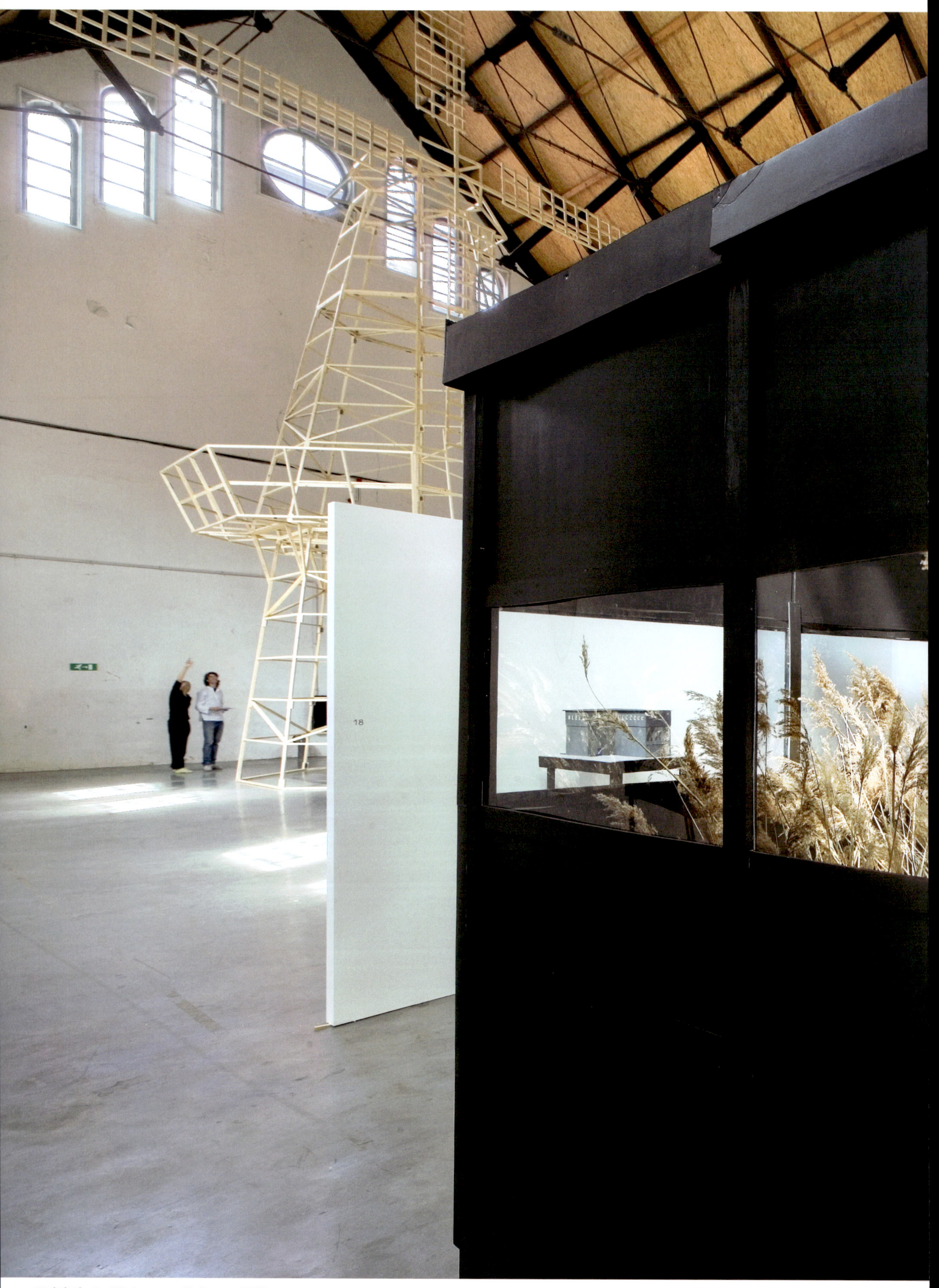

Heidi Linck, *We Love our Refugees*, 2009
gemengde techniek/mixed media. 240 x 400 x 200 cm
courtesy van de kunstenaar/of the artist

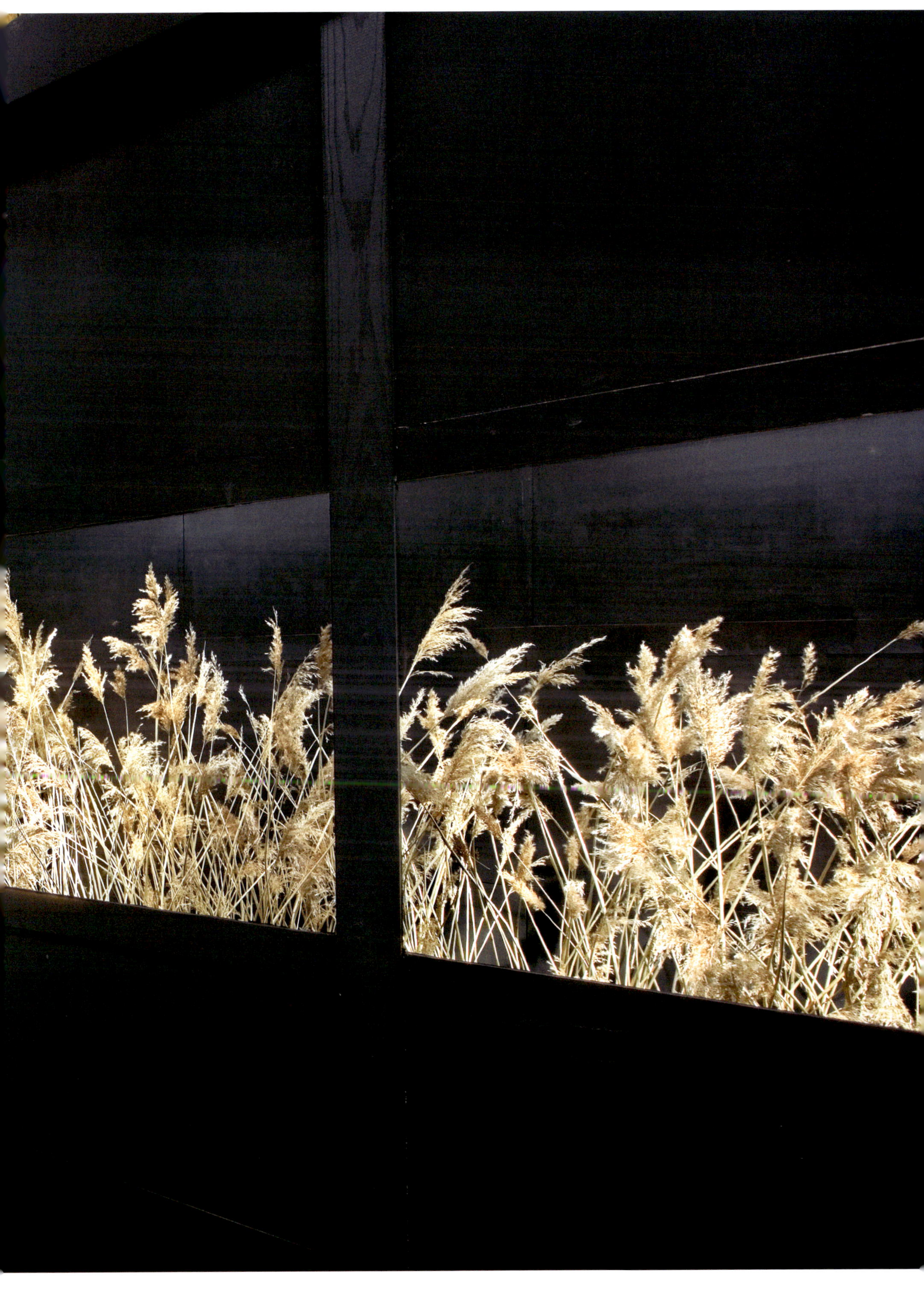

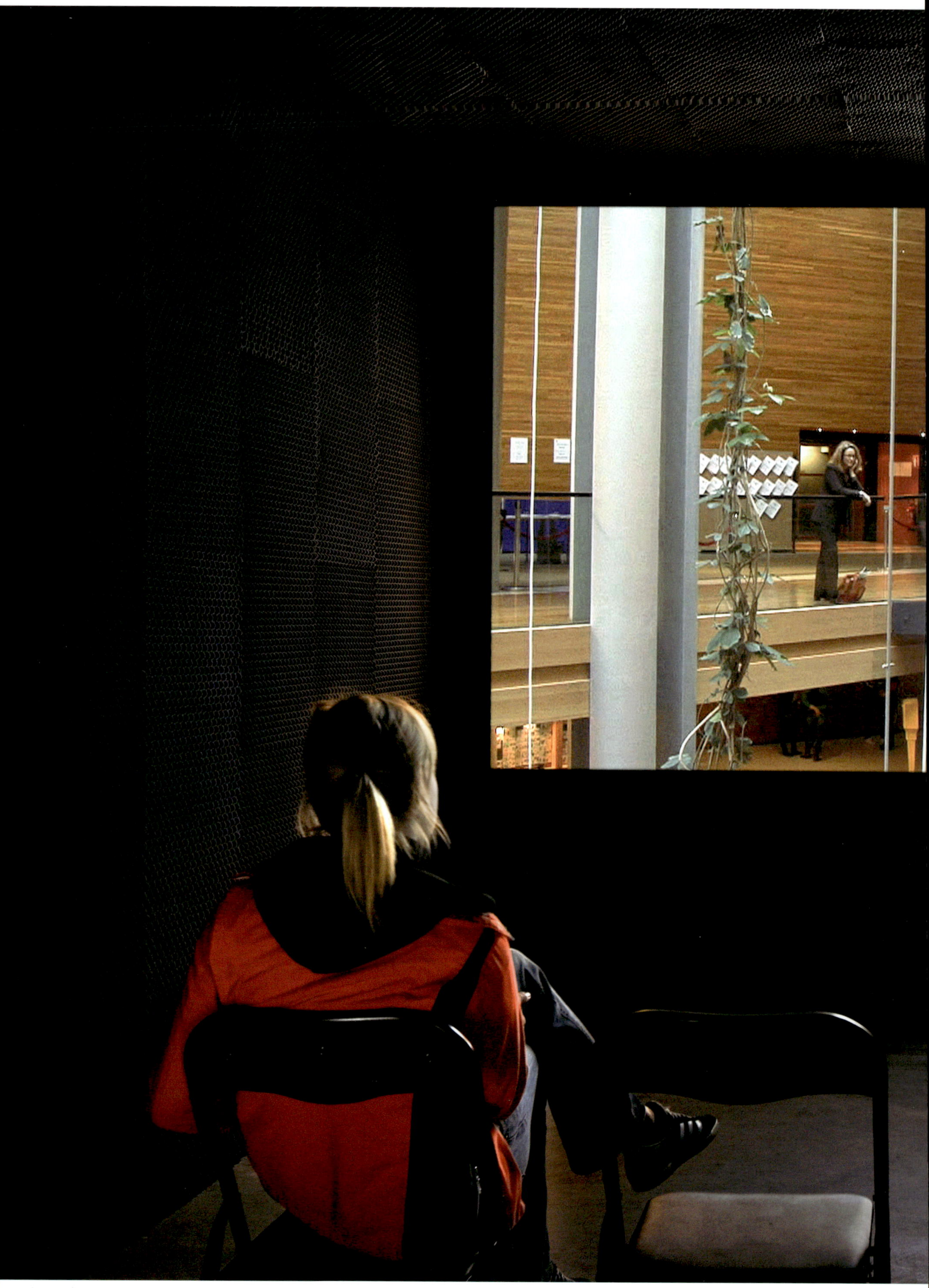

Ólafur Ólafsson & Libia Castro,
Lobbyists, 2009, video, 15 min.
courtesy van de kunstenaars/of the artists

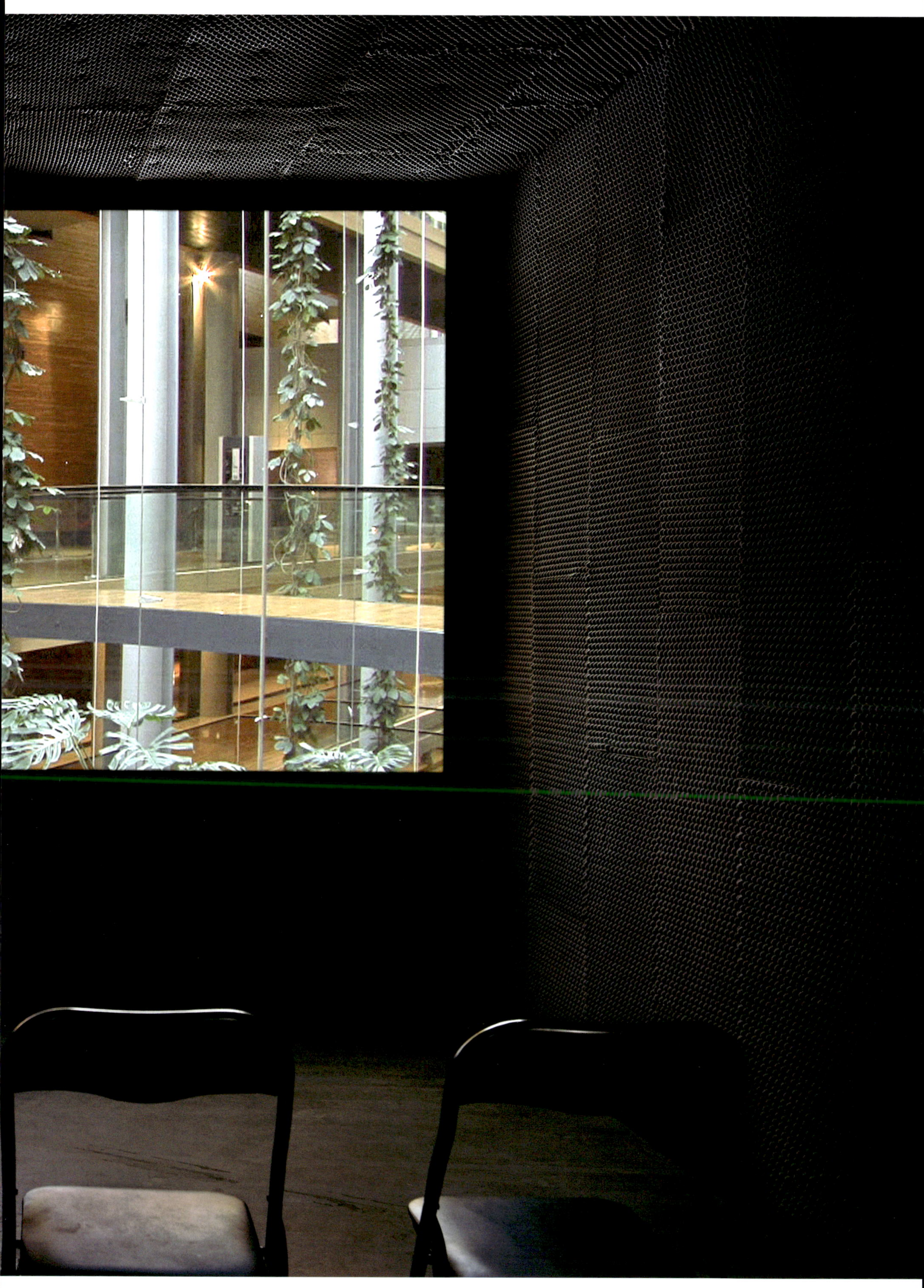

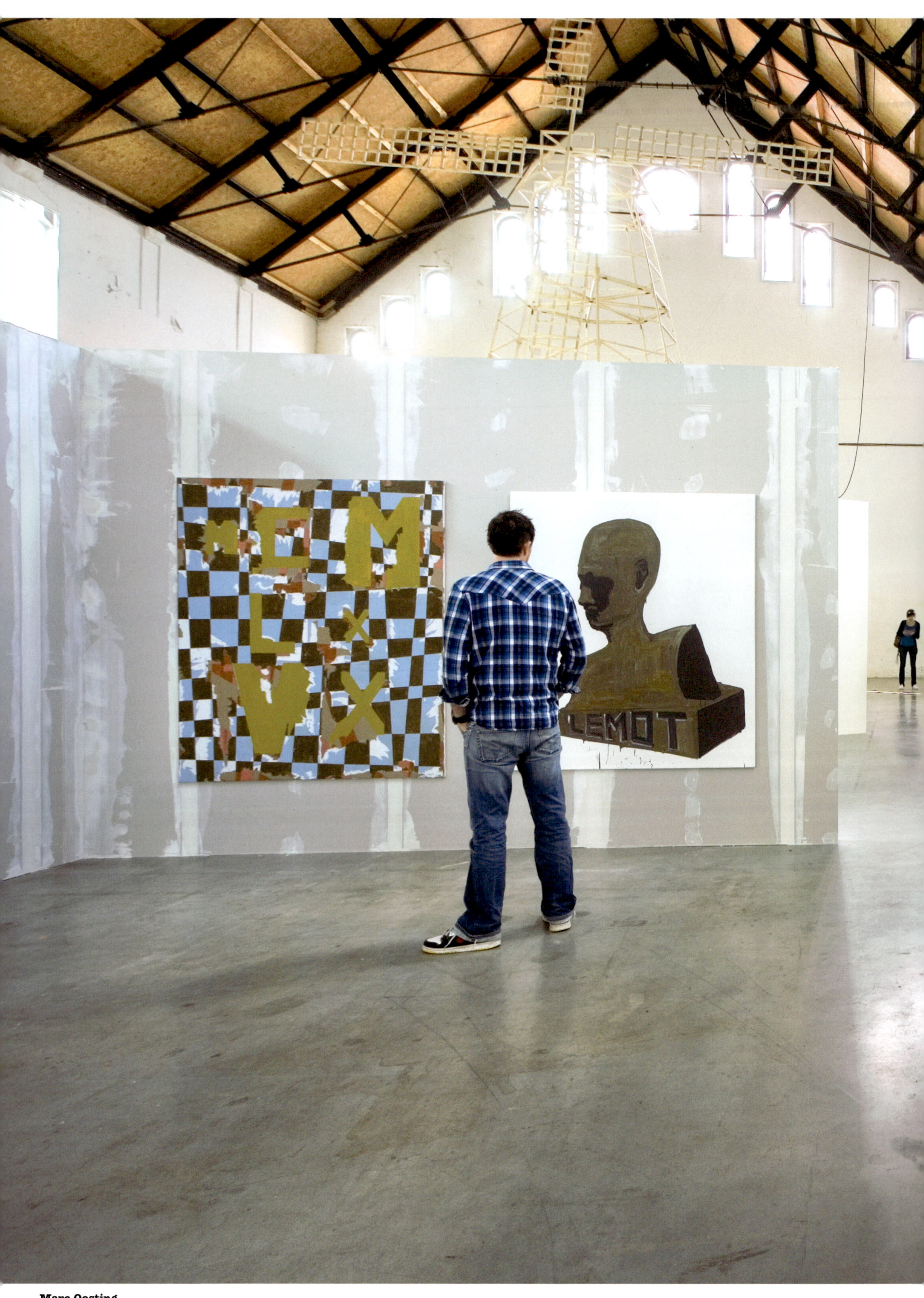

Marc Oosting,
MCMLXXV, 2008, olieverf en papier op doek/
oil and paper on canvas, 180 x 155 cm

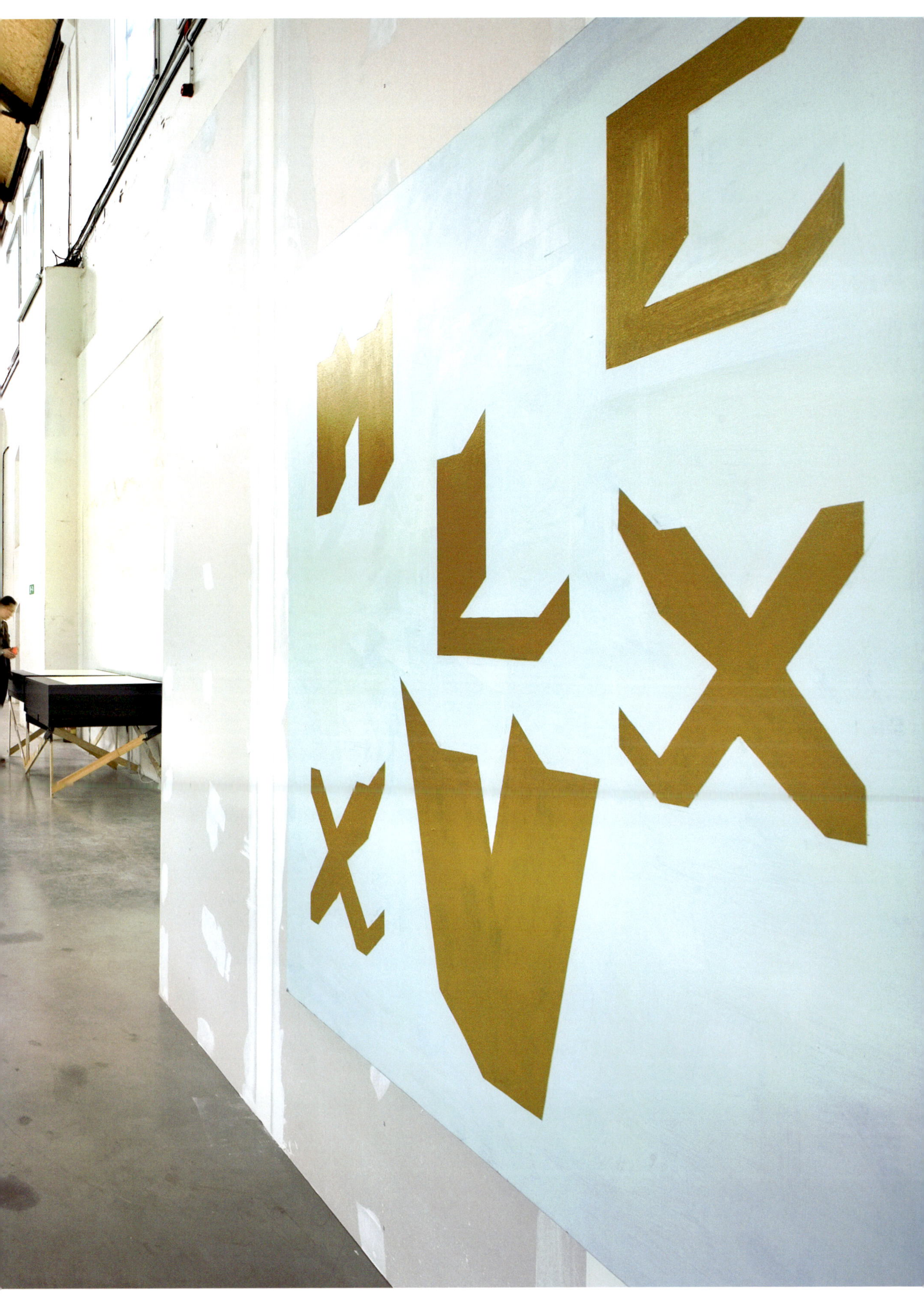

Buste Me, 2008, olieverf op doek/oil on canvas, 170 x 150 cm
MCMLXXV, 2009, olieverf op doek/oil on canvas, 180 x 150 cm
courtesy van de kunstenaar/of the artist

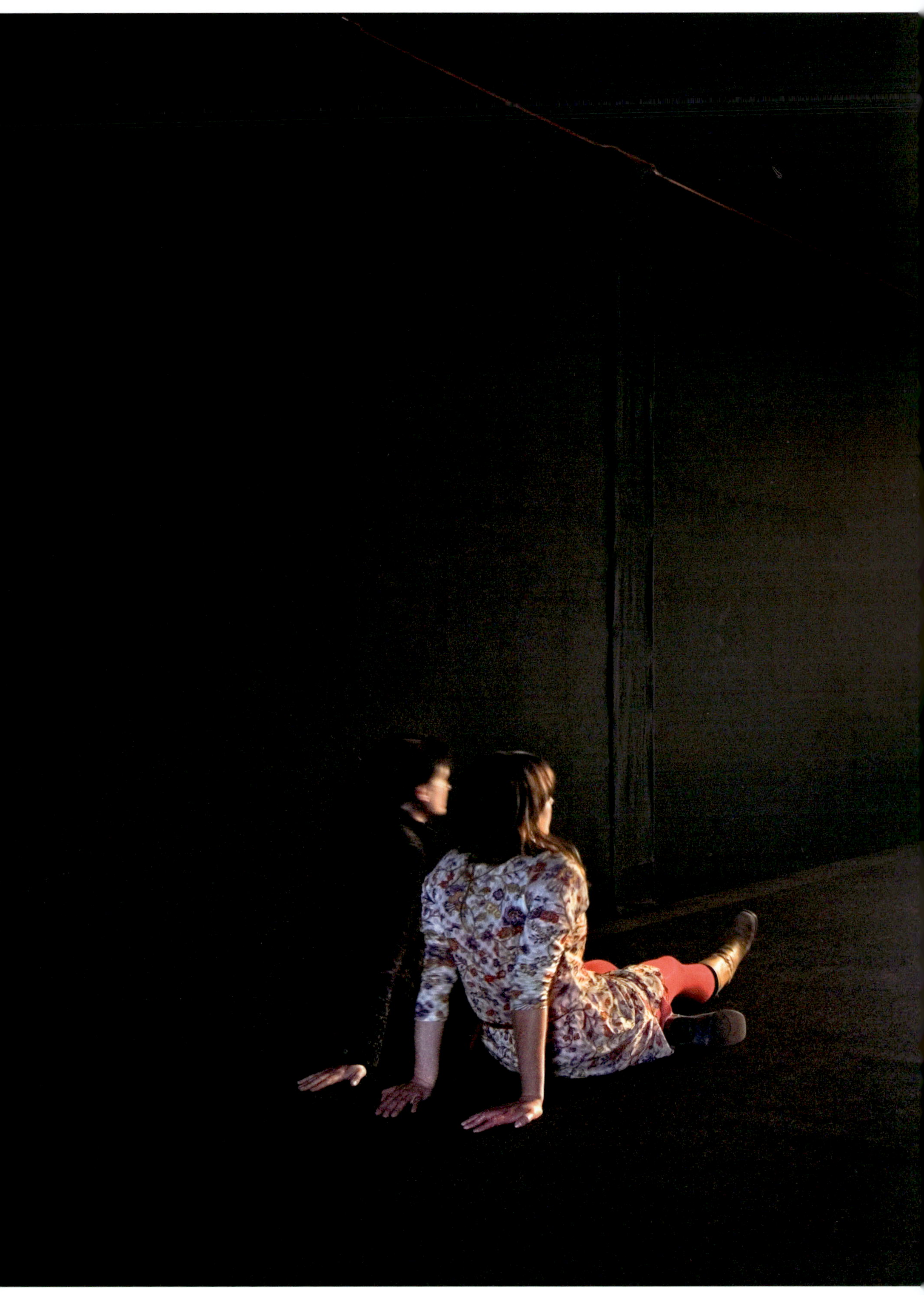

Sara Rajaei, *Forever For a While*, 2009
video, 7 min.

 Tentoonstelling/Exhibition

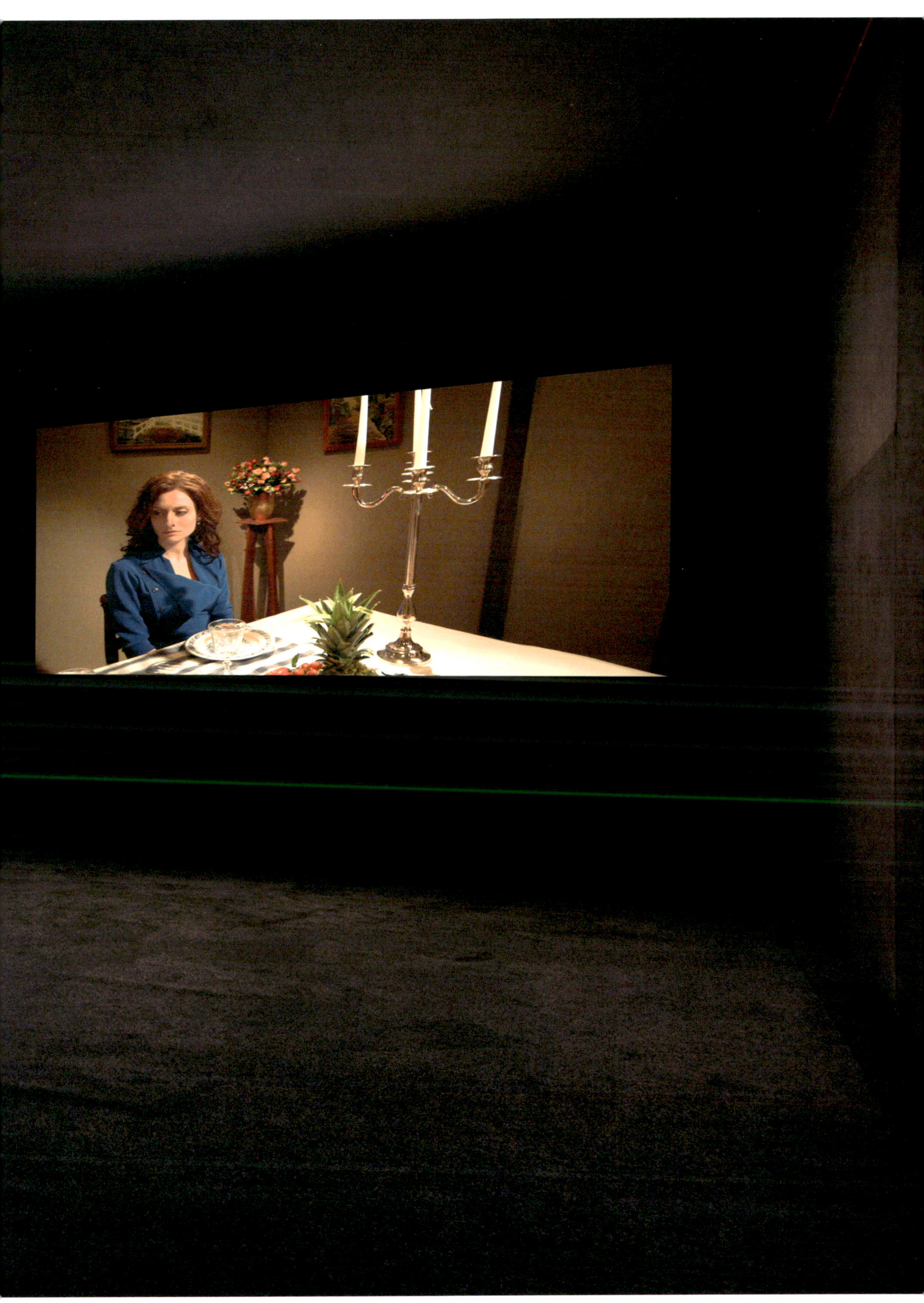

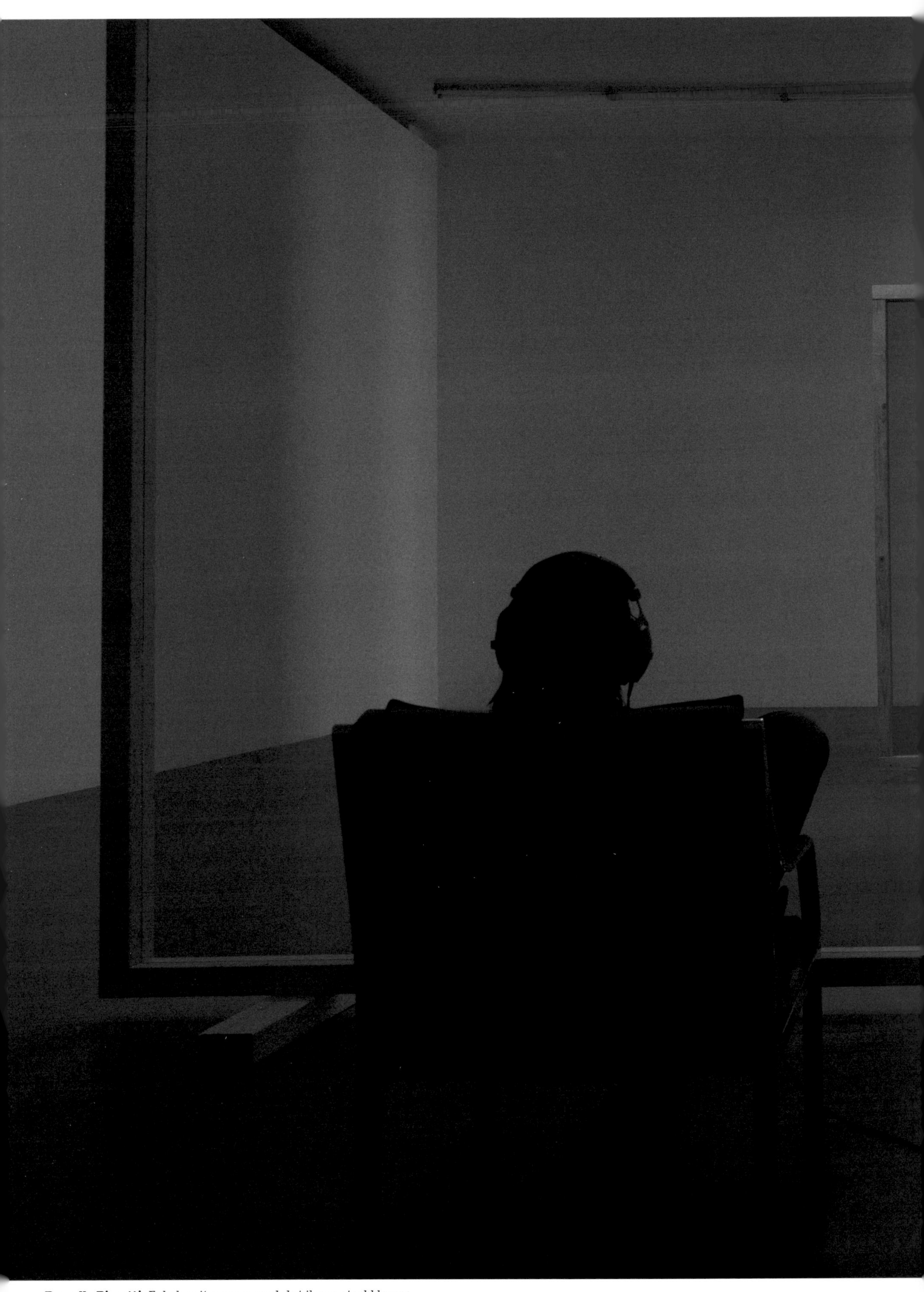

Rossella Biscotti, *Ik heb ooit eens gezegd dat ik een strakblauwe hemel ben zonder zon, zonder wolken/I Once said: 'I'm a clear blue sky without sun, without clouds'*, 2009

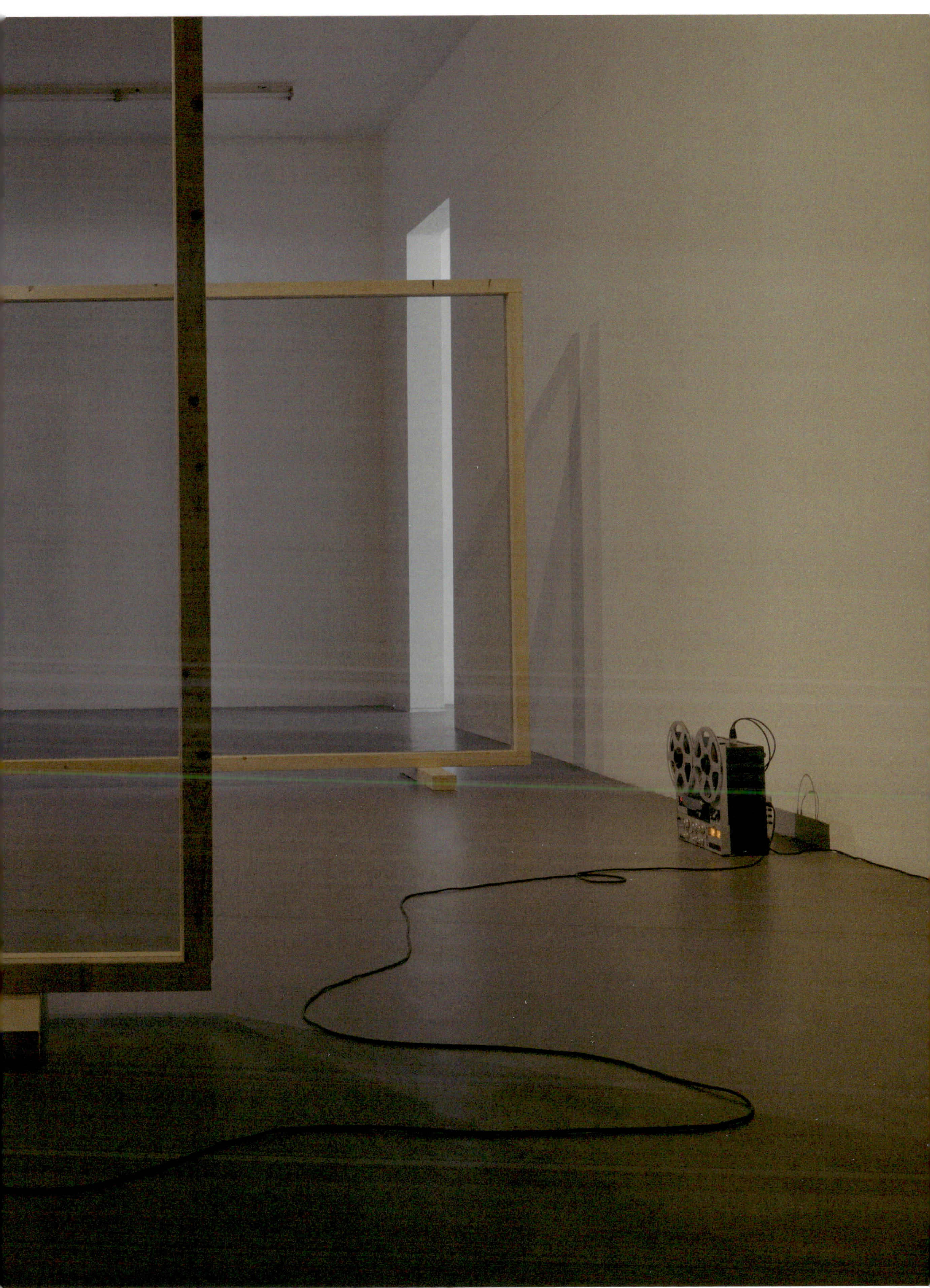

geluidswerk/sound installation, 24 min.
courtesy van de kunstenaar/of the artist

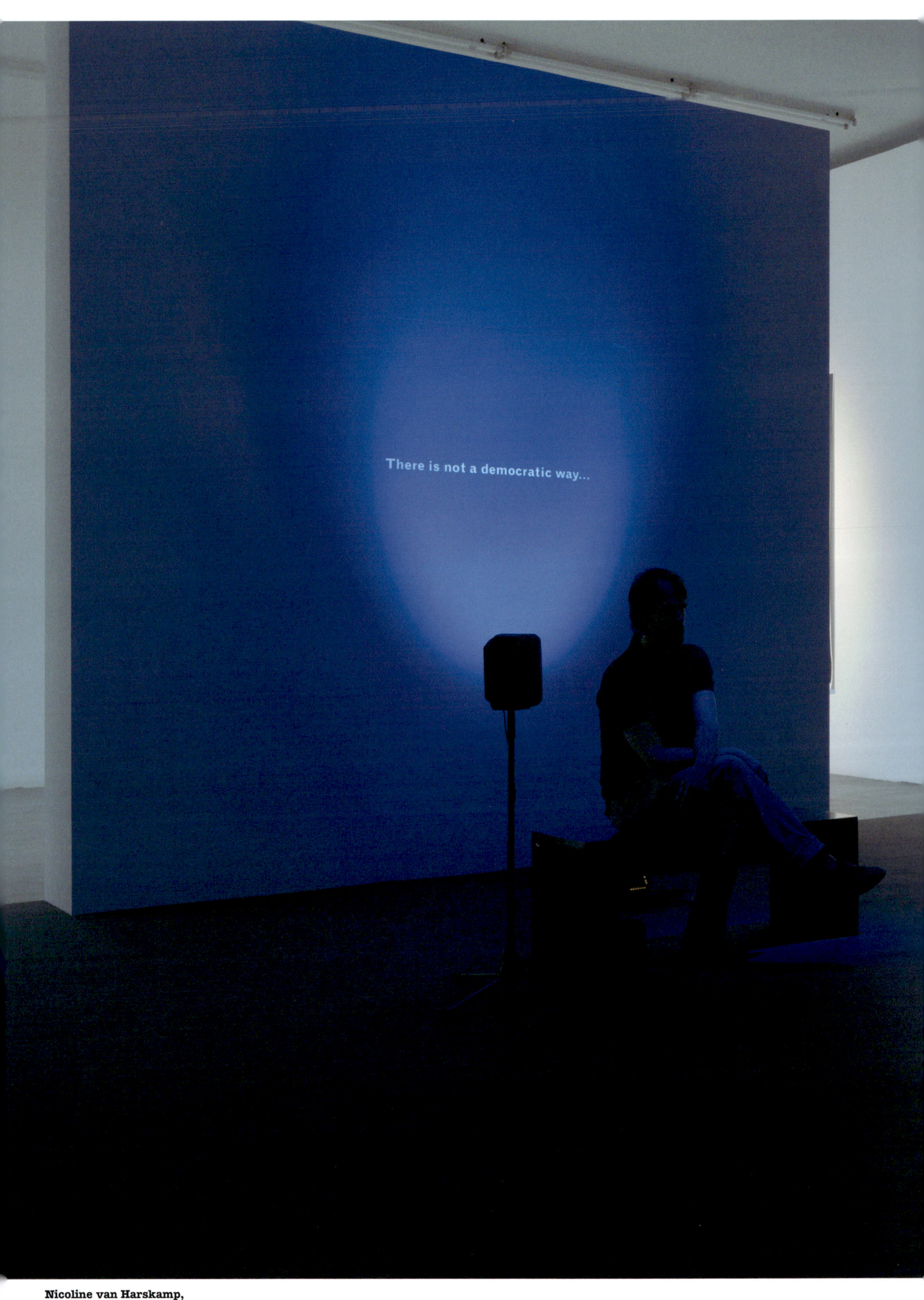

Nicoline van Harskamp,
The Power of Listening, 2009
courtesy van de kunstenaar/of the artist

     Tentoonstelling/Exhibition

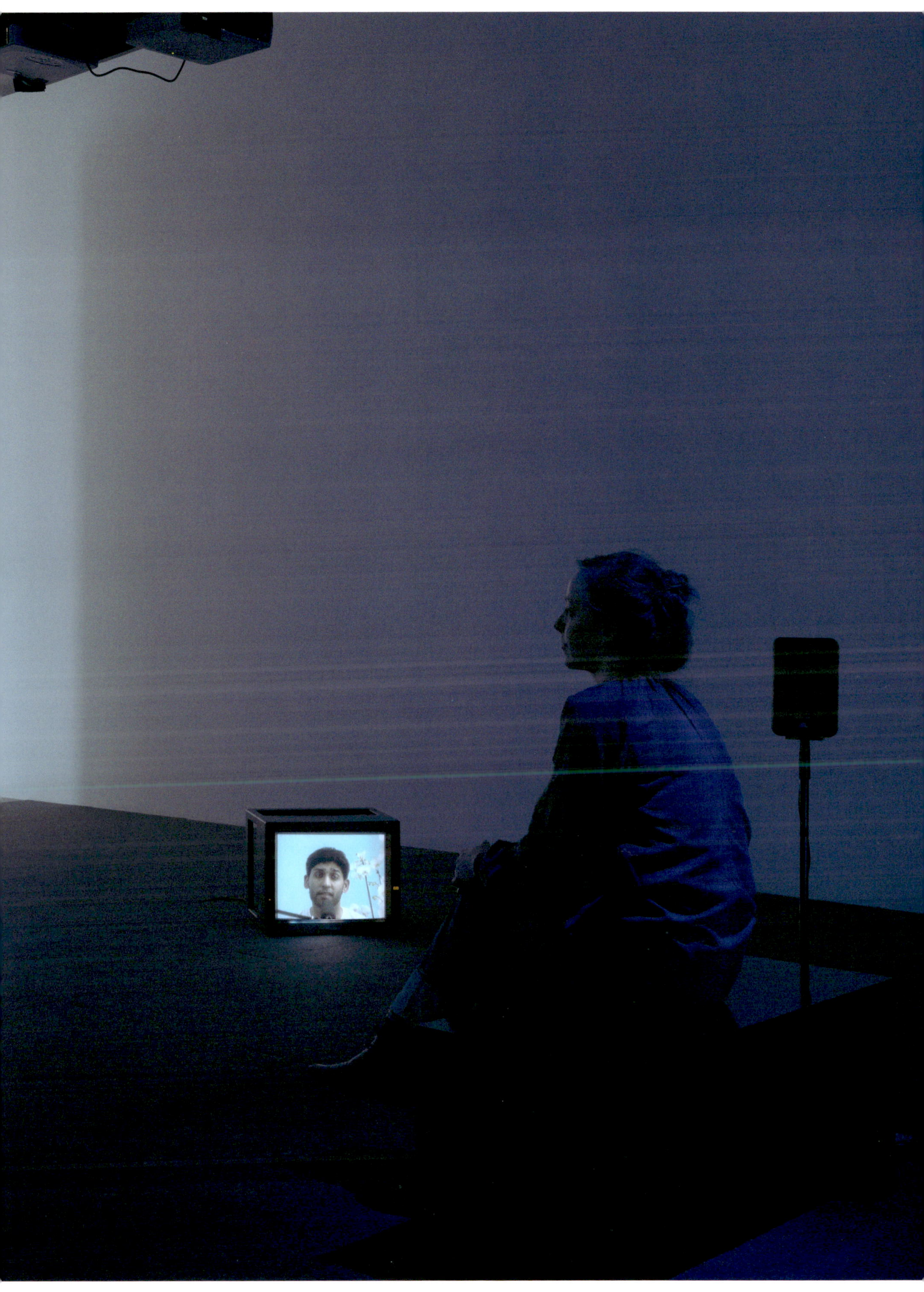

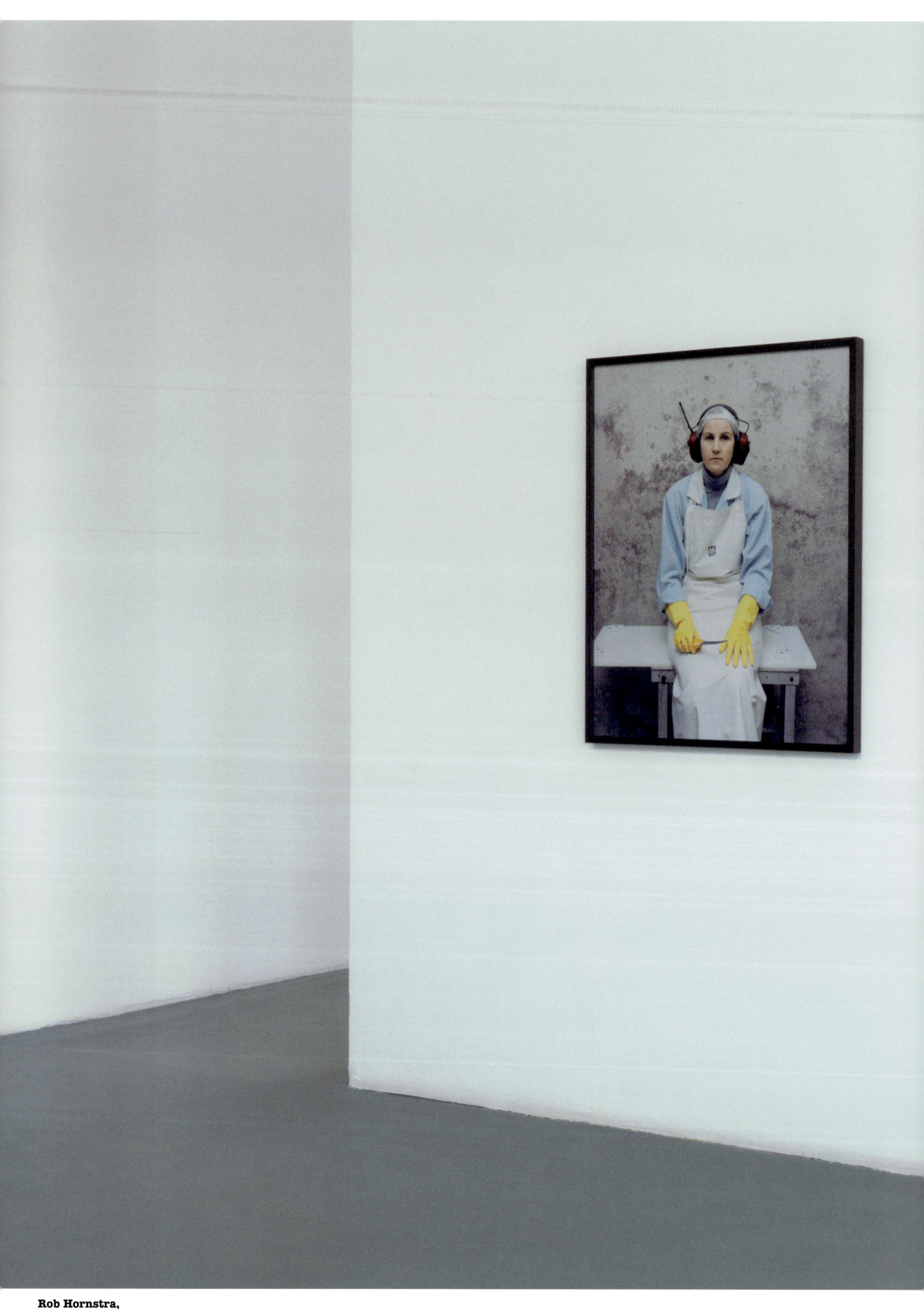

Tentoonstelling/Exhibition

Rob Hornstra,
Cook, Angarsk, Russia, 2008
Petrol station, Flateyri, Iceland, 2005

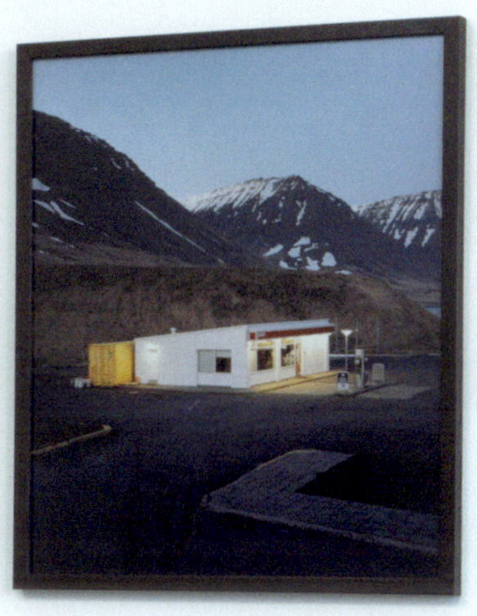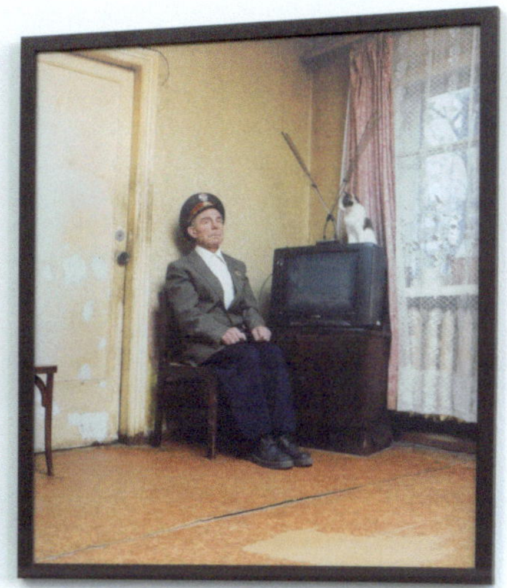

Aleksander, Nizjni Novgorod, Russia, 2007
courtesy Flatland Gallery

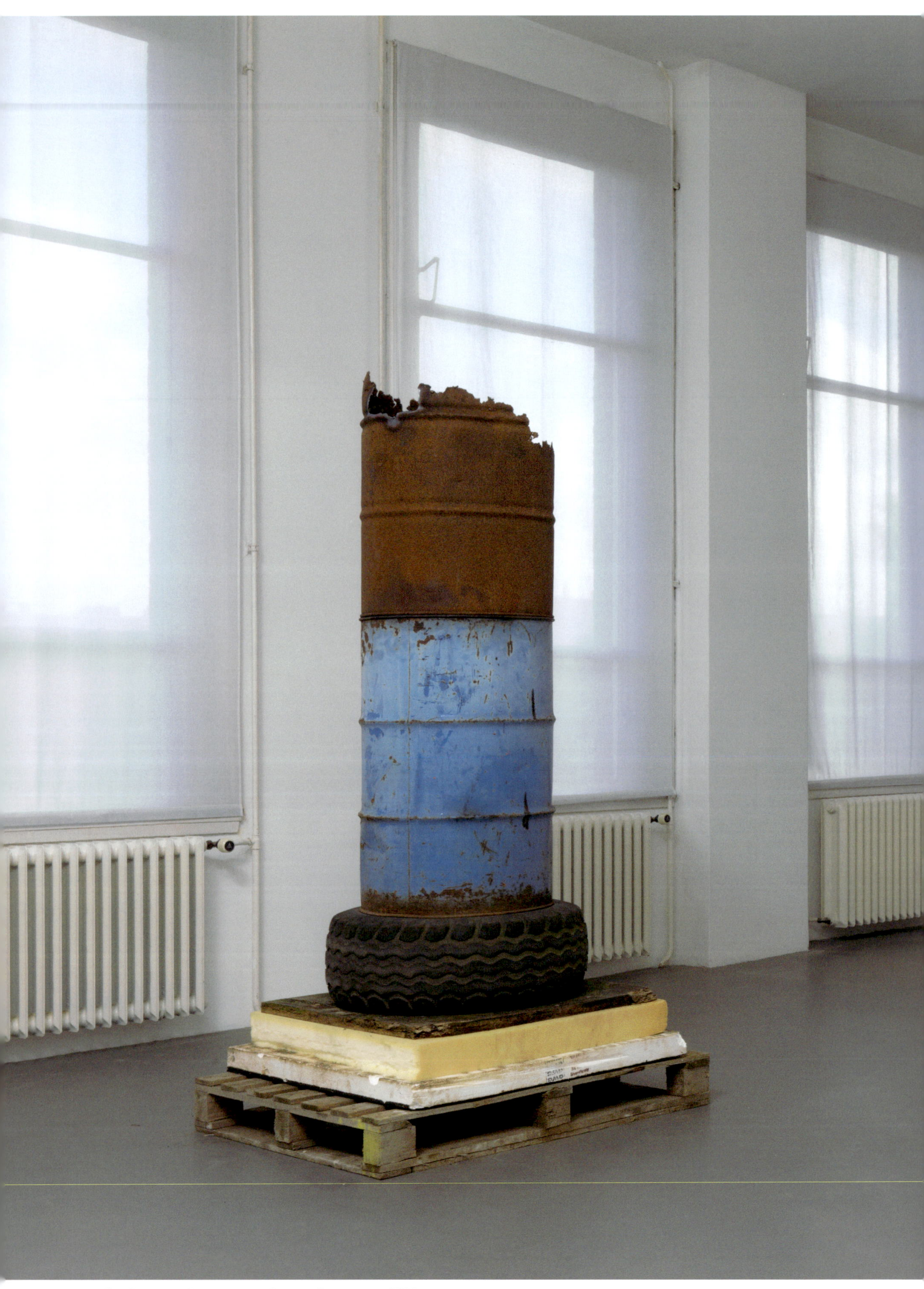

Helmut Smits, *Column – Our Legacy to Coming Generations,* 2009
Two dead trees supporting a living tree, 2007, c-print
courtesy van de kunstenaar/of the artist   Tentoonstelling/Exhibition

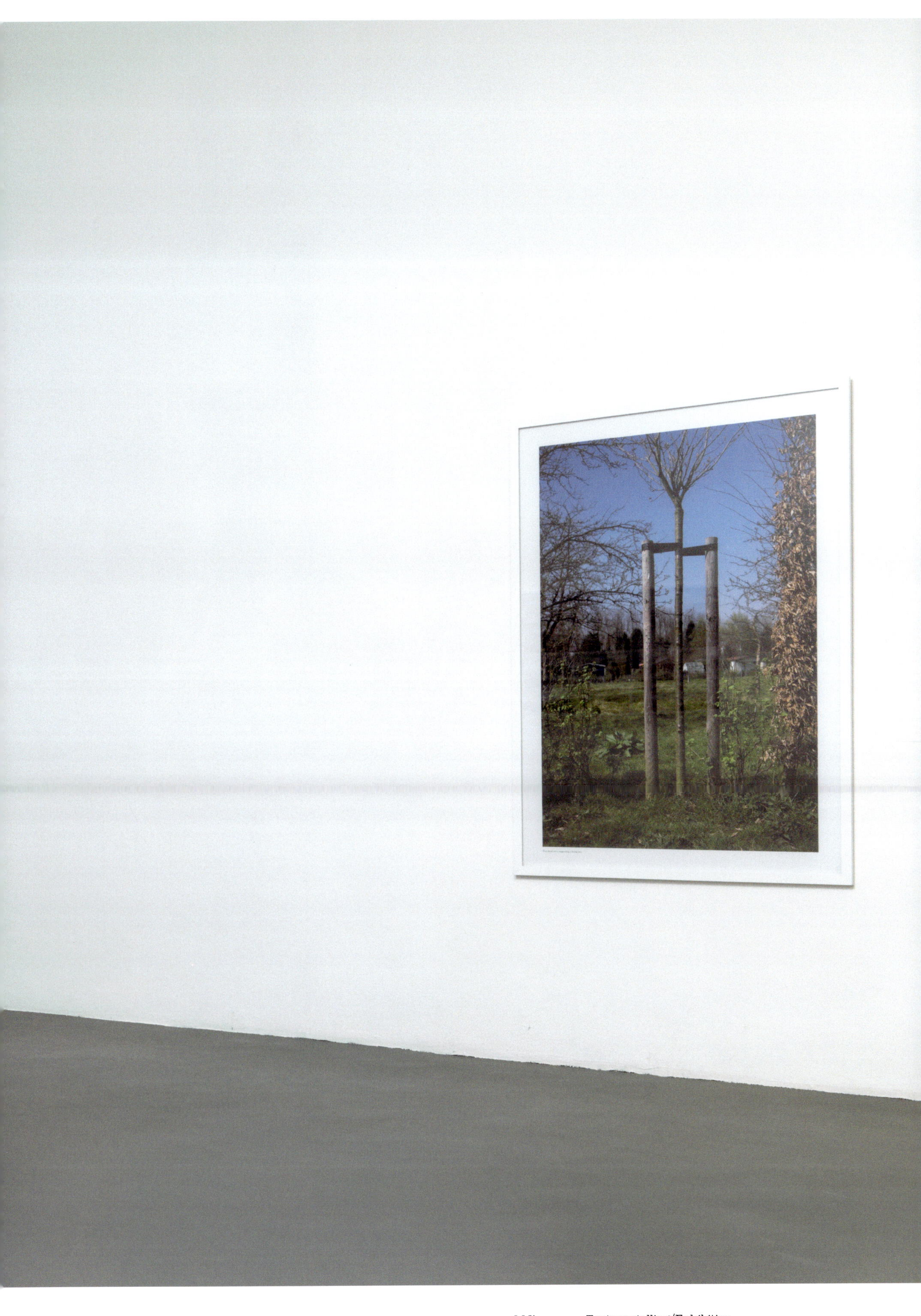

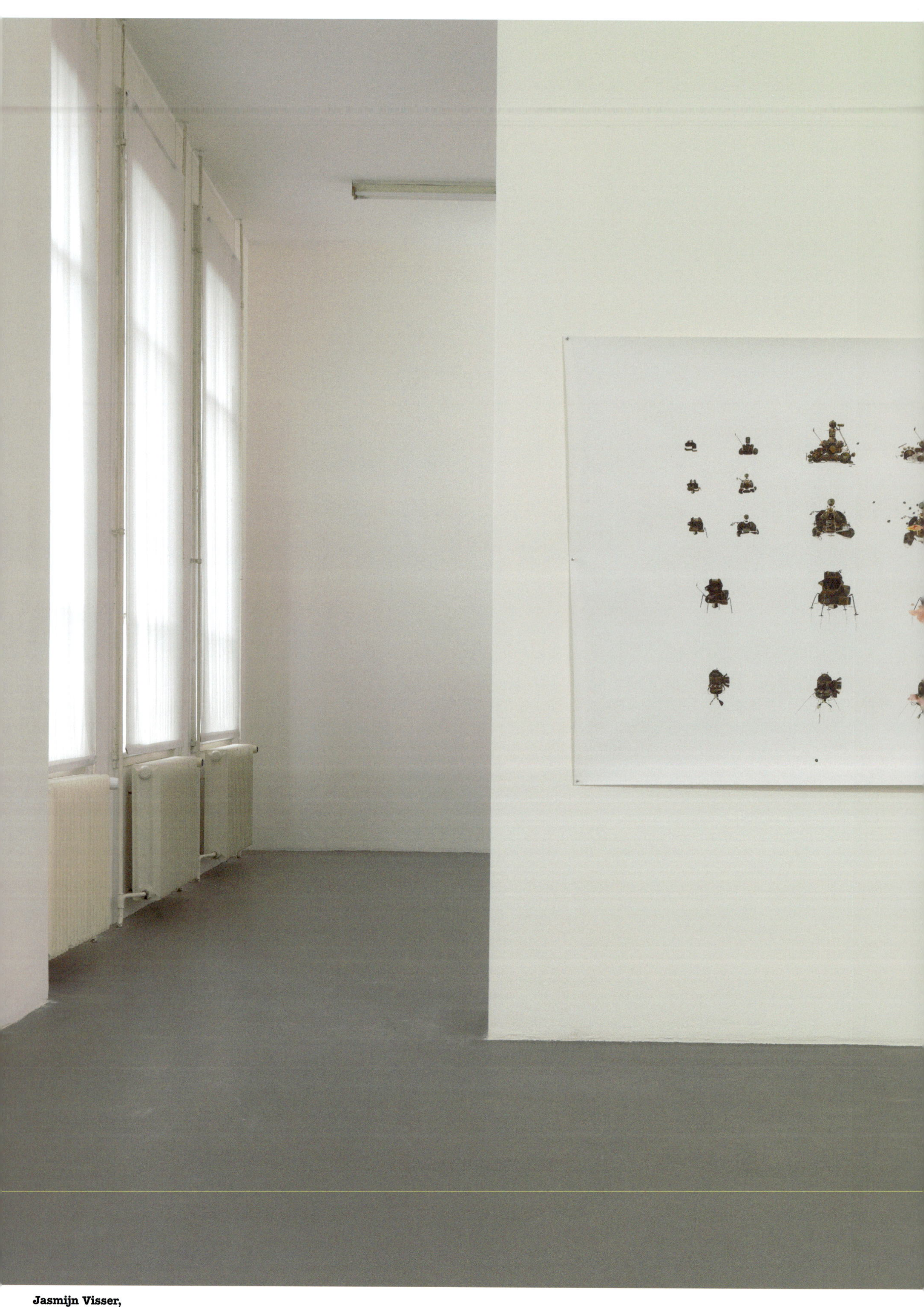

Jasmijn Visser,
Satellieten, 2009 tekening/drawing, 150 x 400 cm
courtesy van de kunstenaar/of the artist

Tentoonstelling/Exhibition

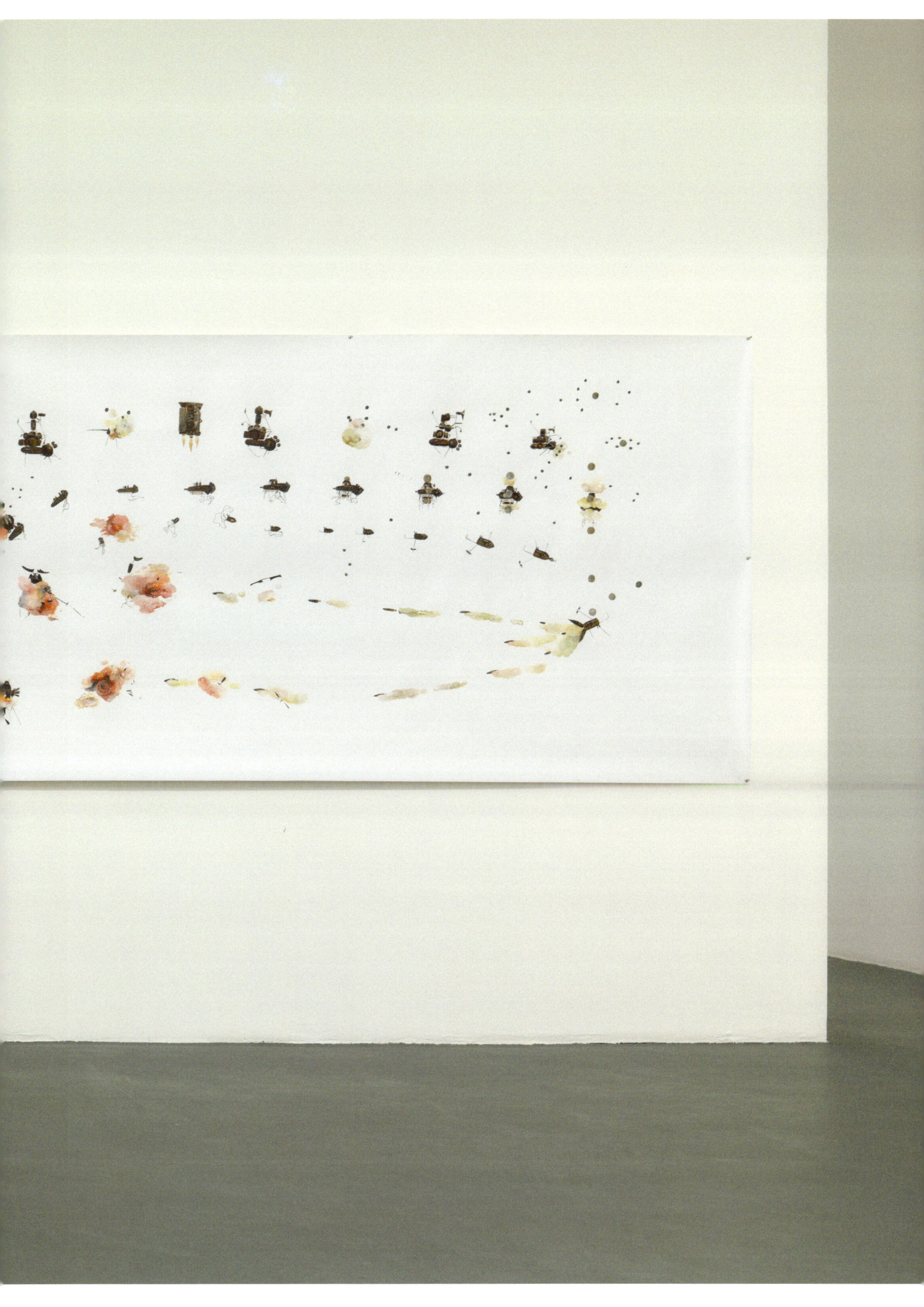

Feiten/
Facts

Lasten en lusten

De Prix is geen pretje. Dat was het nooit en is het nog niet.

Koning Lodewijk XIV besloot dat Franse kunstenaars de klassieken met eigen ogen moesten kunnen bekijken en bestuderen en stelde daartoe in 1666 de Prix de Rome in. In 1808, tijdens de Franse bezetting, voerde Lodewijk Napoleon, de jongere broer van de keizer, de (Nederlandse) Prix de Rome in, die later koninklijk werd omarmd door Willem I. Sinds 1870 heeft de Prix de Rome een gastvrij onderkomen bij de Rijksakademie van beeldende kunsten. In dat jaar (van oprichting) kreeg de Rijksakademie de Prix wettelijk als taak opgedragen. Zo'n honderd jaar lang was de Prix vooral een interne aangelegenheid, maar in 1985 ging de prijs een zelfstandiger bestaan leiden. Nu leven de Prix de Rome en de Rijksakademie als gast en gastheer, tot wederzijds profijt.

Enkele jaren geleden is 'de gast' uit logeren gegaan en in een groepshuwelijk terechtgekomen. Het zwaartepunt van de organisatie is verder 'buiten de muren' komen te liggen, bij presentatie- en mediapartners, en bij sponsorpartners: SNS REAAL Fonds, MAB Development, Inbo en dit jaar ook KPN. Dat delen – in een professioneel en vriendschappelijk netwerk – kan nog veel verder gaan. De specifieke opdracht aan de Prix de Rome, 'traceren van talent en signaleren van trends', verdient immers een zo breed mogelijke inbedding.

Een geschiedenis van lasten en lusten, voor de deelnemers aan de Prix de Rome: kunstenaars en architecten werkzaam in Nederland, tot 35 jaar. Aanvankelijk stonden op de weg naar Rome en Parijs bergen regels en eisen, zoals examens in anatomie en kunstgeschiedenis, en academische oordelen van de jury's uit het hoogleerarencorps van de Rijksakademie, in de weg naar opdrachten en glorie van de kunstenaars. Oude verplichtingen verdwijnen, nieuwe verschijnen.

Want ook nu, vanaf de renovatie van de Prix in 1985 en de pittige vernieuwingen in 2005, zijn er zowel lusten als lasten. Weliswaar anoniem beoordeeld worden, maar met een grote kans op afwijzing. Weliswaar de lokroep genomineerd te worden en onder ideale omstandigheden een werkperiode van enkele maanden te hebben *in residency*, in het internationale kunstenaarsinstituut Rijksakademie, maar met een enorm grote prestatiedruk. Meer publieke aandacht dan ooit, met tentoonstellingen in de gerenommeerde kunstcentra de Appel in Amsterdam en Witte de With in Rotterdam en bovendien grote media-aandacht via partners AVRO, *Kunstbeeld* en NAi Uitgevers – maar ook daarmee worden hogere eisen gesteld aan de kunstenaars. Er zijn gemakkelijker manieren een vergelijkbaar groot geldbedrag als het prijzengeld van de PRIXDEROME.NL te bemachtigen. En toch... schrijven steeds honderden kunstenaars zich in.

Tien kunstenaars worden in tentoonstelling en publicatie met hun werk getoond, vier van hen (genomineerden) maken nieuw werk in de werkperiode en maken hun experimenten openbaar. De uitkomsten van dat proces en van de kritische selectie door de internationale jury's zijn – zoals ook aangegeven door Sarah Farrer en Juan Gaitán, verbonden aan respectievelijk de Appel en Witte de With – belangwekkend voor kunstenaars en andere professionals in de kunstwereld, voor kunstonderwijs en kunsthistorische studies evenals voor allen geïnteresseerd in actuele kunst en cultuur, in Nederland en daarbuiten.

Janwillem Schrofer algemeen directeur Rijksakademie van beeldende kunsten secretaris jury Prix de Rome

Pros and Cons

The Prix is no picnic
– it never was and it still isn't.

King Louis XIV instituted the Prix de Rome in 1666 after he decided that French artists should be able to examine and study the classics with their own eyes. During the French occupation of the Netherlands, Louis Napoleon, the younger brother of the emperor, introduced the Dutch Prix de Rome, which was later given a royal welcome by King Willem I. Since 1870, the Prix de Rome has been hospitably accommodated in the Rijksakademie van beeldende kunsten in Amsterdam, which was founded and officially entrusted with the task of the Prix in that same year. For more than a century the Prix was primarily an internal affair, until in 1985 it began to lead a life of its own. Now the Prix de Rome and the Rijksakademie coexist as guest and host respectively, to the benefit of both parties.

A few years ago the guest put up elsewhere and ended up in a group wedding. The core of the organization has come to be situated further 'outside the walls' among presentation, media and sponsor partners: SNS REAAL Fonds, MAB Development, and Inbo, joined this year by KPN. That sharing process – in a network of professionals and friends – can still go much further. After all, the specific task of the Prix de Rome, 'to trace talent and pinpoint trends', requires the broadest possible embedding.

A history of pros and cons for the participants in the Prix de Rome: artists and architects who work in the Netherlands and are below the age of 35 years. Initially the road to Rome and Paris was beset by mountains of regulations and requirements, such as examinations in anatomy and art history, as well as academic verdicts by the juries from the body of professors of the Rijksakademie – obstacles in the way of the commissions and glory of the artists. Old obligations disappear, new ones arrive on the scene.

For today, after the renovation of the Prix in 1985 and the drastic innovations in 2005, there are still pros and cons. The adjudication process is anonymous, it is true, but there is a high chance of rejection. There is the attraction of being nominated and having a working period of a few months in residence under ideal conditions in the international artists' institute that is the Rijksakademie, but there is an enormous pressure to perform. There is more public attention than ever, with exhibitions in the famous art centres de Appel in Amsterdam and Witte de With in Rotterdam, plus big media attention via the partners AVRO, *Kunstbeeld* and NAi Publishers, but this too imposes higher demands on the artists. There are easier ways to get one's hands on a sum of money as large as the prize of the PRIXDEROME.NL. And yet, hundreds of artists still apply.

Ten artists and their work are presented in an exhibition and publication, four of them (nominated) make new work during the working period, and show their experiments to the public. The results of that process and of the critical selection by the international juries are – as also indicated by Sarah Farrer of de Appel and Juan Gaitán of Witte de With – of interest to artists and other professionals in the art world, to art education and art historical studies, and to all of those interested in present-day art and culture, both in the Netherlands and abroad.

Janwillem Schrofer General director, Rijksakademie van beeldende kunsten Secretary of the jury, Prix de Rome

Over de Prix de Rome

De PRIXDEROME.NL is de oudste en meest genereuze Nederlandse 'staatsprijs' voor kunstenaars en architecten (tot 35 jaar) die minimaal twee jaar wonen en werken in Nederland: traceren van talent en signaleren van trends, in een internationale context. In 2008 bestond de Prix de Rome 200 jaar in Nederland. Een jubileum, gevierd met een televisiedocumentairereeks (oktober–november 2008), een publicatie (november 2008) en een tentoonstelling in de Kunsthal Rotterdam (februari tot juni 2009). De *finissage* van de manifestatie '200 jaar Prix de Rome' vindt gelijktijdig plaats met de prijsuitreiking van PRIXDEROME.NL 2009.

GESCHIEDENIS

De Prix de Rome is in 1666 in Frankrijk ingesteld door Lodewijk XIV en in 1808 in Nederland ingevoerd door Lodewijk Napoleon. Met de oprichting van de Rijksakademie in 1870 is de uitvoering van de Prix de Rome als taak aan dit instituut verbonden, naast de internationale Research Residency en het beheer van de hedendaagse en historische collecties die teruggaan tot in de zeventiende eeuw. Inmiddels is de Rijksakademie uitgegroeid tot een expertisecentrum. Centraal thema bij alle activiteiten is 'ontwikkeling van individuele kunstenaars en van kunstenaarschap'. De Prix de Rome kent onder de winnaars vermaarde kunstenaars als Pier Pander (1885), Jan Sluijters (1904), Pieter Defesche (1949), Erik Andriesse (1988), Viviane Sassen (2007) en architecten als Cornelis van Eesteren (1921), Arthur Staal (1935), Wim Quist (1958), Piet Blom (1962), Adriaan Geuze (1990) en Ronald Rietveld (2006).

PRIXDEROME.NL

Vanaf 1985 – bij de reorganisatie van de Rijksakademie – kreeg de Prix de Rome een andere opzet. Zo werd het prijzengeld verhoogd en kwamen er ruimere mogelijkheden voor deelname. De betekenis van en de belangstelling voor de Prix de Rome namen als gevolg daarvan toe. De Prix bestond ieder jaar uit twee verschillende disciplines met steeds zijn eigen jury, bestaande uit vier internationaal actieve kunstenaars of architecten en een 'beschouwer'. De indeling in disciplines werd in 2005 afgeschaft en de Prix is een nieuwe fase ingegaan als PRIXDEROME.NL: PRIXDEROME.NL Beeldende Kunst eenmaal per twee jaar en PRIXDEROME.NL Architectuur eenmaal per vier jaar.

PROCEDURE

De Prix de Rome kent drie fasen: een anonieme voorronde (het wedstrijddeel), de eindronde (werkperiode) en publieke presentatie in publicatie, tentoonstelling en prijsuitreiking. In de voorronde sturen kunstenaars beeldmateriaal in en krijgen een inschrijfnummer om anonimiteit te verzekeren. De jury beoordeelt het werk en selecteert een longlist van tien kunstenaars. Deze tien kunstenaars presenteren hun werk aan de jury, die vier eindrondekandidaten kiest: de zogenaamde shortlist. De eindronde bestaat vervolgens uit een werkperiode van ca. vier maanden waarbij de shortlist-kunstenaars de beschikking krijgen over een atelier in de Rijksakademie in Amsterdam. Deze eindronde is een periode van geconcentreerd werken aan 'een project', los van omstandigheden en mogelijke eisen die de normale praktijk vraagt. In deze werkperiode maakt de kunstenaar nieuw werk dat wordt gepresenteerd in een tentoonstelling in de Appel, arts centre in Amsterdam en in Witte de With, Center for Contemporary Art in Rotterdam. Eindbeoordeling vindt tijdens de tentoonstelling plaats. De prijsuitreiking vindt enkele weken na de jurering plaats. Tijdens de prijsuitreiking wordt de eerste prijs toegekend, die €45.000 bedraagt, en worden de tweede prijs van € 20.000 en de twee basisprijzen van €10.000 bekendgemaakt. Tentoonstelling en prijsuitreiking zijn hoogtepunten van de Prix de Rome. Zowel de vakpers als de landelijke media besteden uitgebreid aandacht aan de prijswinnaars en hun werk.

SAMENWERKING

De PRIXDEROME.NL wordt georganiseerd door de Rijksakademie als netwerkorganisatie met de Appel, Witte de With en de Westergasfabriek als presentatiepartners, AVRO KunstUur, NAi Uitgevers en Kunstbeeld als mediapartners, en SNS REAAL Fonds, KPN, MAB Development en Inbo als sponsorpartners. De Rijksakademie biedt – naast supervisie en productie – ook *residency*-plaatsen aan de (4) shortlist-kunstenaars, mede mogelijk gemaakt met de steun van het Ministerie van OCW en Trustfonds Rijksakademie.

www.prixderome.nl
www.200jaar.prixderome.nl

About the Prix de Rome

The **PRIXDEROME.NL** is the oldest and most generous Dutch 'state' prize for artists and architects (younger than 35) who have lived and worked in the Netherlands for at least two years. It is a prize which traces talent and identifies trends in an international context.

In 2008 the Prix de Rome celebrated its bicentennial in the Netherlands. This important anniversary was commemorated with a series of television documentaries (October-November 2008), a publication (November 2008) and an exhibition in the Kunsthal Rotterdam (February to June 2009). The '200 years Prix de Rome' celebrations conclude with the release of this publication about the winners, the long-list candidates and the jury process, issued to coincide with the **PRIXDEROME.NL** 2009 award ceremony.

HISTORY

The Prix de Rome was instituted in France by Louis XIV in 1666 and introduced in the Netherlands by Louis Napoleon in 1808. When the Rijksakademie was founded in 1870, administration of the Prix de Rome was brought under the aegis of the new institute, together with the international Research Residency and management of contemporary and historical collections dating back to the seventeenth century. The Rijksakademie has since grown into a major centre of expertise.

The central theme of all the Rijksakademie's activities is the 'development of individual artists and artistic vocation'. Past winners of the Prix de Rome include renowned artists such as Pier Pander (1885), Jan Sluijters (1904), Pieter Defesche (1949), Erik Andriesse (1988), Viviane Sassen (2007) and architects such as Cornelis van Eesteren (1921), Arthur Staal (1935), Wim Quist (1958), Piet Blom (1962), Adriaan Geuze (1990) and Ronald Rietveld (2006).

PRIXDEROME.NL

When the Rijksakademie was reorganized in 1985, the Prix de Rome was also restructured: the prize money was raised and the entry conditions relaxed. These changes increased the Prix's significance and attracted greater interest in it. During this period the Prix de Rome was awarded every year to two different disciplines, each judged by its own jury composed of four internationally active artists or architects and an 'observer'. The division into disciplines was abandoned in 2005, ushering in a new phase in the Prix's history, as the **PRIXDEROME.NL**. The **PRIXDEROME.NL** Visual Arts is awarded once every two years, the **PRIXDEROME.NL** Architecture once every four years.

PROCEDURE

There are three phases to the Prix de Rome: an anonymous preliminary round (the competition), the final round (the working period) and public presentation via a publication, an exhibition and the award ceremony.

In the preliminary round artists submit visual material and are assigned an entry number, to ensure anonymity. The jury assesses the work and selects a long list of ten artists. These ten present their work to the jury, which chooses four candidates for the final-round short list.

The final round comprises a working period of circa four months, during which each artist has a studio at the Rijksakademie Amsterdam put at their disposal. For the artists this final round is a period of concentrated work on 'a project', isolated from the circumstances and constraints associated with their normal practice. In this time the artist creates new work that will be presented at an exhibition in the Appel Arts Centre in Amsterdam and the Witte de With Center for Contemporary Art in Rotterdam. The final judging takes place during the exhibition. The award ceremony is held several weeks later. At the ceremony the winners of the first prize, of € 45.000, the second prize, of € 20.000, and the two runners-up prizes, of € 10.000, are announced and their prizes presented. The exhibition and award ceremony are highpoints in the Prix de Rome. Both the art press and the national media devote considerable attention to the prize winners and their work.

COLLABORATION

The **PRIXDEROME.NL** is organized by the Rijksakademie, the network organization, in collaboration with presentation partners the Appel Arts Centre, the Witte de With Center for Contemporary Art and the Westergasfabriek, media partners AVRO KunstUur, NAi Publishers and Kunstbeeld, and sponsor partners SNS REAAL Fonds, KPN, MAB Development and INBO. In addition to supervising and producing the Prix, the Rijksakademie also provides the (four) short list artists with residencies, which are partially financed by the Ministry of Education, Culture and Science and the Rijksakademie Trust Fund.

www.prixderome.nl
www.200jaar.prixderome.nl

Biografieën jury

KESTUTIS KUIZINAS
(1968, Kaunas, LT)
Erevoorzitter
Kestutis Kuizinas is sinds 1992
directeur van het Contemporary
Art Centre in Vilnius. Hij was
als curator verantwoordelijk
voor het Litouwse Paviljoen van
de 49ste Biënnale van Venetië
(2001) en de Litouwse deelname
aan de Biënnale van São Paolo
in 2004. Kuizinas speelde een
belangrijke rol – voor eigen land
en daarbuiten – bij het op de
kaart zetten van Oost-Europa
in de hedendaagse beeldende
kunst. Hij was artistiek directeur
van de 8e en 9e Baltic Triennial
of International Art in Vilnius
in 2002 en 2005. Met zijn
project 'On Mobility' vond hij
samenwerkingsverbanden
met de Appel in Amsterdam,
Büro Friedrich in Berlijn en
Trafó Galéria/Mûcsarnok in
Boedapest (2006).

JURGEN BEY
(1965, Soest, NL)
Vormgever Jurgen Bey volgde
zijn opleiding aan de Design
Academy Eindhoven.
Momenteel is hij docent aan
het Royal College of Art in
Londen en eerder was hij
professor aan de Staatliche
Hochschule für Gestaltung in
Karlsruhe. Hij ontving vele
prijzen voor zijn werk, waaronder van het Prins Bernhard
Cultuurfonds. Bey analyseert
de wereld waarin we leven uit
nieuwsgierigheid en stelt het
nieuw en anders ervaren van
de realiteit voorop. Hij probeert
de verborgen kwaliteiten, de
verhalen en emotionele waarde
van dingen te ontdekken en
gebruikt zijn bevindingen om
nieuwe, doordachte versies van
deze objecten te creëren. Los
van de basale functionaliteiten
draagt zijn conceptuele werk bij
aan de internationale discussie
over de rol van design en de
ontwerper. Met zijn projecten

neemt Bey regelmatig deel aan
tentoonstellingen in binnen- en
buitenland. Hij woont en werkt
in Rotterdam.

YAEL BARTANA
(1970, Afula, IL)
Beeldend kunstenaar Yael
Bartana volgde kunstopleidingen
aan de Bezalel Academy of
Arts and Design in Jeruzalem
en de School of Visual Arts in
New York. Zij werkt vooral met
video. In haar werk krijgen
alledaagse gebeurtenissen een
meervoudige interpretatie,
waarin haar geboorteland Israël
vaak centraal staat. Politiek
engagement en sociale betrokkenheid is voor haar van groot
belang in hedendaagse kunst.
Bartana won de tweede prijs in
de PRIXDEROME.NL 2005
Beeldende Kunst. Met het werk
Summer Camp nam ze deel aan
de Documenta 12 in Kassel.
Bartana woont en werkt af-
wisselend in Amsterdam, Tel
Aviv en Berlijn.

BRUCE MCLEAN
(1944, Glasgow, GB)
Beeldend kunstenaar Bruce
McLean is opgeleid aan de
Glasgow School of Art en al
sinds de jaren zestig bekend
als controversieel kunstenaar.
Hij werkt in alle disciplines
van tekenen en schilderen,
sculptuur, performance art en
film tot en met architectuur.
In zijn werk neemt hij de in
zijn ogen pompeuze kant van
de kunstwereld op de hak en
drukt hij zich uit in kleurrijk
en humorvol werk. McLean
doceert aan het Goldsmiths
College en woont en werkt in
Londen.

BARBARA VISSER
(1966, Amsterdam, NL)
Beeldend kunstenaar Barbara
Visser studeerde aan de Gerrit
Rietveld Academie in Amsterdam
en de Cooper Union University

in New York. Haar werk – foto's,
video's en installaties – wordt
gekenmerkt door het ontregelen
van verwachtingspatronen,
zoals haar gastoptreden in
1995 onder eigen naam in een
Litouwse soap in de rol van
kunstenaar. Zij speelt een spel
met het beeld van origineel en
kopie. In 2006 was in het
Museum De Paviljoens in Almere
een overzichtstentoonstelling
van haar werk te zien. Visser
won meerdere internationale
prijzen waaronder de Prijs
Jonge Belgische Schilderkunst,
de Friedrich Vordemberge-
Gildewart Preis, de David Röell
Prijs en meest recent de prestigieuze Dr. A.H. Heinekenprijs
voor de Kunst 2008.

JANWILLEM SCHROFER
(1945, Amsterdam, NL)
*Secretaris/logistiek voorzitter
(zonder stemrecht) Algemeen
directeur Rijksakademie van
beeldende kunsten*
Janwillem Schrofer studeerde
organisatiesociologie aan de
Erasmus Universiteit in
Rotterdam. Sinds 1983 is hij
directeur en begeleider van de
Rijksakademie, waar de organisatie van de Prix de Rome is
ondergebracht. In 1985 was hij
verantwoordelijk voor de reorganisatie van deze instellingen.
Schrofer is lid van verschillende
werkgroepen en commissies,
waaronder de commissie
bijzondere Muntuitgiften van
het Ministerie van Financiën.
Daarnaast geeft hij adviezen
aan de overheid (provincie Zuid-
Holland, Ministerie van OCW,
Raad voor Cultuur) en aan
kunstinstellingen en kunste-
naarsinitiatieven in binnen- en
buitenland, waaronder Azië,
Afrika en Latijns-Amerika
(RAIN Artists' Initiatives
Network).

KESTUTIS KUIZINAS
(1968, Kaunas, LT)
Honorary president
Kestutis Kuizinas has been director of the
Contemporary Art Centre in Vilnius since 1992.
As curator he was responsible for the Lithuania
Pavilion at the 49th Biennale in Venice and the
Lithuanian contribution to the Bienal de São
Paolo in 2004. Kuizinas has played an important
role – at home and abroad – in putting Eastern
Europe on the map in contemporary visual art.
In 2002 and 2005 he was artistic director of
the 8th and 9th Baltic Triennial of International
Art in Vilnius. Through his project 'On Mobility'
he developed collaborative relations with de
Appel in Amsterdam, Büro Friedrich in Berlin
and Trafó Galéria/Mûcsarnok in Budapest
(2006).

JURGEN BEY
(1965, Soest, NL)
Designer Jurgen Bey trained at the Design
Academy in Eindhoven. He currently teaches
at the Royal College of Art in London and was
previously a professor at the Staatliche Hochschule für Gestaltung in Karlsruhe. Bey has
received many prizes for his work, including
one from the Prince Bernhard Culture Fund.
Curiosity prompts him to examine the world in
which we live; new and different experiences
of reality are his priority. He endeavours to
uncover the hidden qualities of things, their
stories and associated emotional value, and
uses his discoveries to create new, well-
considered versions of these objects. In addition
to its basic functions, his conceptual work
contributes to the international debate on the
role of design and the designer. Bey's projects
regularly feature in exhibitions at home and
abroad. He lives and works in Rotterdam.

YAEL BARTANA
(1970, Afula, IL)
Artist Yael Bartana trained at the Bezalel
Academy of Arts and Design in Jerusalem and
the School of Visual Arts in New York. She
mainly works with video, endowing everyday
events with multiple interpretations, in which
her native country of Israel often plays a central
role. Bartana considers political engagement
and social involvement of great importance in
contemporary art. She won second prize in the
PRIXDEROME.NL 2005 Visual Art, and has
also participated in Documenta 12 in Kassel
with her work *Summer Camp*. Bartana lives
and works in Amsterdam, Tel Aviv and Berlin.

BRUCE MCLEAN
(1944, Glasgow, GB)
Artist Bruce McLean trained at the Glasgow
School of Art. He has enjoyed a reputation as a
controversial artist since the 1960s. McLean
works in all the disciplines, from drawing and
painting, sculpture, performance art and film
to architecture. In his work he ridicules what
he regards as the pompous side of the art world
and expresses himself in colourful, humorous
pieces. McLean teaches at Goldsmiths College
and lives and works in London.

BARBARA VISSER
(1966, Amsterdam, NL)
Artist Barbara Visser studied at the Gerrit
Rietveld Academy in Amsterdam and the
Cooper Union University in New York. Her
work – photos, videos and installations – is
characterized by a dislocation of expectations,
as in her guest appearance as an artist, under
her own name, in a Lithuanian soap series in
1995. She likes to play games with the image
of original and copy. In 2006 a retrospective
of her work was held in Museum De Paviljoens
in Almere. Visser has won a number of international prizes, including the Prize for Young
Belgian Painting, the Friedrich Vordemberge-
Gildewart Preis, the David Röell Prize and, most
recently, the prestigious Dr. A.H. Heineken Prize
for Art 2008.

JANWILLEM SCHROFER
(1015, Amsterdam, NL)
Secretary/logistics manager (no vote)
General director of the Rijksakademie
van beeldende kunsten
Janwillem Schrofer studied organizational
sociology at the Erasmus University in
Rotterdam. He has been director and counsellor
at the Rijksakademie, under whose aegis the
Prix de Rome is held, since 1983. In 1985 he
was responsible for the reorganization of these
institutions. Schrofer is a member of various
working groups and committees, including the
Dutch Ministry of Finance's committee for
special coin issues. He also advises several
Dutch government bodies (the province of Zuid-
Holland, the Ministry of Education, Culture
and Science, and the Council for Culture) and
art institutions and artists' initiatives at home
and abroad, in Asia, Africa and Latin America
(the RAIN Artists' Initiatives Network).

Biografieën shortlist-kunstenaars/
Biographies Short-list Artists

Rossella Biscotti
(1978, Molfetta, IT)

Opleiding/Education

2000   Advance Course in Visual Art, with Ilya Kabakov, Fondazione A. Ratti, Como (IT)
1997–2002 Accademia di Belle Arti, Napoli (IT)

Recidencies/Workshops

2008   CAC, Vilnius (LT)
2006–2007 Italian Academy at Columbia University, New York City, NY (USA)

Beurzen/Grants

2007   Nederlands Fonds voor de Film, Amsterdam (NL)
2006–2007 Dienst Kunst en Cultuur, Rotterdam (NL)

Prijzen/Awards

2008   Emerging talents, Strozzina Foundation, Florence (IT)
2008   Mies van der Rohe Stipendium, Krefeld (DE) (nominatie/nomination)
2008   Golden Cow (1st Prize), Gstaadfilm, Gstaad (CH)
2007   The City of Geneva Grand Prize (1st Prize) at the 12th Biennial of Moving Images, Centre pour l'image contemporain, Genève (CH)
2007   Premio NY, Italian Ministry of Foreign Affairs in collaboration with the Italian Academy and the Columbia University in New York, NY

Solotentoonstellingen (een selectie)/
(Selected) solo exhibitions

2009   Nomas foundation, Rome (IT), 'The Heads in Question'
2008   Wilfried Lentz, Rotterdam (NL), 'The Undercover Man'
2008   Prometeogallery di Ida Pisani (voormalige kerk van/former church of San Matteo, Lucca (IT)), 'You have to be focused'
2008   Piccolo Museion Bolzano/Bozen (IT), 'Everything is somehow related with…'
2007   Italian Academy at Columbia University, New York, NY, 'The sun shines in Kiev'
2007   Fonds BKVB, Amsterdam (NL), 'Cities of Continuous lines' (met/with Kevin van Braak)

Groepstentoonstellingen (een selectie)/
(Selected) group exhibitions

2009   Arte compempo, Lisboa (PT), 'Republic or the theatre of people'
2008   HISK, Gent (BE), 'What is my name?'
2008   Lokaal 01, Breda (NL), 'The experience of Atopia'
2008   Museion, Bolzano/Bozen (IT), 'Peripheral vision and collective body'
2008   Fondazione Sandretto Re Rebaudengo, Torino (IT), 'Dai tempo al tempo'
2008   Netwerk, Aalst (BE), 'Cabinet of imagination'
2007   De Garage, Mechelen/Cultuurcentrum Strombeek (BE), 'Looking for the Border'
2007   Centro per l'arte contemporanea Luigi Pecci, Prato (IT), 'Nessuna Paura (No Fear)'
2007   Museo d'Arte Nuoro, Nuoro (IT), 'L'evento immobile'
2007   Vianuova Arte Contemporanea, Firenze (IT), 'Geografie'
2007   Victoria Memorial Hall, Calcutta/National Gallery of Modern Art, New Delhi/National Gallery of Modern Art, Mumbai (IN), 'On the edge of vision'

Film/videovertoningen (een selectie)/
(Selected) film/video screenings

2009   Image Forum Festival, Park Tower, Tokyo/Aichi Arts Center, Nagoya/Yokohama Museum of Art, Yokohama/Museum of Modern Art, Sapporo (JP)
2009   International Film Festival, Rotterdam (NL)
2009–2008 Rencontres Internationales, Museo National Reina Sofia, Madrid (ES)/Jeu de Paume, Paris (FR)/Haus der Kulturen der Welt, Berlin (DE)
2008   Gstaad Film Festival, Gstaad (CH)
2007   12th Biennial of Moving Images, Centre pour l'image contemporain, Genève (CH)

Publicaties (een selectie)/
(Selected) publications

2008   *Peripheral vision and collective body*, Bolzano/Bozen/Ostfildern: Museion/Hatje Catz
2007   *Looking for the Border*, Mechelen: De Garage/Strombeek: Cultuurcentrum
2007   *Nessuna paura*, Prato: Center for contemporary art Luigi Pecci
2007   *Cities of Continuous Lines*, Amsterdam: Fonds BKVB
2007   *On the edge on the vision*, Calcutta/New Delhi/Mumbai: Victoria Memorial Hall/National Gallery of Modern Art/National Gallery of Modern Art

Artikelen/Articles

2008   R. Biscotti, 'Everything is somehow related', *Zona #2*, supplement to *Abitare* no. 484, July (met/with cover)
2008   R. Saviano, 'Mafia & Politica', *L'Espresso* (met/with cover)
2007   L. Bruni, 'Rossella Biscotti', *Flash Art*, November

Nicoline van Harskamp
(1975, Hazerswoude, NL)

Opleiding/Education

1997–1998 Chelsea College of Art and Design, London (GB)
1994–1997 Koninklijke Academie van Beeldende Kunsten, Den Haag (NL)

Residencies

2007–2008 Rijksakademie van beeldende kunsten/Dutch Ministry of Education, Culture and Science (NL)
2005   Projectstudio Berlin, Berlin (DE)
2004   Platform Garanti, Istanbul (TR)

Beurzen/stipendia/Fellowships/stipends

2006   Danish Arts Council, København (DK)
2004   London Arts Council, London (GB)

Prijzen/Awards

2004   Beck's Futures 2004 (GB) (shortlist)

Solotentoonstellingen (een selectie)/
(Selected) solo exhibitions

2009   Spinoza Festival, Amsterdam (NL), 'Any Other Business'
2007   Casco Projects, Utrecht (NL), 'To Live Outside The Law You Must Be Honest'
2007   Nikolaj Copenhagen Contemporary Art Center, København (DK), 'To Live Outside the Law You Must Be Honest'
2006   California Museum of Photography, Riverside (USA), 'Supervision'
2005   Coleman Project Space, London (GB), 'Watchers'

Groepstentoonstellingen (een selectie)/
(Selected) group exhibitions

2009   City Gallery Prague, Praha (CZ), 'Monument to Transformation'
2008   HDLU, Zagreb (HR), 'Salon of the Revolution'
2008   Taipei Biennial, Taipei (TW)
2008   Van Abbemuseum, Eindhoven (NL), 'Be(com)ing Dutch'
2008   Extra City, Antwerp (BE), 'Error #9'
2008   Gasworks, London (GB), 'Disclosures'
2007   IAS, Arts Council of Korea, Seoul (KR), 'Tongue Liberated!'
2007   Architekturforum Linz, Linz (A), 'Revisit: Urbanism made in London'

Film/videovertoningen (een selectie)/
(Selected) film/video screenings

2009   Power Plant Contemporary Art Gallery, Toronto (CA)
2008   International Film Festival Rotterdam (NL)
2008   Shedhalle, Zürich (CH)

| 2007 | Anarchistische Pinksterlanddagen, Appelscha (NL) |
| 2007 | Cube Cinema, Bristol (GB) |

Lezingen, debatten en seminars/
Lectures, debates and seminars

2009	Theater Frascati, Amsterdam (NL), 'Crisis in Frascati'
2009	Witte de With, Rotterdam (NL), 'Rotterdam Dialogues: the Artists'
2009	Waag Society, Amsterdam (NL), 'Utopian Practices'
2008	De Brakke Grond, Amsterdam (NL), 'Project Perform'
2008	Metropolitan University, London (GB), 'Initiative and Institution'
2007	Birkbeck School of Law, London (GB), 'Critical Legal Conference'

Publicaties (een selectie)/(Selected) publications

2008	*Open #15*, Rotterdam: NAi Publishers/SKOR
2008	Taipei Biennial catalogue
2007	*Re: Colonization*, Poznan: Galeria Meijska Arsenal
2007	*Pilotprojekt Gropiusstadt: Jahrbuch 2006*

Diversen/Other

| 2009 | Akademie van Bouwkunst, Amsterdam, gastspreker/guest lecturer |
| 2007 | Research Group of Fine Arts, St. Joost Akademie Breda/ Avans University Den Bosch (NL) |

Sara Rajaei
(1976, Abadan, IR)

Opleiding/Education

| 1998–2002 | Koninklijke Academie van Beeldende Kunsten, Den Haag (NL) |
| 1996–1998 | The University of Art, Teheran (IR) |

Residencies

| 2003–2004 | Rijksakademie van beeldende kunsten, Amsterdam (NL) |

Beurzen/stipendia/Fellowships/stipends

2009	Stroom, Den Haag (NL)
2008	Film Fonds, Amsterdam (NL)
2008	Rotterdams fonds voor de film en audiovisuele media (NL)
2007	Fonds BKVB, Amsterdam (NL)
2007	Stroom, Den Haag (NL)
2007	OSI Foundation, ACNP, Budapest (HU)
2006	Kunstvereniging, Diepenheim (NL)
2003, 2004	Rijksakademie van beeldende kunsten/Dutch Ministry of Education, Culture and Science (NL)

Prijzen/Awards

2008	Fair-play festival (CH) (eindronde/final selection)
2008	Fritschy Cultuurprijs Sittard-Geleen (NL) (nominatie/nominated)
2004	International Kansk Video Festival (RU) (eindronde/final selection)
2003	Mama Cash Art Prize (NL) (nominatie/nominated)

Solotentoonstellingen /Solo exhibitions

| 2004 | Haft-samar gallery, Teheran (IR), 'Veronica's nostalgia' |

Groepstentoonstellingen (een selectie)/
(Selected) group exhibitions

2008	Approach Art, Pécs (HU), '… from their planet …',
2008	Poznan (PL), 'Mediations Biennale'
2008	Kunstraum Walcheturm, Zürich (CH), '… from their planet …'
2007	GfKFB, Berlin, (DE), '… from their planet …'
2006	Kunstvereniging Diepenheim (NL), '6 Kunstwerken op locatie'
2006	Tbilisi (GE), 'Caucasus Biennale'

Film/videovertoningen (een selectie)/
(Selected) film/video screenings

2008	Museum of Modern Art-Kino Lab, Warzawa (PL)
2008	Fair-Play Festival 2008, Lugano (CH)
2008	Rencontres internationales Paris/Berlin/Madrid, Madrid (ES)
2008	Viewfest, Torino (IT)
2008	Product Festival 2008, Varna (BG)
2008	Rencontres internationals Paris/Berlin/Madrid, Berlin (D)
2007	Detroit 10th International Film & Video Festival, The Museum of New Art, Detroit (USA)
2007	'Udine International Film Studies Conference', Udine (IT)
2007	At home in Europe project, screening tour: Sofia (BG), Stockholm (S), Bergen (N), Riga (LT), Newcastle (GB)
2007	18th International Festival de Curtas-metragens, São Paulo (BR)
2007	Berwick Film Festival 2007, Berwick (GB)
2007	39.Bemus (met/with Ana Mihajlovic), Beograd (SB)
2007	Mafiafest 2007, Amsterdam (NL)
2007	Rencontres internationales Paris/Berlin/Madrid, Paris (F)

Overige/Other

2005–2007	'Routes…report from the land of dreams': A regional trip towards The Caucasus (Armenia, Georgia, Azerbijan) and Iran, curator: Harm Lux
2006–2007	'…from their planet…', curator: Harm Lux
2007	'One-stop', organized by Tram Foundation, Tbilisi (GE)
2008	'Gastarbeiderdating', curator: Irina Birger & Katja Sokolova, Mediamatic, Amsterdam (NL)

Ólafur Ólafsson
(1973, Reykjavík, IS)

Libia Castro
(1969, Madrid, ES)

werken samen sinds/work together since 1997

Prijzen/Awards

2008	The 15th Icelandic Music Awards (nominatie voor compositie van het jaar met/nomination with Karólína Eiríksdóttir for Composition of the Year)
2007	Prix Gilles Dusein (nominatie/nomination)
2006	DV Culture Prize, Iceland (nominatie/nomination)

Ólafur Ólafsson

Opleiding/Education

1997–1999	Frank Mohr Instituut MFA, Groningen (NL)
1996–1997	Academie Minerva, Groningen (NL)
1993–1996	The Icelandic College of Arts and Crafts, Reykjavík (IS)

Residencies

2008	Künstlerhaus Bethanien, Berlin (D)
2007	FAAP, São Paolo (BR)
2007	Townhouse Gallery, Cairo (ET)
2003	Platform Garanti CAC, Istanbul (TR)

Libia Castro

Opleiding/Education

1997–1999	Frank Mohr Instituut MFA, Groningen (NL)
1994–1996	Academie Minerva, Groningen (NL)
1993	Nuova Accademia de Belli Arti, Milano (IT)
1992	Folkwang Hochschule für Musik, Tanz, Theater, Essen (D)
1990–1993	Fachhochschule für Design, Dortmund (D)

Solotentoonstellingen (een selectie)/
(Selected) solo exhibitions

| 2009 | Gallery Arve Opdahl, Berlin (D), 'Libia Castro & Ólafur Ólafsson' |

2008	Reykjavík Contemporary Art Museum, Reykjavík (IS), 'Everybody is doing what they can'
2008	Künstlerhaus Bethanien, Berlin (D), 'Recent Works'
2008	Galria Adhoc, Vigo (ES), 'Libia Castro and Ólafur Ólafsson'
2007	CAC-Málaga, Málaga (ES), 'Libia Castro and Ólafur Ólafsson'

Groepstentoonstellingen (een selectie)/
(Selected) group exhibitions

2009	Biennale Cuveé, Ok Center, Linz (A), 'World selection of contemporary art biennials'
2009	Zacheta – The National Gallery of Art, Warzawa (P), 'Invasión of Sound'
2009	Momentum – 5th Nordic Biennial of Contemporary Art, Moss (Norway), 'Favored Nations'
2008	Manifesta 7, Südtirol/Alto Adige (IT), 'Principle Hope'
2008	Van Abbemuseum, Eindhoven (NL), 'Be(com)ing Dutch'
2008	Akureyri Art Museum, Akureyri (IS), 'Bæ bæ Ísland'
2008	Rotor, Association for Contemporary Art, Graz (A), 'Tit for Tat-Counter Images for Transcultural Thinking and Acting'
2007	Safn Museum, Reykjavík (IS), 'Sequences'
2007	TENT./CBK Rotterdam, Rotterdam (NL), 'De Vreemdeling'

Film/videovertoningen (een selectie)/
(Selected) film/video screenings

2008	Drumsolo H42, Lortur Biennial, Reykjavík (IS)
2008	Noordelijk Film Festival, Leeuwarden (NL)
2008	Liquid Frontiers, Europe XXL Festival, Lille (FR)
2007	Borderline Festival, Pekin (CH)

Overige/Others

2008	Reykajvík Art's University, Reykjavik (IS), lezingen, gastdocentschap en workshop/lectures, guest teaching and workshop
2008	Van Abbemuseum, Eindhoven (NL), 'Caucus/Be(com)ing Dutch', lezing, presentatie/lecture, presentation
2008	Reykajvik's Art Museum, Reykjavík (IS), artist's talk
2007	DAI, MFA, gastdocentschap/guest teaching en/ and workshop in Diyarbakir (TR) in project 'Here as the center of the world', georganiseerd door/organized by DAI Enschede (NL)
2007	Faculty of Visual Arts, University of Madrid (ES), gastdocentschap en workshop/guest teaching and workshop
2007	Dutch Art Institute, Enschede (NL), lezing, presentatie/ lecture, presentation
2007	Anadolu Culture, Diyarbakir (TR), lezing, panel/ lecture, panel
2007	Town House Gallery, Cairo (EG), lezing, presentatie/ lecture, presentation

Publicaties (een selectie)/
(Selected) publications

2009	Axel Lapp, 'Libia Castro and Ólafur Ólafsson, The Future Greats', *Art Review*, maart/March
2009	Serena De Dominicis, 'Libia Castro e Ólafur Ólafsson/ Immersion Projects', *Arte e Critica* 57
2008	*Manifesta 7* (cat.), Amsterdam: Manifesta
2008	Carsten Probs, 'Waiting for my Soul', BE #15, Berlin: Künstlerhaus Bethanien
2007	*Libia Castro and Ólafur Ólafsson* (cat), Málaga: CAC-Málaga

Prix de Rome
winnaars/winners 1884–2007

1884
Jac. van Looy 1e prijs schilderkunst/1st prize painting
Jan Dunselman 1e prijs schilderkunst/1st prize painting

1885
P. Pander 1e prijs beeldhouwkunst/1st prize sculpture

1887
P.Ph. Rink 1e prijs schilderkunst/1st prize painting
P.C. de Moor 2e prijs schilderkunst/2nd prize painting

1888
E. Jacobs 1e prijs beeldhouwkunst/1st prize sculpture
J.W. Best 2e prijs beeldhouwkunst/ 2nd prize sculpture

1890
H.F. Goovaerts 1e prijs schilderkunst/1st prize painting

1896
J.H.Ph. Wortman 1e prijs beeldhouwkunst/1st prize sculpture
J.C. Wienecke 2e prijs beeldhouwkunst/2nd prize sculpture

1899
mevr./Ms. **J.A.C. Mijnssen** 1e prijs beeldhouwkunst/1st prize sculpture

1900
J.F. Buchel 1e prijs bouwkunst/1st prize architecture
J.H.W. Leliman 2e prijs bouwkunst/2nd prize architecture

1901
A.H. Gouwe 1e prijs schilderkunst/1st prize painting
M. Monnickendam 2e prijs schilderkunst/2nd prize painting

1902
F.E. Jeltsema 1e prijs beeldhouwkunst/1st prize sculpture
C.A. Smout 2e prijs beeldhouwkunst/2nd prize sculpture

1904
J. Sluijters 1e prijs schilderkunst/1st prize painting

1905
C.A. Smout 1e prijs beeldhouwkunst/1st prize sculpture

1906
J.M. van der Mey 1e prijs bouwkunst/1st prize architecture

1907
Tj. Bottema 1e prijs beeldhouwkunst/1st prize sculpture
F. Hogerwaard 2e prijs beeldhouwkunst/2nd prize sculpture

1908
B.M.A. Ingen Housz 1e prijs beeldhouwkunst/1st prize sculpture

1909
D.F. Slothouwer 1e prijs bouwkunst/1st prize architecture

1910
F. Hogerwaard 1e prijs schilderkunst/1st prize painting
A.J.J. Verschuuren 2e prijs schilderkunst/2nd prize painting

1911
Th. van Reijn 1e prijs beeldhouwkunst/1st prize sculpture
H.L. Krop 2e prijs beeldhouwkunst/2nd prize sculpture

1913
D.A. Bueno de Mesquita 1e prijs schilderkunst/1st prize painting
A.J.J. Verschuuren 2e prijs schilderkunst/2nd prize painting

mevr./Ms. **E. Valença** 1e prijs grafische kunst/1st prize graphic art

1916
P. Determeijer 1e prijs schilderkunst/1st prize painting

1917
Ch. Vos 1e prijs beeldhouwkunst/1st prize sculpture
E.H. Baaij 2e prijs beeldhouwkunst/2nd prize sculpture

1918
H.P.J. de Vries 1e prijs bouwkunst/1st prize architecture

1920
mevr./Ms. **C. Demmink** 1e prijs beeldhouwkunst/1st prize sculpture
L.S.W. van der Noordaa 2e prijs beeldhouwkunst/2nd prize sculpture

1921
C. van Eesteren 1e prijs bouwkunst/1st prize architecture

1922
Ch. Eyck 1e prijs schilderkunst/1st prize painting
C. Bolding 2e prijs schilderkunst/2nd prize painting

1923
F.J. van Hall 1e prijs beeldhouwkunst/1st prize sculpture
N.A. van der Kreek 2e prijs beeldhouwkunst/2nd prize sculpture

1924
J.P.L. Hendriks 1e prijs bouwkunst/1st prize architecture

1925
A. Lüske 1e prijs schilderkunst/1st prize painting
A. Glansdorp 2e prijs schilderkunst/2nd prize painting

1926
J.G. Wertheim 1e prijs beeldhouwkunst/1st prize sculpture
M.S. Andriessen 2e prijs beeldhouwkunst/2nd prize sculpture

1929
mevr./Ms. **C.C.J.M. Heslenfeld** 1e prijs beeldhouwkunst/1st prize sculpture
mevr./Ms. **G. Reuter** 2e prijs beeldhouwkunst/2nd prize sculpture

1931
H.J.E. van der Kop 1e prijs schilderkunst/1st prize painting
A.J.J. Scheffers 2e prijs schilderkunst/2nd prize painting

1932
D.K. Broos 1e prijs schilderkunst/1st prize painting
J. Bouhuijs 2e prijs schilderkunst/2nd prize painting

mevr./Ms. **P.H. Klaassen** 1e prijs beeldhouwkunst/1st prize sculpture
G.J. van der Veen 2e prijs beeldhouwkunst/2nd prize sculpture

1933
K. Brinks 1e prijs grafische kunst/1st prize graphic art
N.J.H. Levigne 2e prijs grafische kunst/2nd prize graphic art

1934
J.M.F. Hul 1e prijs schilderkunst/1st prize painting
mevr./Ms. **M.A. Bloemen** 2e prijs schilderkunst/2nd prize painting

G. Bolhuis 1e prijs beeldhouwkunst/1st prize sculpture
mevr./Ms. **J.Th.J. Hulshoff Pol** 2e prijs beeldhouwkunst/2nd prize sculpture

1935
A. Staal 1e prijs bouwkunst/1st prize architecture
mevr./Ms. **F.P. 't Hooft** 2e prijs bouwkunst/2nd prize architecture

1936
W. Couzijn 1e prijs beeldhouwkunst/1st prize sculpture
mevr./Ms. **A.H. Rutgers van der Loeff** 2e prijs beeldhouwkunst/2nd prize sculpture

1938
M. van Dam 2e prijs schilderkunst/2nd prize painting

D.C. Steenbergen 1e prijs beeldhouwkunst/1st prize sculpture
V.P.S. Esser 2e prijs beeldhouwkunst/2nd prize sculpture

1939
H. de Rijk 2e prijs bouwkunst/2nd prize architecture

1940
A.A. van der Weijden 1e prijs schilderkunst/1st prize painting
J. Dijker 2e prijs schilderkunst/2nd prize painting

J. Limpers 1e prijs beeldhouwkunst/1st prize sculpture
P.H. d'Hondt 2e prijs beeldhouwkunst/2nd prize sculpture

1941
P.H. Schoenmakers 1e prijs grafische kunst/1st prize graphic art
C.P.A. Hos 2e prijs grafische kunst/2nd prize graphic art

1942
J. Roozendaal 1e prijs schilderkunst/1st prize painting
J.B. Sleper 2e prijs schilderkunst/2nd prize painting

1946
J. Schipper 1e prijs bouwkunst/1st prize architecture
A.C. Nicolaï 2e prijs bouwkunst/2nd prize architecture

1947
M.A. de Leeuw 1e prijs schilderkunst/1st prize painting

C. Hund 1e prijs beeldhouwkunst/1st prize sculpture
N.H. Onkerhout 2e prijs beeldhouwkunst/2nd prize sculpture

1948
J.B. Sleper 1e prijs grafische kunst/1st prize graphic art
E. Thorn Leeson 2e prijs grafische kunst/2nd prize graphic art

1949
P.J. Defesche 1e prijs schilderkunst/1st prize painting
J.B.M. Sarneel 2e prijs schilderkunst/2nd prize painting

mevr./Ms. **E.B. Haije** 1e prijs beeldhouwkunst/1st prize sculpture

M.F.M. van Seumeren 2e prijs beeldhouwkunst/2nd prize sculpture

1950
ir. **R.D. Bleeker** 2e prijs bouwkunst/2nd prize architecture

1951
A. Hettema 1e prijs beeldhouwkunst/1st prize sculpture
J.H. IJdo 2e prijs beeldhouwkunst/2nd prize sculpture

1952
E. Thorn Leeson 1e prijs grafische kunst/1st prize graphic art
L. Strik 2e prijs grafische kunst/2nd prize graphic art

1953
A.J.B. Dekkers 1e prijs schilderkunst/1st prize painting

J.H. IJdo 1e prijs beeldhouwkunst/1st prize sculpture
mevr./Ms. **Th.R. van der Pant** 2e prijs beeldhouwkunst/2nd prize sculpture

1954
ir. **G.J. van der Grinten** 1e prijs bouwkunst/1st prize architecture
H. van Leeuwen 2e prijs bouwkunst/ 2nd prize architecture

1955
mevr. **A.A. Dekkers** 1e prijs schilderkunst/1st prize painting

E.A.F.R. van Zanten 1e prijs beeldhouwkunst/1st prize sculpture

1957
mevr./Ms. **E.M. Eerdmans** 1e prijs schilderkunst/1st prize painting

G. de Jong 2e prijs beeldhouwkunst/2nd prize sculpture

1958
W.G. Quist 2e prijs bouwkunst/2nd prize architecture

1960
N. Rolle 1e prijs schilderkunst/1st prize painting
Jac. Frenken 2e prijs schilderkunst/2nd prize painting

G. de Jong 1e prijs beeldhouwkunst/1st prize sculpture
mevr./Ms. **R. Brouwer** 2e prijs beeldhouwkunst/2nd prize sculpture

1960
W. Vaarzen Morel 2e prijs grafische kunst/2nd prize graphic art

1961
A.N.J. Bakker 1e prijs schilderkunst/1st prize painting
H.P. Pander 2e prijs schilderkunst/2nd prize painting

F.T.S. Letterie 1e prijs beeldhouwkunst/1st prize sculpture
mevr./Ms. **N.J. Jelles-Schepers** 2e prijs beeldhouwkunst/2nd prize sculpture

1962
P. Blom 1e prijs bouwkunst/1st prize architecture

1963
D. de Goede 1e prijs beeldhouwkunst/1st prize sculpture
mevr./Ms. **G.Ch. Put-Nijland** 2e prijs beeldhouwkunst/2nd prize sculpture

1965
mevr./Ms. **J.M. van den Borg-du Mortier** 1e prijs schilderkunst/ 1st prize painting
J.H. Verburg 2e prijs schilderkunst/2nd prize painting

J.A. Spiering 1e prijs beeldhouwkunst/1st prize sculpture
H.H. Rorije 2e prijs beeldhouwkunst/2nd prize sculpture

1966
ir. **C.J.M. Weeber** 1e prijs bouwkunst/1st prize architecture
J.H. Bosch 2e prijs bouwkunst/ 2nd prize architecture

1967
mevr./Ms. **H.J. Siepman-van den Berg** 2e prijs beeldhouwkunst/2nd prize sculpture

1969
mevr./Ms. **H. Grégoire-Sterk** 1e prijs schilderkunst/1st prize painting
F.J.M. Krijger 2e prijs schilderkunst/2nd prize painting

mevr./Ms. **H.E.C. Schepp** 1e prijs beeldhouwkunst/1st prize sculpture
G.A.J. Sterk 2e prijs beeldhouwkunst/2nd prize sculpture

1972
L.W.J. Heidendael 1e prijs grafische kunst/1st prize graphic art
W. Jonkman 2e prijs grafische kunst/ 2nd prize graphic art

1973
mevr./Ms. **J.L.M. Tangelder** 1e prijs schilderkunst/1st prize painting
J.J. Grégoire 2e prijs schilderkunst/2nd prize painting

mevr. **E.J. van Rees-Burger** 1e prijs beeldhouwkunst/1st prize sculpture
G.H. Steyn 2e prijs beeldhouwkunst/2nd prize sculpture

1975
mevr./Ms. **A.J.W.M. van der Vorst** 1e prijs beeldhouwkunst/1st prize sculpture
mevr./Ms. **F.D. Weinberg** 2e prijs beeldhouwkunst/2nd prize sculpture

1976
M.H.P. Boas 2e prijs grafische kunst/ 2nd prize graphic art

1977
A. Schippers 1e prijs schilderkunst/1st prize painting
mevr./Ms. **M.F. de Vries** 2e prijs schilderkunst/2nd prize painting

mevr./Ms. **E. Hahn** 1e prijs beeldhouwkunst/1st prize sculpture
mevr./Ms. **F.D. Weinberg** 2e prijs beeldhouwkunst/2nd prize sculpture

1979
M.T.J.M. van de Laar 1e prijs schilderkunst/1st prize painting
G. Prent 2e prijs schilderkunst/ 2nd prize painting

mevr./Ms. **C.C.E. van Amstel** 1e prijs beeldhouwkunst/1st prize sculpture
P.P.A. Erftemeijer 2e prijs beeldhouwkunst/2nd prize sculpture

1980
D.E. Kisman 1e prijs grafische kunst/1st prize graphic art

R. Sips 2e prijs grafische kunst/ 2nd prize graphic art

1981
C.C.M. Voorbraak 1e prijs schilderkunst/1st prize painting
Mevr. **H. Kos** 2e prijs schilderkunst/2nd prize painting

C.J.M. van Oosterhout 2e prijs beeldhouwkunst/2nd prize sculpture
1983
mevr./Ms. **A.M. van Leeuwen** 1e prijs schilderkunst/1st prize painting

1984
mevr.Ms. **M. Postma** 1e prijs grafische kunst/1st prize graphic art
mevr. **A. de Koning** 2e prijs grafische kunst/2nd prize graphic art

1985
Marien Schouten 1e prijs schilderkunst/1st prize painting
Berend Hoekstra 2e prijs schilderkunst/2nd prize painting
Marc Mulders basisprijs schilderkunst/basic prize painting
Maarten Ploeg basisprijs schilderkunst/basic prize painting

Leo Vroegindewey 1e prijs beeldhouwkunst/1st prize sculpture
Cor van Dijk 2e prijs beeldhouwkunst/2nd prize sculpture
Niek Kemps basisprijs beeldhouwkunst/basic prize sculpture
Marc Ruijgrok basisprijs beeldhouwkunst/basic prize sculpture

1986
Rik van Dolderen 1e prijs stedenbouw en landschapsarchitectuur/ 1st prize urban design and landscape architecture
Harm Veenenbos 2e prijs stedenbouw en landschapsarchitectuur/2nd prize urban design and landscape architecture
Paul van Beeck basisprijs stedenbouw en landschapsarchitectuur/ basic prize urban design and landscape architecture
Mathieu Derckx basisprijs stedenbouw en landschapsarchitectuur/ basic prize urban design and landscape architecture

Wim van den Bergh 1e prijs architectuur/1st prize architecture
Koen van Velsen 2e prijs architectuur/2nd prize architecture
Peter Defesche basisprijs architectuur/basic prize architecture
Guido Swart basisprijs architectuur/basic prize architecture

1987
Jan van de Pavert 1e prijs beeldhouwkunst/1st prize sculpture
Berend Strik 2e prijs beeldhouwkunst/2nd prize sculpture
Hans van Houwelingen basisprijs beeldhouwkunst/basic prize sculpture
Hans van Meeuwen basisprijs beeldhouwkunst/basic prize sculpture

Jan van den Dobbelsteen 1e prijs kunst en de publieke ruimte/1st prize art and public space

1988
Erik Andriesse 1e prijs grafiek/ 1st prize graphic art
Ludo Slagmolen 2e prijs grafiek/ 2nd prize graphic art
Willem Oorebeek basisprijs grafiek/basic prize graphic art

Jan Schoenmakers basisprijs grafiek/basic prize graphic art

Brian Meijers 1e prijs grafische vormgeving/1st prize graphic design
Mevis en Van Deursen 2e prijs grafische vormgeving/2nd prize graphic design
Wim den Hertog basisprijs grafische vormgeving/basic prize graphic design
Lex Reitsma basisprijs grafische vormgeving/basic prize graphic design

1989
Bettie van Haaster 1e prijs schilderkunst/1st prize painting
Rob Birza 2e prijs schilderkunst/ 2nd prize painting
Lisa Couwenbergh basisprijs schilderkunst/basic prize painting
W.J.M. Kok basisprijs schilderkunst/basic prize painting

Peter Baren basisprijs theater en beeldende kunst/basic prize theatre and visual arts
Sanne Danz basisprijs theater en beeldende kunst/basic prize theatre and visual arts
Hans Klasema basisprijs theater en beeldende kunst/basic prize theatre and visual arts
Erik Kouwenhoven basisprijs theater en beeldende kunst/basic prize theatre and visual arts

1990
Adriaan Geuze 1e prijs stedenbouw en landschapsarchitectuur/ 1st prize urban design and landscape architecture
Wilke Diekema 2e prijs stedenbouw en landschapsarchitectuur/ 2nd prize urban design and landscape architecture
Bruno Doedens basisprijs stedenbouw en landschapsarchitectuur/ basic prize urban design and landscape architecture

Bert Dirrix 1e prijs architectuur/ 1st prize architecture
Roberto Meyer 2e prijs architectuur/2nd prize architecture
Rik Lagerwaard basisprijs architectuur/basic prize architecture
Erik Knippers basisprijs architectuur/basic prize architecture

1991
René Hazekamp basisprijs film en video/basic prize film and video
Jozef van der Heijden basisprijs film en video/basic prize film and video
Bill Spinhoven basisprijs film en video/basic prize film and video

Romy Finke 2e prijs fotografie/ 2nd prize photography
Korrie Besems basisprijs fotografie/ basic prize photography
Claudia Kölgen basisprijs fotografie/basic prize photography
Bob Negrijn basisprijs fotografie/ basic prize photography

1992
Karin Arink 1e prijs beeldhouwen/1st prize sculpture
Tom Claassen basisprijs beeldhouwen/basic prize sculpture
Joep van Lieshout basisprijs beeldhouwen/basic prize sculpture
Marlene Staals basisprijs beeldhouwen/basic prize sculpture
Suchan Kinoshita 1e prijs beeldende kunst en openbare ruimte/

1st prize art and public space
Mark Manders 2e prijs beeldende kunst en openbaarheid/2nd prize art and public space
Noor de Rooy basisprijs beeldende kunst en openbaarheid/basic prize art and public space
Marijke van Warmerdam basisprijs beeldende kunst en openbaarheid/ basic prize art and public space

1993
Paul Klemann 1e prijs tekenen/ 1st prize drawing
Bernadette Beunk 2e prijs tekenen/2nd prize drawing
David Bade basisprijs tekenen/ basic prize drawing

Hewald Jongenelis 1e prijs grafiek/1st prize graphic art
Wapke Feenstra 2e prijs grafiek/ 2nd prize graphic art
Britta Huttenlocher basisprijs grafiek/basic prize graphic art
Remco Vlaanderen basisprijs grafiek/basic prize graphic art

1994
Ed Gebski 1e prijs schilderkunst/ 1st prize painting
Avery Preesman 2e prijs schilderkunst/2nd prize painting
Michael Raedecker basisprijs schilderkunst/basic prize painting
Robert Zandvliet basisprijs schilderkunst/basic prize painting

Ida Lohman 1e prijs theater en beeldende kunst/1st prize theatre and visual arts
Yvonne Dröge Wendel 2e prijs theater en beeldende kunst/2nd prize theatre and visual arts
Bart Gorter basisprijs theater en beeldende kunst/basic prize theatre and visual arts

1995
Branimir Medic 1e prijs stedenbouw en landschapsarchitectuur/ 1st prize urban design and landscape architecture
Pero Puljiz basisprijs stedenbouw en landschapsarchitectuur/basic prize urban design and landscape architecture
Erwin Bot basisprijs stedenbouw en landschapsarchitectuur/basic prize urban design and landscape architecture
Joost van Hezewijk basisprijs stedenbouw en landschapsarchitectuur/basic prize urban design and landscape architecture

Rob Hootsmans 1e prijs architectuur/1st prize architecture
Jen Alkema basisprijs architectuur/basic prize architecture
Moriko Kira basisprijs architectuur/basic prize architecture
Reinier Ubels basisprijs architectuur/basic prize architecture

1996
Paul Kooiker 1e prijs fotografie/ 1st prize photography
Hans Wijninga 2e prijs fotografie/ 2nd prize photography
Désirée Dolron basisprijs fotografie/basic prize photography
Astrid Hermes basisprijs fotografie/basic prize photography

Imogen Stidworthy 2e prijs film en video/2nd prize film and video
Marieke van der Lippe basisprijs film en video/basic prize film and video
Jeroen de Rijke/Willem de Rooij

basisprijs film en video/basic prize
film and video

1997
Femke Schaap 1e prijs beeldhou-
wen/ 1st prize sculpture
Erzsébet Baerveldt 2e prijs
beeldhouwen/2nd prize sculpture
Úna Henry basisprijs beeldhou-
wen/basic prize sculpture
Theo van Meerendonk basisprijs
beeldhouwen/basic prize sculpture

Alicia Framis 1e prijs beeldende
kunst en de publieke ruimte/1st
prize art and public space
Erik Weeda 2e prijs beeldende
kunst en de publieke ruimte/2nd
prize art and public space
Birthe Leemeijer basisprijs beeldende kunst en de publieke ruim-
te/basic prize art and public space
Sjaak Langenberg basisprijs beeldende kunst en de publieke ruim-
te/basic prize art and public space

1998
Agata Zwierzyñska 1e prijs gra-
fiek/1st prize graphic art
Bibo 2e prijs grafiek/2nd prize
graphic art
Thomas Buxó basisprijs grafiek/
basic prize graphic art
Rinke Nijburg basisprijs grafiek/
basic prize graphic art

Paul Nassenstein 1e prijs teke-
nen/1st prize drawing
Mariëtte Renssen 2e prijs teke-
nen/2nd prize drawing
Walter van Broekhuizen basisprijs tekenen/basic prize drawing
Marc Nagtzaam basisprijs teke-
nen/basic prize drawing

1999
Charlotte Schleiffert 1e prijs
schilderen/1st prize painting
Erik van Lieshout 2e prijs schilde-
ren/2nd prize painting
Gé-Karel van der Sterren basisprijs schilderen /basic prize painting
Gijs Frieling basisprijs schilderen/
basic prize painting

Cees Krijnen 1e prijs theater en
beeldende kunst/1st prize theatre
and visual arts
Germaine Kruip 2e prijs theater
en beeldende kunst/2nd prize theatre and visual arts
Jennifer Tee basisprijs theater en
beeldende kunst/basic prize theatre
and visual arts

2001
John Lonsdale 1e prijs stedenbouw en landschapsarchitec-
tuur/1st prize urban design and
landscape architecture
Jago van Bergen 2e prijs stedenbouw en landschapsarchitec-
tuur/2nd prize urban design and
landscape architecture
Nikol Dietz basisprijs stedenbouw
en landschapsarchitectuur/basic
prize urban design and landscape
architecture
Paul Toornend basisprijs stedenbouw en landschapsarchitectuur/
basic prize urban design and
landscape architecture

Gianni Citto 1e prijs architectuur/
1st prize architecture
Theo Hauben 2e prijs architec-
tuur/2nd prize architecture
Marion Regitko basisprijs archi-
tectuur/basic prize architecture
Fjodor Richter basisprijs architec-
tuur/basic prize architecture

2002
Elspeth Diederix 1e prijs foto-
grafie/1st prize photography
Cuny Janssen 2e prijs fotografie/
2nd prize photography
Thomas Manneke basisprijs foto-
grafie/ basic prize photography
Carla van de Puttelaar basisprijs
fotografie/basic prize photography

Igor Sevcuk 1e prijs film en video/
1st prize film and video
Jasper van den Brink 2e prijs film
en video/2nd prize film and video
Diana Ramaekers basisprijs film
en video/basic prize film and video
Saskia Olde Wolbers basisprijs
film en video/basic prize film and
video2003
Ryan Gander 1e prijs beeldhouw-
kunst/1st prize sculpture
Erik Olofsen 2e prijs beeldhouw-
kunst/2nd prize sculpture
Helmut Dick basisprijs beeld-
houwkunst/basic prize sculpture
Folkert de Jong basisprijs beeld-
houwkunst/basic prize sculpture

James Beckett 1e prijs kunst en
publieke ruimte/1st prize art and
public space
Katrin Korfmann 2e prijs kunst
en publieke ruimte/2nd prize art
and public space
Natasja Boezem basisprijs kunst
en publieke ruimte/basic prize art
and public space
Tomoko Take basisprijs kunst en
publieke ruimte/basic prize art
and public space

2004
Mariana Castillo Deball 1e prijs
tekenen en grafiek/1st prize
drawing and graphic art
Derk Thijs 2e prijs tekenen en
grafiek/2nd prize drawing and
graphic art
Anant Joshi basisprijs tekenen en
grafiek/basic prize drawing and
graphic art
Marijn van Kreij basisprijs tekenen en grafiek/basic prize drawing
and graphic art

2005
Lonnie van Brummelen 1e prijs
beeldende kunst/1st prize visual arts
Yael Bartana 2e prijs beeldende
kunst/2nd prize visual arts
Kan Xuan basisprijs beeldende
kunst/basic prize visual arts
Esther Tielemans basisprijs beeldende kunst/basic prize visual
arts

2006
Ronald Rietveld 1e prijs architec-
tuur/1st prize architecture
Daan Petri 2e prijs architectuur/
2nd prize architecture
Eva Pfannes basisprijs architec-
tuur/basic prize architecture
Bas Princen & Milica Topolovic
basisprijs architectuur/basic prize
architecture

2007
Viviane Sassen 1e prijs beeldende
kunst/1st prize visual arts
Sung Whan Kim 2e prijs beeldende kunst/2nd prize visual arts
Claire Harvey basisprijs beeldende kunst/basic prize visual arts
Maartje Korstanje basisprijs beeldende kunst/basic prize visual arts

Met dank aan/
Acknowledgments

Juryleden/
Members of the jury

Alle kunstenaars/
All artists

Witte de With
Nicolaus Schafhausen
Juan.A. Gaitán
Anne-Claire Schmitz

de Appel
Ann Demeester
Sarah-Ann Farrar
Hiske Zomer
Edna van Duyn

Kunstbeeld
Roos van Put
Paul Kokke

IMC Weekendschool
Lise ten Holden

AVRO KunstUur
Simone van den Ende
Charlotte Ebers

Alle kunstenaars en
medewerkers van de
Rijksakademie/
All artists and staff of
the Rijksakademie

Mede mogelijk
gemaakt door/
Made possible with
the support of:
SNS REAAL Fonds
KPN
Inbo Foundation
Westergasfabriek
Ministerie OCW

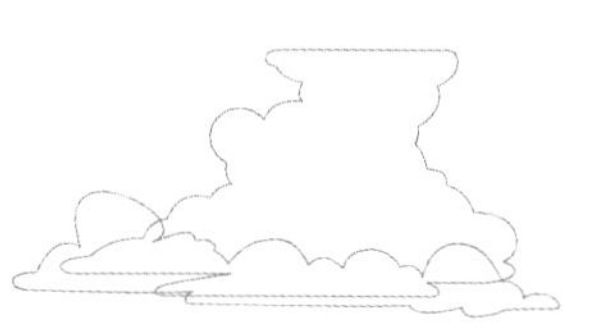

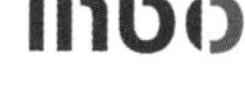

Witte de With
Center for Contemporary Art

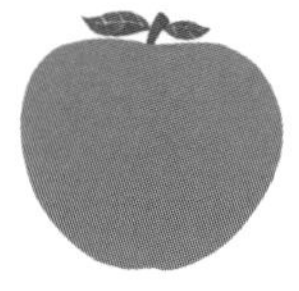

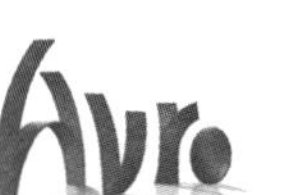

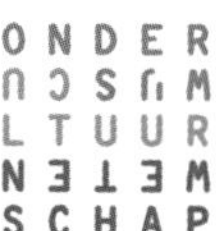

WesterGasfabriek

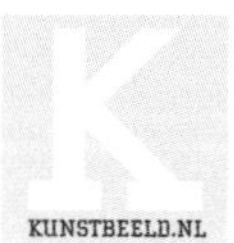

NAi Uitgevers
/Publishers

Ministerie van Onderwijs,
Cultuur en Wetenschap

KUNSTBEELD.NL

*Rossella Biscotti dankt/
would like to thank:*
Dik de Boef
Toon de Zoeten
Kevin van Braak

*Nicoline van Harskamp
dankt/would like to thank:*
Theater Frascati,
   Amsterdam
International Native
   Casting, Amsterdam
Sefer Memisoglu
Tania Theodorou
Baltazar Padilla
Sam de Groot

*Sara Rajaei dankt/
would like to thank:*
Jasper Bazuin
Florian Legters
Niels Klaasen
Monica Blok
Hadas Itzkovitch
Milan Gataric
Michael Ryan
Peter & Heleen Rogaar
Willo Schroer
Rijksakademie van
   beeldende kunsten
Prix de Rome
Stroom, Den Haag
and my whole film-crew

*Ólafur Ólafsson & Libia
Castro danken/
would like to thank:*
Ólafur Ólafsson & Libia Castro
danken/would like to thank:
Claudia Breure, Paloma Castro,
Tamasin Cave, Paul de Clerck,
Lucia Comincioli, Galleria
Riccardo Crespi, Caroline
Dalton, Edith Doove, Marthe
Van Dessel, Úlfhildur
Eysteinsdóttir, Sarah Farrar,
Cedric Garrigues, The music
group Hjálmar, Olivier
Hoedeman, Kirsten Van
Kampen, Henrik Linnet,
Kristján Lodmfjörd, Galerie
Opdahl, Mayra Paula, Christine
Pohl, Léon Spek, Wytze
Russchen, Susann Scherbarth,
Pia Snijder, Paul Teule, Frauke
Thies, Julie Vermooten, Yiorgos
Vassalos, Erik Wesselius, Donna
Wolf, Alter EU, European
Business Summit organizers
team, CEO (Corporate Europe
Observatory), Friends of the
Earth Europe, Greenpeace,
Trans-disciplinary arts
laboratory Nadine, Rijks-
akademie van beeldende
kunsten, SÍM (The Association
of Icelandic Visual Artists),
Kling & Bang, Pétur Örn
Fridriksson, Bjarni Massi,
Reykjavik to Foundation.

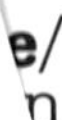

e/
n

Teksten/Texts
Moosje Goosen
Janwillem Schrofer
Sarah Farrar
Juan A. Gaitán

Redactie/Edited by
Mayra Paula
Edna van Duijn

Tekstredactie/Text editing
Els Brinkman
D'Laine Camp

Vertaling/Translation
Michele Hendricks
Peter Mason (*Pros and Cons*)

Vormgeving/Design
Joseph Plateau, Amsterdam

Fotografie/Photography
Maze de Boer (p. 12)
Bob Goedewaagen (p. 110-118)
Rick Messemaker (p. 40)
Daniel Nicholas (p. 100-108)
Gert-Jan van Rooij (p. 44-47)
Willem Vermaase (p. 13, 14)

Druk en lithografie/
Printing and lithography
NPN drukkers, Breda

Papier/Paper
Heaven 42, 150 grs.

Projectcoördinatie/
Project coordination
Barbera van Kooij,
NAi Uitgevers/Publishers

Uitgever/Publisher
Barbera van Kooij,
NAi Uitgevers/Publishers

Organisatie/
Organization

Rijksakademie van
beeldende kunsten

Algemeen directeur en
secretaris van de
Prix de Rome/President
and secretary of the
Prix de Rome
Janwillem Schrofer

Medewerkers/Staff
Martijntje van Schooten
Mayra Paula
Hilde Eising
Yolanda Wigleven

Sarphatistraat 470
1018 GW Amsterdam
The Netherlands
prix@prixderome.nl
www.prixderome.nl

Tentoonstelling/
Exhibition

09.05.2009 – 14.06.2009

de Appel
off site exhibition
'Zuiveringshal Oost'
Westergasfabriek
Pazzanistraat 23
1014 DB Amsterdam
tel + 31 (0) 20 6255651
info@deappel.nl
www.deappel.nl

Witte de With
Center for Contemporary Art
Witte de Withstraat 50
3012 BR Rotterdam
Tel +31 (0)10 411 0144
info@wdw.nl
www.wdw.nl

NAi Uitgevers is een internationaal georiënteerde uitgever, gespecialiseerd in het ontwikkelen, produceren en distribueren van boeken over architectuur, beeldende kunst en verwante disciplines. www.naipublishers.nl

NAi Publishers is an internationally orientated publisher specialized in developing, producing and distributing books on architecture, visual arts and related disciplines. www.naipublishers.nl

Available in North, South and Central America through D.A.P./Distributed Art Publishers Inc, 155 Sixth Avenue 2nd Floor, New York, NY 10013-1507, tel +1 212 627 1999, fax +1 212 627 9484, dap@dapinc.com

Available in the United Kingdom and Ireland through Art Data, 12 Bell Industrial Estate, 50 Cunnington Street, London W4 5HB, tel +44 208 747 1061, fax +44 208 742 2319, orders@artdata.co.uk

Printed and bound in the Netherlands

ISBN 978-90-5662-681-5